MOI, CHEVALIER D'ÉON, ESPIONNE DU ROI

CATHERINE HERMARY-VIEILLE

MOI,
CHEVALIER D'ÉON,
ESPIONNE DU ROI

roman

ALBIN MICHEL

À tous ceux et à toutes celles
qui ont deux visages et un cœur.

1

Que pourrais-je vous dire ? Que je fus plus heureux durant les quarante-neuf années où je vécus en homme que pendant les trente où je fus femme ? Quarante-neuf années où il me semblait subir un état qui n'était pas le mien et trente à prendre conscience des exorbitants privilèges accordés aux mâles, même si le bonheur d'être enfin moi-même l'emportait sur les sacrifices qu'il fallait consentir.

Dès que j'ai eu l'âge de raisonner, je rejoignais la petite troupe que formaient ma sœur et nos cousines. Leurs bavardages, leurs innocentes coquetteries me charmaient. Nous échangions des propos rieurs et futiles sur les unes et les autres, les animaux qui nous entouraient, des naïvetés sur le monde des fées, des lutins, des sorcières et des ogres qui nous effrayaient la nuit. Les garçons n'abordaient guère ces sujets puérils, leur préférant les batailles, les charges de cavalerie sus à l'ennemi, la meilleure manière de poser des pièges pour attraper renards et jeunes daims dont ils coupaient en riant la patte prisonnière. Je n'étais pas un pleutre, j'aimais à la folie l'équitation, l'escrime où dès mon plus jeune âge je montrai de bonnes dispositions. J'étudiais avec joie l'allemand, l'italien, l'histoire des différents pays d'Europe. Mon père me destinait à l'armée. C'était une résolution indiscutable que jamais je n'ai osé contester. Il aimait me voir manier l'épée, chevaucher des étalons réputés difficiles et ignorait mes apartés avec les fillettes. Peut-être mettait-il mon plaisir à les rejoindre sur le compte d'un goût précoce pour le beau sexe.

Comme je prenais de l'âge, mes parents décidèrent de m'envoyer au collège des Quatre-Nations à Paris, qu'on évoquait le plus souvent comme le collège Mazarin, pour honorer son fondateur qui avait fait bâtir ce centre du savoir à l'emplacement de la tour de Nesle, célèbre par les débordements de certains de ses occupants.

Mon grand-oncle, Louis Benjamin, serait mon mentor. Je savais que cet homme prestigieux avait connu Boileau et Watteau, était l'ami du comte de Montesquieu et de l'abbé Prévost. Et l'amant de Ninon de Lenclos, ce que j'appris par des confidences de cousins plus âgés. Chez lui, je ferais la connaissance de ces hommes dont j'avais dévoré les ouvrages. Je rencontrerais enfin ces femmes savantes, brillantes, charmeuses qui m'apprendraient à nouer avec élégance une cravate, à choisir mes bas et les gilets brodés d'un prix exorbitant que la générosité paternelle ne me permettrait jamais d'acquérir. Ainsi qu'à proclamer ou à taire ce que l'on doit entendre ou ignorer, bref, du jeune homme de province, elles feraient un vrai Parisien.

En Bourgogne, ma famille jouissait d'une grande considération et notre hôtel de Tonnerre était le plus beau de la ville avec ses colonnes cannelées, son fronton orné d'Amours et de génies où l'on pouvait lire : « C'est en vain que le gardien veille à la maison si le seigneur ne la protège pas lui-même. »

Ma naissance avait été accueillie avec joie le cinq octobre 1728 puisque j'étais un garçon – aussitôt baptisé Charles, Geneviève, Louis, Auguste, André, Timothée.

En secret je m'identifiais à mon deuxième prénom, celui de ma marraine. Cette attribution était une vieille tradition et plus d'un petit garçon comptait dans la liste de ses prénoms celui d'une sainte.

Pour vaincre mon malaise, je devins un bretteur hors pair, un audacieux cavalier ; je comprenais mal qu'on puisse avoir un cœur de femme dans un corps d'homme. Au collège, dans une compagnie uniquement masculine, sortirais-je de ma chrysalide pour renaître à ma véritable identité ? Curieusement, cette éventualité m'effrayait. Le redoutais-je ? J'évitais à l'âge que j'avais alors de me poser cette énigmatique question.

Mon précepteur, curé de notre paroisse Saint-Pierre, le père Marceney, me fit promettre de montrer la même ardeur aux études que celle que j'avais témoignée à Tonnerre. « Vous échapperez peut-être alors au martinet, m'avait-il déclaré avec sérieux, mais pas à l'opprobre d'être un élève médiocre, déshonneur qui rejaillirait sur toute votre respectable famille. »

J'étais trop avide d'apprendre pour m'imaginer en étudiant paresseux. Et mon père m'avait assuré que je pourrais continuer à pratiquer l'équitation et l'escrime. J'avais le cœur joyeux finalement en montant dans le coche qui allait m'emmener à Paris. On m'y avait installé aux côtés d'un ami de mon père qui avait juré de veiller sur moi comme sur son propre fils.

Le collège des Quatre-Nations se situait de l'autre côté de la Seine, pas très loin de l'église Saint-Germain-des-Prés, dont l'urbanisation altérait année après année l'aspect champêtre, mais qu'un vaste jardin entourait encore. L'emplacement laissé vacant par la destruction de la tour de Nesle fut choisi par Mazarin pour y bâtir cet édifice dont la porte d'entrée faisait face au Louvre. Dans le même axe, la chapelle était au centre d'une cour semi-circulaire. Mais la perle du collège, enviée de toute l'Europe, était la bibliothèque où se trouvait l'ensemble des ouvrages réunis par le Cardinal. On y accédait par un escalier en colimaçon, qui déjà inspirait le respect. Les règles de vie des étudiants étaient strictes, mais point trop contraignantes. Le but était de faire des élèves des hommes du monde qui garderaient une certaine originalité due à leur savoir, et non à une fortune dont la plupart des familles étaient dépourvues.

– Nous appartenons donc tous à des lignées nobles et pauvres ? constatai-je un peu déçu.

– Non point pauvres, mon enfant, me répondit mon mentor, mais démunies de la fortune considérable des courtisans et des grandes familles qui ont leurs hôtels à Paris. Néanmoins, l'éducation que vous allez recevoir vous ouvrira bien des portes.

Je le quittai devant la grille du collège, suivi par un valet qui avait entassé mes bagages sur une brouette. Cette entrée bien provinciale me mit mal à l'aise dès l'instant où je pénétrai dans ce qui allait être ma demeure pour quatre années. Mais les tenants des boutiques installées au pied du bâtiment où se trouvait la bibliothèque, un tailleur, je crois me souvenir, un vitrier, un tapissier et un limonadier ne me portèrent aucune attention. De la chapelle au pavillon des Arts, j'aperçus quantité d'autres commerces et m'étonnai que le savoir et le négoce puissent si aisément cohabiter. Cela me semblait peu en harmonie avec la plaque de marbre noir apposée en face du Louvre où on pouvait lire en latin l'éloge du collège royal de monsieur de Mazarin.

Entre la première et la seconde cour, je vis surgir un homme sec à l'air sévère qui, s'étant enquis de mon nom, appela un galopin tirant un petit chariot à deux roues afin qu'il m'installât dans la chambre qui m'avait été assignée, voisine de celle d'un autre Bourguignon. Le grand maître tâchait de regrouper les garçons issus d'une même province pour rendre plus facile l'intégration des élèves qui avaient entre douze et quinze ans.

Je découvris une pièce presque carrée éclairée par une fenêtre et meublée d'une table, de trois chaises de paille et d'un lit, qui au premier coup d'œil me parut assez confortable avec ses deux matelas et son traversin de plumes.

Le valet du portier me conduisit chez le grand maître qui me reçut avec l'amabilité condescendante dont il usait envers les nouveaux élèves. Il me félicita sur l'ancienneté de ma famille qui m'ouvrait les portes de ce lieu et me donna d'un ton froid le règlement auquel je devrais me plier sous peine d'exclusion : dans ma chambre, régulièrement contrôlée, on ne devait trouver aucun roman, aucune bouteille de vin ou de liqueur, aucune arme, fusil, pistolet ou couteau de chasse. Durant les repas pris au réfectoire, on lisait quelques passages de l'histoire de France ou de la Bible dans le plus profond silence. Il était interdit de gâcher la moindre parcelle de nourriture.

Puis vint le règlement concernant l'organisation de ma vie : lever à cinq heures et demie. On s'habillait et se rendait dans la salle d'étude pour une prière précédant le travail. À sept heures un quart était servi le premier repas, pain beurré et soupe, suivi par un dîner[1] à onze heures trois quarts. Lors de la récréation de quatre heures, un goûter léger me serait proposé qui me permettrait d'attendre le souper servi à sept heures. À neuf heures, je serais reconduit dans ma chambre qui serait alors fermée à clef. Pour éviter tout danger d'incendie, il était interdit de laisser brûler au-delà de neuf heures trente la moindre chandelle.

Voyant ma mine déconfite, le directeur esquissa un léger sourire.

– Il y a promenade deux fois par semaine durant l'après-midi. Les dimanches et jours fériés, vous pouvez jouir d'une permission de sortie en présentant un billet signé par

1. Notre déjeuner.

la famille qui vous accueillera. Vous devrez être de retour au plus tard à sept heures. Si vous ne sortez point, il y a office chaque dimanche dans notre chapelle. La messe est suivie par une demi-heure de lecture pieuse. Après le repas vous disposerez de temps libre. La confession est obligatoire une fois par mois.

Je sortis la tête basse. Mais mon enthousiasme pour l'étude ne s'en trouverait nullement entamé. Dans ce lieu à la discipline quasi militaire, peut-être deviendrais-je un homme.

2

Comment définir mes deux premières années de vie au collège Mazarin ? Deux mois d'adaptation et vingt-deux mois à étudier, m'étourdir de leçons d'équitation et d'armes, à prier dans la chapelle dont la décoration raffinée encourageait l'oubli de soi. Le pavé était en marbre blanc et noir jaspé, semé d'étoiles, et sous les clefs de voûte se détachaient les armes des quatre provinces en faveur desquelles le collège avait été formé. Souvent, le tableau accroché au-dessus du maître hôtel et représentant la circoncision attirait mon attention. Ce petit sexe rabougri que l'on amputait me semblait aussi irréel que le mien. Par ce bout de chair, j'étais un homme.

Je décidai de l'oublier, de me fondre parmi ceux qui en avaient fait le sacrifice en entrant dans les ordres. J'étais pieux, plein d'énergie, attentif aux souffrances d'autrui. Je ferais un bon ecclésiastique. Je ne rêvais jamais d'avoir des seins, une taille de guêpe, des langueurs, des crises de larmes. Il me semblait naïvement que je pouvais rester moi-même en m'intégrant au beau sexe. Pour le garçon de seize ans que j'étais, c'était difficile à comprendre, douloureux, gênant même car je n'ignorais pas qu'au collège certains de mes condisciples se livraient, faute de femmes, à la bougrerie. Cette conduite me choquait.

Ma résolution d'entrer dans les ordres me donnait enfin quelque espoir et j'osai en parler à mon père. Sa réaction courroucée fut immédiate : j'étais destiné à l'armée, et jamais il ne consentirait à me voir prêtre ou moine. Je protestai. Il convint cependant que, hors l'Église, il me laisserait le choix de mon établissement. Bientôt j'appris par ma mère qu'il se portait fort mal, et pour ne pas accabler un malade, je lui écrivis que j'avais choisi la profession d'avocat et que, dès ma sortie du collège, je commencerais des études de droit.

J'ajoutai donc à mon cursus l'étude des lois qui accapara ma dernière année de collégien. Mon amour de l'étude rendit aisé ce supplément de travail. Après maints quolibets sur mon indifférence tant auprès des jeunes gens que des demoiselles, on finit par me considérer comme un eunuque et on me laissa en paix. Pour être franc, s'ils me ménageaient, c'était que je les impressionnais par mon art à manier l'épée ou à monter un cheval. Aucun élève n'aurait pu me surpasser, et ce respect atténuait le mépris que suscitait ma pruderie.

Je m'établis rue Neuve-des-Petits-Champs chez mon bon oncle Tissey qui m'offrait l'hospitalité. Après quatre années passées au collège de Quatre-Nations, je m'étais fait un seul ami, Jean Turquet de Mayenne, que j'admirais pour avoir refusé la fiancée proposée par son père. Comme moi, il voulait garder la liberté de choisir sa vie, ses amis, son épouse.

Les premiers temps passés chez mon oncle furent difficiles. Il avait vieilli et était devenu attaché à ses habitudes, encouragé par une gouvernante qui ne tolérait aucun changement dans la routine quotidienne. Secrétaire du duc d'Orléans, il excellait par sa méticulosité, et monseigneur le duc n'avait jamais eu le moindre reproche à lui faire. Amateur d'estampes, de porcelaines de Sèvres, il avait libéré quelques rayonnages de sa riche bibliothèque pour les exposer. Son bureau était de palissandre baguetté de cuivre, et nul n'osait y poser seulement le doigt. Autrefois centre de réunions mondaines, le salon était aujourd'hui désert. La cave où j'aimais m'aventurer comptait les plus précieuses bouteilles et mon oncle en ouvrait volontiers pour célébrer un événement heureux. Sa santé déclinant, il aimait se persuader que quelques verres d'un bon vin de Bordeaux lui redonnaient les forces de la jeunesse. Souvent il évoquait ses prestigieux amis auprès desquels, m'assurait-il, il me recommanderait.

Ma mère et ma sœur, qui restaient en permanence au chevet de mon père, me prièrent de revenir à Tonnerre pour les réconforter. Je quittai sur-le-champ mon oncle et sa gouvernante.

Le lendemain de mon arrivée, mon père me fit appeler dans sa chambre. Il était au plus mal et j'eus peine à le reconnaître tant il portait déjà le masque de la mort. Il parvint à me serrer dans ses bras. « Comme juriste ou officier, me souffla-t-il, je sais que vous irez loin. »

L'héritage paternel était maigre. Mon père laissait la maison, quelques arpents de vigne, une ferme et quinze mille livres en rente antillaise qu'on ne pouvait plus toucher depuis 1697. Ces quelques ressources permettaient à ma mère et à ma sœur de subsister, mais mon avenir était entre mes seules mains.

Je regagnai Paris où j'arrivai le vingt-deux août 1749 par une chaleur orageuse qui faisait monter des égouts et cloaques une odeur pestilentielle.

Je retrouvai mon ami Turquet de Mayenne qui me demanda si j'optais finalement pour une robe de prêtre ou de magistrat. Il me déconseillait vivement d'entrer dans les ordres, n'y voyant pour moi aucun avenir car l'état du clergé était lamentable. J'y songeais déjà moins et pris assez facilement ma décision : je ferais selon ce que l'on voudrait bien me proposer.

Ce fut l'administration, où mon cher oncle me fit entrer, avant d'attraper un refroidissement qui le mena en quelques jours à sa tombe.

Secrétaire dans les bureaux de la Généralité était une sinécure qui me permit d'apaiser le chagrin d'avoir perdu successivement un père, un oncle et d'endosser le rôle de chef de famille qui m'était *ipso facto* attribué. J'avais vingt et un ans, étais de taille moyenne, blond avec des yeux bleus tirant sur le vert que je tenais de ma mère. « Un joli garçon », disait-on, comme on dit « une charmante jeune fille ». Un terme aimable, neutre, qui me convenait.

J'avais achevé mes études de droit chez mon oncle avant qu'il ne décède. Durant les vacances d'été, je revins à Tonnerre goûter la douce compagnie de ma mère et de ma sœur, le charme de la campagne en août où le spectacle des moissonneurs à l'ouvrage me distrayait. En septembre, je retrouvai ma rue à Paris où l'humidité stagnait entre les pavés usés. Par testament, mon oncle m'avait laissé pour deux ans la jouissance de son logis à la condition de garder sa gouvernante.

Je retrouvai aussi mon ami Turquet de Mayenne qui voulut fêter mon retour, en m'invitant à un « dîner galant » où les femmes étaient fort jolies. Je restai coi et dus le regarder d'un air inquiet, car il me contempla longuement, hocha la tête et changea de conversation. Je suis sûr qu'il fut convaincu que, bien qu'ayant renoncé à l'Église, j'avais fait vœu de chasteté. Jamais plus il ne renouvela ce genre de proposition.

L'âge d'homme, le décès de mon oncle, la prochaine vente de sa maison et surtout le malaise que me créait l'hostilité entre mon corps et mon cœur assombrissaient mon caractère. Je ne pouvais m'approprier une femme puisque je me sentais des leurs, et l'homosexualité était pour moi inenvisageable. C'est en tant que délicieux jeune homme qu'un mâle aurait voulu me posséder alors que j'étais une erreur phallique. Quant aux femmes, elles me taquinaient et m'émoustillaient, sûres d'arriver un jour ou l'autre à leurs fins avec ce timide chérubin.

J'eus à cette époque la bonne fortune de rencontrer monsieur Berthier, natif comme moi de Tonnerre. Devenu un Parisien en vue, il me présenta au maréchal de Belle-Isle qui me fit obtenir le poste de censeur royal pour l'histoire et les belles lettres. À vingt-deux ans, je commençais à avoir de l'importance, mon rôle étant de lire ce qui se publiait et d'en juger la qualité avant de signer une « approbation favorable » rendant l'ouvrage apte à l'impression.

Encouragé par les manuscrits qui me passaient entre les mains, certains médiocres, je décidai d'écrire, et comme les Parisiennes raffolent des jeunes talents sur le point d'éclore, je devins un familier du salon de la comtesse de Rochefort qui demeurait dans le palais du Luxembourg. Plus que d'attirer l'attention des personnes de haute condition, écrire me permettait d'enfin m'exprimer, d'être moi, un être humain doué d'une grande sensibilité. Devant une feuille de papier, une plume à la main, je n'étais ni homme ni femme, ni vieux ni jeune, ni riche ni pauvre. J'étais tout cela à la fois.

Pour me délasser, je m'arrêtais chaque jour à la salle d'armes de mon quartier où le maître, monsieur Teillagory, me prit en particulière estime. Un soir, un homme de moyenne stature, un peu jaune de teint, mais lui aussi fine lame, m'aborda.

– Jeune homme, me dit-il, je sais combien vous avez de

talent, ici même bien sûr mais aussi dans la littérature. Voulez-vous écrire dans mes colonnes ?

Il se présenta : Louis Stanislas Fréron.

– Me connaissez-vous, monsieur ?

Je m'écriai qu'à Paris nul n'ignorait le nom d'un publiciste, homme politique et poète de grande réputation. Il eut un fin sourire :

– Et d'un ennemi de monsieur de Voltaire, n'est-ce pas ?

Je me contentai de hocher la tête mais son offre, encore vague, me plaisait infiniment. Fin polémiste, Fréron était professeur au collège Louis-le-Grand. La proposition d'un homme aussi estimable ne pouvait pas se refuser.

Nous remontâmes ensemble la rue de la Joaillerie qui longeait le Châtelet et où je demeurais désormais dans un petit appartement d'où l'on apercevait l'imposante tour du Châtelet et les toits des maisonnettes qui la cernaient. J'y disposais d'un salon que j'avais meublé de quelques pièces venues de Tonnerre, de deux chambres et d'un cabinet de toilette. Dans la garde-robe, mon valet bourguignon avait rangé mes quelques effets.

Fréron me remercia de l'avoir laissé l'emporter lors de l'assaut où nous nous étions affrontés le fleuret à la main. Je voulus me défendre d'une telle complaisance, mais il me cloua le bec.

– Mettez-vous au travail. Les articles que je solliciterai vous laisseront le temps d'entamer une grande œuvre.

Il se tut un moment, frappant de sa canne le bas des

murs des maisonnettes que nous longions pour en faire tomber le salpêtre.

– Vous devez sortir dans le monde, votre avenir y réside. Séduisez et on vous tendra la main. J'ai l'honneur d'être invité aux lundis du prince de Conti dans son château de L'Isle-Adam. Il reçoit ce jour-là les êtres qu'il juge supérieurs par l'intelligence, artistes, écrivains, philosophes. Et si vous lui plaisez, ce dont je ne doute pas, il vous retiendra pour un jour ou deux.

Nous nous jetâmes contre un mur pour laisser passer un carrosse mené à vive allure par un cocher plus richement harnaché qu'un prince.

– Conti est proche du roi, poursuivit Fréron. Ils se rencontrent deux fois par semaine pour mener des petits complots diplomatiques qui restent leur secret. On appelle cette société « Le Secret du Roi ».

J'allais d'étonnement en ébahissement : Versailles, les proches du roi se dévoilaient soudain à moi.

Il me fallut quelques jours pour me mettre au travail. J'avais l'ambition d'écrire un essai historique sur les différentes situations de la France par rapport aux finances sous le règne de Louis XIV et la régence du duc d'Orléans, ouvrage considérable qui, je n'en doutais pas, allait me rendre célèbre. Pourtant ce n'était pas de gloire dont j'avais besoin, mais de me sentir bien avec moi-même. J'étouffais de n'être ni homme ni femme, un être ne pouvant se prévaloir de rien sinon de son adresse à l'escrime et à l'équitation. C'était peu de chose.

Un soir où je me sentais particulièrement mélancolique, je ne sais ce qui me poussa à entrer chez un fripier pour acheter une robe en soie verte défraîchie par la pluie et le soleil. Comme un voleur, je montai chez moi, expédiai mon valet de chambre et, le cœur battant, mal à mon aise, piteux, je passai la robe et me plantai devant la psyché. Le reflet qu'elle me renvoyait était celui d'une jeune femme blonde au teint frais, au nez un peu fort et au menton volontaire. Mais ridicule, je ne l'étais point. Je tournai sur moi-même. J'avais la taille mince, des hanches étroites et mes bras étant couverts de longues manches, on ne devinait pas mes muscles. Blond, je n'avais qu'une légère pilosité. Deux séances hebdomadaires chez le barbier étaient tout à fait suffisantes. J'étais devenu rouge, je respirais vite. Qui était cette personne en face de moi ?

Il me fallut une année pour venir à bout de mon ouvrage avec deux interruptions afin de me rendre à Tonnerre embrasser ma famille. Un instinct me retint d'évoquer le début du règne de Louis XV. Ce pressentiment d'une erreur à ne pas commettre fut un précieux pas en avant dans une carrière que, par ailleurs, je n'espérais pas aussi brillante.

J'offris le premier exemplaire imprimé au prince de Conti, qui me pria de venir à un de ses lundis à L'Isle-Adam. Longtemps je gardai entre les mains l'invitation portée par un valet en livrée. J'étais embarrassé et très excité.

Fréron vint à mon secours en me proposant de lui tenir compagnie dans sa voiture. Il se ferait une joie de me présenter aux glorieux invités du prince, dont le marquis de Mirabeau, Diderot qui honorait parfois de sa présence le cercle du prince de Conti, Nivernais, un érudit qui traduisait des poètes latins, proche du prince écossais Charles Edward Stuart, prétendant au trône d'Angleterre, que Louis XV venait d'exiler de Paris et que Conti protégeait.

La voiture de Fréron traversa des quartiers où logeaient de misérables artisans, travailleurs à la sauvette, des enfants clopinant pieds nus dans des flaques de boue, des femmes sans âge, peu de vieillards.

– La situation en France est déplorable, nota Fréron qui lisait de l'étonnement sur mon visage. On a augmenté les taxes pour soutenir le train de vie de Versailles. Monsieur d'Argenson, notre trésorier, ne propose comme solution que d'expédier tous ces misérables aux colonies. Tout cela pour parer notre nouvelle marquise de Pompadour que le roi comble depuis qu'elle n'est plus sa maîtresse. Elle vient de finir la décoration du château de Bellevue, près de Meudon. Nous allons avoir des soulèvements. Qu'a à perdre le peuple quand il crève la faim ?

– Paris a toujours été frondeur, remarquai-je.

– Paris, mon cher ? Mais tout le pays est agité ! La Normandie, le Dauphiné, la Provence, le Languedoc, la

Bretagne où l'on ne se nourrit plus que de blé noir. Des affamés ont provoqué les gendarmes et le sang a coulé.

– L'Église va intervenir, assurai-je.

J'étais resté bon catholique et ma confiance dans le clergé était encore entière.

– D'où venez-vous donc mon cher ? ironisa Fréron. De la lune ? L'Église ne pense qu'à ratatiner les jansénistes et se moque des gueux. Monsieur de Beaumont, notre nouvel archevêque, va jusqu'à interdire la communion à qui n'est pas muni d'un billet de confession !

– Cela ne devrait pas être toléré, répliquai-je, abasourdi.

– Eh bien, écrivez, mon ami, écrivez. Vous vous ferez des ennemis, mais gagnerez aussi des protecteurs. Le duc de Penthièvre est un champion de la tolérance. S'il vous lit, il vous ouvrira ses salons et votre carrière sera assurée. Ce petit-fils de Louis XIV est, dit-on, l'homme le plus riche de France. Il est charitable et pieux à l'excès, sans aucun sectarisme. Dédiez votre ouvrage à l'épouse adorée qu'il pleure encore, et votre fortune est faite.

Nous arrivions devant les grilles du château. De chaque côté se tenaient des laquais portant des torches. Les voitures se succédaient, permettant aux invités d'en descendre avant de se ranger dans l'arrière-cour. Je suivais Fréron comme son ombre et bien m'en prit, car lorsque l'aboyeur nous introduisit, je fus stupéfait par l'élégance, l'aisance des groupes déjà réunis. Comme j'étais loin des soirées où trônait ma mère à Tonnerre ! Les femmes sans exception et certains hommes étaient excessivement maquillés et, sur les visages blanc et rouge ponctués de mouches noires, on découvrait des yeux qui, bien que rieurs, exprimaient un constant éveil, comme si ces personnes fort aimables au demeurant restaient toujours sur leurs gardes.

Le brouhaha des voix m'assourdit. J'aimais le silence et mon année laborieuse m'en avait prouvé la nécessité. Mes seules distractions étaient des sorties avec mon ami Jacques Turquet de Mayenne : promenades, concerts, théâtres. Nous étions devenus intimes, mais jamais je ne lui confessai l'erreur de la nature dont j'étais la victime. Il me jugeait comme un homme chaste, fort peu intéressé par le sexe, victime peut-être de quelque accident durant son enfance, surtout après que je lui eus confié que dès l'âge de six ans j'étais un intrépide cavalier.

Fréron me mena au prince de Conti qui, entouré de deux jolies femmes, semblait de fort bonne humeur. Le prince me remercia pour l'ouvrage que je lui avais fait parvenir. Il l'avait parcouru avec beaucoup de plaisir, m'assura-t-il.

– Cher comte, dit-il à un homme entre deux âges qui manifestement cherchait à lui parler, laissez-moi vous présenter monsieur d'Éon qui a accompli un travail important sur l'économie française durant le règne de notre grand roi.

– Êtes-vous de l'Encyclopédie ? s'enquit l'inconnu.

Le ton de sa voix n'indiquait aucune bienveillance.

– Non, monsieur, répliquai-je. Vous n'avez devant vous qu'un jeune homme ayant commis une thèse que monseigneur de Conti me fait l'honneur de complimenter.

L'homme se prit à sourire et le prince nous présenta. J'avais devant moi le comte d'Argenson, frère du marquis, notre ministre des Affaires étrangères. Marc Pierre, comme son illustre parent, nourrissait une double haine dans son cœur : la première de l'Autriche, l'autre de Voltaire, ce qui expliquait son amitié pour Fréron. Il me demanda d'emblée si l'état militaire m'intéressait. Je lui répondis en riant qu'il évoquait là l'ambition ultime de feu mon père.

– Je vais réorganiser notre armée, m'assura-t-il, et nous aurons toujours besoin de jeunes gens de qualité.

Il me quitta pour aller faire sa cour à une femme entre deux âges encore assez plaisante qui portait un superbe collier de diamants.

Pour le moment, je ne songeais plus du tout à rentrer dans l'armée car j'avais en tête un deuxième ouvrage qui s'intitulerait : *Traité dans lequel on établit que les voies de rigueur en matière de religion blessent les droits de l'humanité.* La rigidité de notre Église évoquée par Fréron m'avait donné l'humeur belliqueuse.

Plusieurs femmes m'entourèrent alors, jouant de l'éventail. Leur regard ironique me fit pressentir qu'elles avaient fait un pari sur mon compte.

– Monsieur le chevalier d'Éon ? interrogea l'une d'elles. Voilà un nouveau venu que nous attendions toutes avec impatience.

J'eus la bêtise de répondre : « Comment cela, mademoiselle ? » Toutes trois éclatèrent de rire. Je rougis et cette apparente pudeur les alluma davantage encore.

Nous allions nous rafraîchir et, comme je tournais dans ma tête tous les moyens possibles d'échapper aux sirènes, Fréron s'approcha, tenant par le bras un jeune homme au visage constellé de taches de rousseur. Bel homme, il avait un regard franc, un amical sourire.

– Je vous présente monsieur Michel Morin, ou plutôt le chevalier Robert Douglas Mackenzie. Il ne compte comme vous-même guère de proches, mais vous intéressera au plus haut point. Sachez qu'il réside ici secrètement, ce qui explique le nom d'emprunt que je vous ai donné.

Cette rencontre compta excessivement dans ma vie. Par Mackenzie, j'appris les arcanes de la politique française, ses alliances officielles, ses complots mijotés par le roi dans ce que l'on nommait « Le Secret du Roi ». L'histoire de ce jeune chevalier écossais était elle-même extraordinaire, et lorsque le prince de Conti m'offrit son hospitalité pour la nuit, j'acceptai aussitôt.

Il faisait beau le lendemain, et Mackenzie me proposa une promenade dans le parc. J'eus alors le loisir de connaître son histoire. Fidèle à la dynastie des Stuarts, chassés du trône d'Angleterre parce que catholiques et retirés à Rome sous la protection du Saint-Père, il avait, comme beaucoup d'Écossais, l'espoir de leur rétablissement à Londres pour peu qu'un prince de cette famille montrât l'audace de tenter le destin. Charles Edward, petit-fils du roi détrôné, fut celui-ci. D'abord encouragé par les Français, ce tout jeune prince engagea sa fortune pour fréter trois navires et acheter des armes. Son but était de jeter l'ancre sur les côtes écossaises, d'y dresser l'étendard des Stuarts, de conquérir l'Écosse avant de marcher jusqu'à Londres, où régnait un prince hanovrien descendant de Charles Ier par une de ses filles.

– Je vous passerai les détails de la campagne héroïque de notre Bonnie Prince Charlie, soupira Mackenzie. Nous reprîmes la route du Nord avec une troupe qui, ne comprenant rien aux décisions de ses chefs, s'était découragée.

Nous nous assîmes sur un banc qu'entouraient deux biches de gypse. Mon compagnon avait les épaules basses, comme si la honte de cette déroute l'accablait encore.

– La France, poursuivit-il, avait promis des hommes, de l'or, des armes. Rien ne vint. Le roi Louis XV avait abandonné son cousin Stuart qui, comme vous le savez sûrement, descendait des Bourbons par Henriette, la sœur du roi Louis XIII.

« Le prince héritier Cumberland prit la tête de l'armée anglaise qui se lança à la poursuite de nos Écossais. À Culloden, eut lieu une bataille qui vit l'extermination des nôtres. Provisoirement, la cause de Charles Edward était perdue, il fallait regagner la France.

« Je revins avec le prince qui fut fort bien accueilli à Versailles par le roi. Sans doute Louis XV devait-il déjà mijoter un traité de paix avec l'Angleterre, qui probablement exigerait l'exil de Charles Edward. Ces petites manœuvres peu ragoûtantes faisaient partie du Secret du Roi.

« En effet, le prince reçut l'ordre de quitter Paris. Comme il s'y refusait, il fut arrêté devant l'Opéra où il se rendait, lié comme un saucisson de la manière la plus infâme et jeté dans une voiture qui le mena à Vincennes. Je pris alors refuge chez le prince de Conti qui refusait le déshonneur de chasser un parent dans le malheur. J'y demeure toujours.

– Et le prince ? demandai-je.

– Il quitta Paris pour Avignon, avec le désir de rejoindre l'Espagne, toujours protégé et aidé par notre cher prince de Conti. Il revint souvent secrètement à Paris, mais cela est une autre histoire. Je voulais vous dire combien mon hôte m'est cher et combien je le vénère.

– Vous resterez donc pour toujours Morin, le précepteur du fils du prince de Conti ?

– Que non ! Je suis prêt à repartir en Écosse dès que les Stuarts auront besoin de moi.

– Cela ne vous gêne-t-il pas de jouer double jeu ? m'étonnai-je.

Il me considéra longuement.

– Qui sur cette terre n'a pas plusieurs visages ?

3

Mon traité, dans lequel j'établissais que les voies de rigueur en matière de religion blessaient les droits de l'humanité, fut envoyé selon les conseils du prince de Conti au duc de Penthièvre. Aussitôt, il m'invita à le venir voir. La dédicace que j'avais faite à feu sa femme bien-aimée l'avait beaucoup touché. Des mois après son décès, il la pleurait encore.

Je venais d'avoir vingt-six ans et déjà fréquentais les salons du prince de Conti, de Claude-Pierre de Saint-Foix, Premier secrétaire du ministre des Affaires étrangères, et grand bretteur que j'eus l'avantage de toucher à plusieurs reprises de la pointe de mon fleuret chez le maréchal duc de Belle-Isle, un homme plutôt insignifiant mais qui me permit de faire la connaissance de sa belle-fille, mademoiselle de Nivernais, et de la comtesse de Rochefort qui fut ma première amie. Ce fut elle qui m'introduisit à Versailles.

Mais je dois avouer avoir eu auparavant avec cette jolie femme une aventure qui me permit de me mieux connaître. Un soir où nous étions assis côte à côte sur une causeuse, elle me caressa les cheveux (je ne portais pas de perruque ce jour-là) et posa sa main entre mes cuisses. Je sursautai, comme frappé par la foudre. Elle sentit mon sexe se durcir et se mit à rire. « Voilà un joli début de conversation, monsieur le chevalier. » Je bandais certes, mais n'avais pas de désir. Si elle avait appuyé sur un bouton pour faire danser un automate, lui aurait-elle pour autant donné une âme ? Je compris alors pleinement que le sexe ne définissait qu'une infime partie de moi-même. J'étais homme, me sentais femme, et mes activités, la lecture, l'écriture, la conversation, l'escrime, l'équitation pouvaient faire le bonheur de l'un comme de l'autre sexe. J'avais dû abuser du vin de Champagne car soudain, comme on s'échappe d'une prison, je lui confiai mon secret. Elle m'écouta sans mot dire, sereine, avec un regard bienveillant.

– Pauvre chevalier, murmura-t-elle. La vie ne va pas être facile pour vous dans un monde où la virilité est portée aux nues et où les conventions restent bien bornées. Vous avez, poursuivit-elle, une sensibilité, une finesse, une légèreté de femme dans un corps d'homme.

– N'oubliez pas le courage et l'amour de l'exercice physique.

– Je l'oublie d'autant moins que je suis bonne cavalière, que je chasse et ai mis en fuite un amoureux indiscret qui s'était cru permis de pénétrer dans ma chambre.

Je souris.

– Comment cela ?

– En l'étourdissant avec un chandelier. Petite fille, je

déchirais mes jupons en grimpant aux arbres, ce qui m'attirait les foudres de ma gouvernante et les gronderies de maman.

– Quant à moi, murmurai-je, j'ai refusé de pisser debout jusqu'à l'âge de six ans. J'avais déjà quitté les robes de la petite enfance pour des culottes et m'attirais toutes les moqueries du monde.

La comtesse ne put s'empêcher de rire.

– Comptez-vous rester puceau, monsieur le chevalier ? Une femme plaisante pourrait vous aider à mieux accepter votre condition.

Et ce disant, elle ouvrit ma braguette et caressa mon sexe.

Nous nous allongeâmes sur le sofa après avoir fermé à clef la porte du salon. Elle retroussa sa jolie jupe de satin lilas et ouvrit ses jambes, me laissant voir une toison châtain soigneusement taillée et parfumée.

J'allais la pénétrer quand mon sexe se déroba. Ce curieux appendice devait obéir à des ordres que je ne saisissais pas.

La comtesse rabattit sa jupe et de nouveau me caressa les cheveux.

– Accompagnez-moi à Versailles, me dit-elle, la marquise y donne un bal travesti. Je vous prêterai une robe qui ne vous laissera pas passer inaperçu. Comme seule condition, je demande de vous en parer moi-même. Le duc nous accompagnera. Il sera en Turc et moi en femme de harem.

Soyez ici à huit heures précises, il y aura beaucoup de carrosses sur la route de Versailles.

Mon premier bal « en ce pays-ci » me fit comprendre le chemin parcouru depuis le collège des Quatre-Nations, mes études de droit et mon petit logis de la rue des Joailliers. J'étais désormais reçu par le prince de Conti, le duc de Penthièvre, le duc et la duchesse de Nivernais et, outre mon vieil ami Turquet de Mayenne, j'étais parvenu à me lier au noble Écossais que cachait Conti.

Quant à mon avenir, je ne l'entrevoyais pas encore. La carrière de juriste qui m'avait tenté me déplaisait désormais et je n'avais pas la fortune nécessaire pour me tailler une place dans ce monde.

Durant le bal, le roi me remarqua, et rit aux éclats quand Nivernais lui révéla que cette jolie femme vêtue comme une princesse était en réalité un homme. Puis il reprit son sérieux, sembla réfléchir, et ayant appris l'amitié que me portait Conti, pria celui-ci de le venir voir dans son cabinet privé dès le lendemain matin.

Pour l'instant je dansais, riais et buvais avec quantité de gentilshommes. En regagnant Paris, j'étais un peu gris. Dans le carrosse, sous la couverture de petit-gris, mon amie ne lâcha pas ma main. Couvert de bijoux, fardé, parfumé, je saisissais parfaitement mon image féminine. Elle me plaisait et ne cessait de me torturer en même temps.

Deux jours plus tard, le prince de Conti me fit parvenir un pli dans lequel il me priait de venir dès le lendemain à L'Isle-Adam. Il m'enverrait une voiture à dix heures du matin et me retiendrait pour le dîner.

J'étais inquiet. Pourquoi une telle hâte à me revoir de la part du prince ? Avais-je dit ou fait quelque chose l'ayant froissé ? Voulait-il me semoncer d'avoir été la reine du bal de Versailles au point de fâcher la Pompadour ? Ce qui pourtant ne devait guère lui déplaire car il la détestait.

Conti m'attendait dans sa bibliothèque couverte de haut en bas d'ouvrages reliés aux armes de sa famille. Comme seul tableau, figurait le portrait de son ancêtre Armand de Bourbon, frère du Grand Condé, qui avait participé à la Fronde aux côtés de la Grande Mademoiselle et était mort en prison.

Il ne se leva pas quand un laquais m'introduisit et me fit signe d'approcher.

– Nous avons à causer, chevalier, me dit-il en me désignant un siège. Mais avant que je ne prononce un seul mot sur l'affaire qui vous amène, jurez-moi sur l'honneur de garder cette entrevue dans le plus grand secret.

– Monseigneur, m'écriai-je, je suis gentilhomme. Aucun membre de ma famille n'a jamais failli à l'honneur.

Le prince se cala dans son fauteuil, croisa les mains.

– Vous avez étonné le roi par votre facilité à être ce que vous n'êtes point, votre aisance dans un rôle difficile, votre discrétion face aux questions fâcheuses. Le roi a besoin d'hommes comme vous. J'ajouterai avec une certaine ironie que vous lui avez plu.

Ce que j'entendis de la bouche du prince m'ébahit. Cet homme beau, riche, grand prieur de l'ordre de Malte en France, possédant à Paris un hôtel ceint de murailles et orné d'une formidable tour dite tour du Temple, prince du sang, me parlait comme à un égal ! Dans l'immense parc qui entourait le Temple vivaient et commerçaient des milliers de personnes que le statut des chevaliers de Malte, les bâtisseurs de ce domaine, mettait théoriquement à l'abri du pouvoir royal.

– Vous n'ignorez pas, mon jeune ami, que nous possédons un ministre des Affaires étrangères, monsieur d'Argenson. Cependant, le roi tient à traiter certaines activités seul, et dans le plus grand secret. Il a œuvré par exemple pour mon accession au trône de Pologne en opposition à François de Lorraine, ce qui a entraîné une rupture entre la Prusse et nous. Mais nous gardions l'alliance franco-autrichienne. Pendant ce temps, je m'emparais du Mans et de Charleroi alors que Maurice de Saxe prenait Gand, Bruges, Ostende, Bruxelles…

Le prince s'interrompit, saisit une pincée de tabac dans une tabatière en porcelaine de Sèvres peinte d'une Vénus au bain.

– Je vous passerai bien des détails tortueux, chevalier, et ils sont nombreux. Je comptais toujours sur le trône de Pologne quand d'Argenson fut remercié et notre alliance avec la Saxe conclue par le mariage du dauphin avec Marie-

Josèphe. Il n'était plus question de se brouiller avec la Maison de Saxe qui n'approuvait pas ma candidature et je dus m'incliner par ordre d'un roi qui jusqu'alors m'avait promis ce trône. La paix fut signée entre Frédéric II et Marie-Thérèse d'Autriche à Aix-la-Chapelle. Le roi renonçait à la Pologne, restituait les Pays-Bas autrichiens et les places hollandaises conquises par Maurice de Saxe.

De nouveau, Conti s'interrompit.

– Me suivez-vous, monsieur ?

– Parfaitement, monseigneur. Je sais qu'en 1748 on s'étripait aussi au Canada, aux Antilles, aux Indes. Des milliers de morts, n'est-ce pas ?

– Et une paix signée avec l'Angleterre, ce qui, entre nous, confirme l'impopularité du roi qui abandonnait les Stuarts catholiques au profit du Hanovre protestant.

J'osai l'interrompre.

– D'où votre intérêt pour Lord Mackenzie dont je suis fier d'être l'ami.

Le prince toussota, sonna son valet et demanda une carafe d'eau et deux verres.

– Je protège tous ceux que l'on condamne ou brime sans autre raison que l'intérêt personnel du roi.

Après avoir bu une longue gorgée d'eau, le prince poursuivit :

– Nous avons donc en France une diplomatie officielle et une autre secrète, décidée par le roi seul. Une lettre écrite par lui peut anéantir des mois d'efforts de ses ministres. Avec détermination, notre roi s'opposait à l'alliance avec de trop puissants ennemis potentiels, la Russie, l'Autriche, la Saxe et la Pologne. Ces deux dernières nations gardaient néanmoins vis-à-vis de nous une attitude plus conciliante.

« J'œuvrais alors en Pologne même, à éloigner ce pays de l'alliance russo-autrichienne. La Pologne devait former une barrière infranchissable pour les Russes. J'étais assisté dans cette tâche par un monsieur Castera qui fut empoisonné. Le roi eut la duplicité de le pleurer.

« Dans cet imbroglio, le roi a besoin d'agents secrets de bonnes mœurs, fidèles et discrets, qui jouissent de la liberté de voyager en Europe jusqu'en Turquie. Leur intelligence et leur fermeté sont d'autant plus nécessaires que notre Bien-Aimé n'est plus guère apprécié de son peuple depuis que le bruit a couru qu'il enfermait de jeunes personnes pour son plaisir dans le Parc-aux-Cerfs. Les Français de bonne souche peuvent être grivois, mais avec esprit. Ces débordements libidineux dégoûtent. On soupçonne même notre roi de faire enlever des fillettes. Une pure calomnie, soyez-en sûr.

« Mais arrivons au fait. Les Anglais viennent de dresser les Russes contre les Prussiens. Nous voulons expédier en Russie un agent qui n'appartiendrait qu'au roi. L'homme doit avoir du charme pour plaire aux Russes, il doit sembler inoffensif, mais être capable de se défendre avec maestria s'il est attaqué. Vous êtes beau, d'humeur facile, vous avez de l'ambition et la plume aussi agile que l'épée. Si vous acceptez cette mission à Saint-Pétersbourg, je vous retiendrai quelques jours au Temple pour vous livrer de précieuses instructions.

Cloué à mon siège, je restai sans voix. Le roi ? Une mission ? Saint-Pétersbourg ? C'était beaucoup à la fois.

– La tsarine Élisabeth a de la sympathie pour la France, ajouta Conti. Elle soutiendrait volontiers des relations avec notre pays. Votre ami Douglas Mackenzie vous accompagnera, c'est un espion de grande expérience. La présence d'une jolie femme à ses côtés, une dame distinguée et lettrée pouvant attirer la sympathie de la tsarine, serait précieuse. Durant ses temps libres, cette jolie personne, vous, devenue la secrétaire particulière de Sir Douglas, nous enverrait des messages codés. Obéissez en silence, agissez en secret, plaisez, attirez les confidences, les femmes sont bavardes, et votre fortune est faite. Et puisque nous devons aborder ce détestable moyen d'exister, vous recevrez de l'or prélevé sur la cassette personnelle du roi. À la moindre erreur, par exemple vous vêtir en homme, vous seriez aussitôt rappelé à Paris et exclu de toute fonction.

– Je suis à vos ordres, monseigneur, et à ceux du roi.

– Alors considérez que vous faites partie du « Secret ». On va vous apprendre quelques mots de russe, et surtout comment coder votre correspondance. Vous partirez à Saint-Pétersbourg au mois de juin. La saison est agréable et le voyage vous plaira. Quant à Douglas, il ne peut qu'être discret. Comme beaucoup de ses compatriotes, cet Écossais est un parfait gentleman et ne montrera aucun étonnement de vous voir dans la journée en jolie femme et le soir en studieux compagnon travaillant à ses côtés. Il vous conseillera et vous aidera.

J'allais me lever quand Conti plissa les yeux et m'adressa un fin sourire.

– Permettez-moi une question indiscrète, chevalier. Vous préférez-vous en homme ou en femme ?

– Monseigneur, j'ai deux passions dans le cœur. L'une qui me tire à droite, l'autre à gauche. Pour être franc, je ne sais pas encore comment sortir de ce labyrinthe crétois.

Je me retirais quand le prince de Conti me rappela que nous dînerions ensemble à onze heures précises, puis, après un instant de silence, il ajouta d'un air joyeux :

– Pour votre garde-robe, ne vous souciez de rien. Mon intendant viendra bientôt vous chercher pour vous mener chez la couturière qui habille les plus élégantes dames de Versailles. Elle aura des ordres pour éviter tout luxe tapageur. Vous serez à la mode de Paris et cela suffira à enchanter les dames de Saint-Pétersbourg.

De retour à Paris, je décidai de rendre visite à mon vieil ami Turquet de Mayenne. En chemin, je songeai enfin à ces parures de femme dont il me faudrait user en Russie. Loin d'en éprouver de l'humiliation, j'étais tout joyeux de pouvoir jouer une partie importante dans un domaine qui était le mien. J'allais devenir l'amie de nobles dames russes, maîtresses pour beaucoup d'hommes au pouvoir, et les faire parler avec habileté. Je serais présenté à la tsarine Élisabeth Petrovna, une dévoreuse d'hommes, disait-on, qu'une jolie femme laisserait probablement indifférente. En dépit de son caractère difficile, il me faudrait gagner sa confiance.

Je trouvai mon ami buvant du vin de Champagne en compagnie d'une dame légèrement vêtue. Confus, j'allais me retirer quand il éclata de rire et me demanda si j'avais soif. Mon entretien avec Conti me brûlait la langue, mais j'aurais préféré qu'on me l'arrachât plutôt que de dévoiler notre conversation. Ce fut la dame qui finalement, et sans le vouloir, me donna de précieux conseils. Nous parlions de la séduction et je lui demandai tout de go quel était le secret des femmes pour réduire tant de galants en esclavage.

– Nous tirons profit de vos naïvetés et vanités, me dit-elle. Regardez avec un intérêt déjà complice un homme droit dans les yeux, souriez, laissez échapper quelques mots innocents sur l'admiration que votre interlocuteur suscite en vous. Posez-lui des questions, laissez-le parler de lui encore et encore. Écoutez-le bouche bée, osez quelques courtes remarques : « Vraiment ? Mais quelle audace, quelle merveille ! Quelle intelligence. » Agréez, flattez, rien ne lui semblera excessif. Enfin dites-lui que cette conversation vous a enchantée, que vous en espérez d'autres. Elles viendront, croyez-moi, et plus vite que vous ne le pensez.

– Faut-il coucher alors ? demandai-je un peu effrayé.

– Il faut le leur laisser espérer. Si au bout d'un moment plus ou moins long vous êtes décidé à ne rien offrir, inventez quelque mensonge qui changera l'humiliation en respect. Et surtout laissez toujours un espoir, si mince soit-il.

La jeune femme passa un bras autour de mes épaules et m'embrassa sur les lèvres.

– Laissez entendre que « souvent femme varie » et que la victoire est d'autant plus délectable que la bataille a été rude.

– Mon bon Charles, conclut mon ami, les hommes détestent la facilité. Plus vite une femme se soumet, moins ils la désirent. Dominer une jolie femme réticente est une satisfaction profonde pour un mâle.

– Qu'en sais-tu ? hasardai-je. Le fait d'accepter de s'exposer à un danger est-il toujours d'ordre sexuel ? Le fameux pénis que tous les hommes vénèrent, symbole de leur puissance, n'est-il que peu de chose en réalité ?

J'en avais trop dit, c'était l'effet du vin de Champagne. Je me levai, baisai la dame sur les lèvres et m'en allai.

4

Nous étions en juin et tout s'organisait pour mon voyage en Russie. Étais-je joyeux ? Excité certainement, mais inquiet aussi. J'avais suivi à la lettre les instructions du prince de Conti, m'étais familiarisé avec le code secret, avais appris à lire le russe et à l'écrire. J'avais surtout revu avec plaisir Douglas Mackenzie, mon compagnon de voyage, à l'humour féroce et au joyeux tempérament. Il se prénommait Robert Douglas, mais préférait son second prénom dont tous ses amis usaient. Je ne lui confiai point que les miens étaient Charles Geneviève car la tradition d'affubler un nourrisson mâle du prénom de sa marraine ne faisait pas partie des mœurs écossaises.

Si quelqu'un me demandait aujourd'hui quelle impression je garde de ce voyage, quels fiertés ou désenchantements j'ai tirés de ma première mission, je répondrais qu'elle fut à la fois le ciel et l'enfer. Mais ces quelques mois passés à Saint-Pétersbourg scellèrent mon destin et me donnèrent la certitude que j'étais un être singulier, car je tirais des deux sexes des joies fortes et opposées. Tout d'abord, il m'apparut fort clair que la lutte pour le pouvoir était affaire d'homme, que la puissance offrait l'argent et les honneurs. Mais la vanité, elle, n'avait pas de sexe. Une autre évidence s'imposa à moi : pour atteindre son but, l'homme mord, la femme caresse. Je devins familier avec l'une comme l'autre approche, et en mesurai la double efficacité. Quant à l'amour, la femme en subit plus profondément et plus longtemps les effets. Son amoureux occupe toutes ses pensées alors que ce dernier vogue déjà vers d'autres continents. Mais elle sait son pouvoir et n'hésite pas à imposer sa féminité de la manière la plus conforme aux conventions : charme, élégance, esprit, fantaisie pour mieux dominer son adversaire. En voulant se rendre attrayante, la femme s'astreint à des régimes de famine, s'empêtre dans des vêtements malcommodes, s'étouffe dans des corsets, alors qu'en culotte et veste, l'homme est libre comme l'air.

Il nous fallut plus de deux semaines pour rejoindre Saint-Pétersbourg en traversant l'Autriche, la Silésie, la Pologne, la Lituanie, la Lettonie, avant de gagner les frontières russes. Là, Douglas se crut obligé de m'apprendre les mœurs du pays qui s'ouvrait à nous. Elles étaient rudes. L'ambassadeur, le marquis de La Chétardie, sans doute l'amant de la tsarine, avait été expulsé du jour au lendemain en abandonnant à la souveraine toutes ses possessions de prix. Un espion du Secret du Roi avait été arrêté et emprisonné. Parent du prince de Conti, monsieur de Valcroissant fut jeté chargé de fers dans un cachot de la forteresse de Schlusselbourg où il croupissait toujours.

Conti n'en a aucune nouvelle sinon de très courts et rares billets envoyés par le miniaturiste Sampsois qui exerçait son art à Saint-Pétersbourg.

– D'où l'idée, mon cher chevalier, me confia-t-il, d'adjoindre à un secrétaire d'ambassade un espion en jupons qui a de fortes chances de ne pas attirer de soupçons. Je vous présenterai comme ma nièce. Une orpheline venue me seconder dans ma tâche.

Douglas posa sa main sur la mienne alors que nous traversions un admirable verger qui comptait des milliers de pommiers.

– Vous êtes à partir de maintenant Lia de Beaumont, et au prochain arrêt de poste vous quitterez cette voiture en homme et la regagnerez en femme. Étant au service du prince de Conti depuis vingt ans, le cocher ne s'en étonnera point, il a toujours su garder yeux et oreilles fermés.

J'appris par la suite que mon compagnon était un agent double au service de la Hollande et du roi de France. Cette découverte me sidéra, mais je lui conservai cependant mon amitié.

– Ce soir, me dit Douglas, nous allons avoir une longue conversation. Il s'agira de votre sécurité et de la mienne. Je vous confierai aussi le but précis de votre mission et vous dévoilerai les questions auxquelles il vous faudra répondre. Sans doute vous étonnez-vous que je ne puisse me charger moi-même de cette mission, mais j'ai été attaché autrefois à l'ambassade d'Angleterre, où l'ambassadeur, me sachant ami de Conti, me suspectera et me fera surveiller. Si vous jouez bien votre jeu, vous serez libre de vous lier avec des dames influentes, et même, qui sait, avec l'impératrice. Mais prenez garde : une Française tomba un jour dans les bras d'un amant de la tsarine. Celle-ci lui fit percer la langue, administrer vingt coups de knout et l'exila, toute enceinte qu'elle fût, en Sibérie.

Je retirai vivement ma main. Pourquoi m'avoir caché que je risquais ma vie ? Douglas se contenta de sourire. Un espion ne peut jamais se sentir en sécurité. Il s'agit d'un redoutable jeu que l'on doit gagner ou sinon, accepter de mourir.

J'avoue avoir ressenti une certaine vanité en revêtant une robe simple mais admirablement coupée en grosse soie grège rayée de gris. Le corsage était rembourré et ajusté assez haut pour qu'on ne puisse distinguer cet habile trompe-l'œil. La robe s'ouvrait sur une jupe de satin grège laissant apercevoir les chevilles. J'étais chaussé de bottes de voyage en daim noir assez confortables pour garder une démarche naturelle.

Plus nous approchions de Saint-Pétersbourg, plus je sentais mon ami inquiet. Il redoutait comme la peste son ex-ambassadeur, Sir Williams, qui voulait entretenir des rapports exclusifs avec la tsarine. Quant à moi, j'apprenais par cœur le billet que Mackenzie m'avait remis la veille, une série de questions dont le roi attendait réponse. Quel était le nombre de soldats dont disposait la tsarine ? Quel était l'état de sa flotte ? Celui de ses finances ? De quel crédit jouissait le ministre Bestoujev-Rioumine ? Quelles vues avait la Russie sur la Pologne ? Et sur la Suède ? Quels étaient les sentiments de l'impératrice pour la France ?

Le code secret, je le connaissais déjà. Sir Williams, l'ambassadeur d'Angleterre, était « le renard noir », ses mouvements auprès de la tsarine se traduisaient par « Le renard noir fait monter les enchères ». « L'hermine est à la mode en Russie » signifierait que le parti prussien l'emportait, mais si la tsarine hésitait entre la Prusse et l'Autriche, je devrais écrire : « Le loup-cervier est aussi d'un bon prix. » Bestoujev tomberait-il en défaveur ? Alors « La martre zibeline sera moins chère ». « Dix peaux de petits-gris » désigneraient trente mille hommes à la solde de l'Angleterre. Je n'ignorais pas non plus que si par malheur je tombais entre les mains de Bestoujev, je devais nier connaître le roi de France, même au milieu des pires souffrances. J'étais orpheline et n'avais jamais mis les pieds à Versailles.

Octobre était radieux mais déjà frais dans le nord de la Russie. On sentait que non loin de l'azur du ciel, des nuages porteurs de neige progressaient vers nous.

Mackenzie devait se présenter aussitôt à l'ambassade d'Angleterre pour faire savoir qu'il était à Saint-Pétersbourg par ordre du roi de France et me faire déposer ensuite chez une noble Polonaise, née en France, qui m'offrait l'hospitalité afin que je jouisse de la plus grande indépendance possible.

Quelle ne fut pas ma surprise de voir le soir même entrer dans la jolie demeure où je m'installais un Douglas livide qui contenait mal sa rage.

– L'ambassadeur d'Angleterre a refusé de me revoir, il exige que je quitte au plus vite la Russie sous peine de sanctions à l'égard du chargé d'affaires français.

Mon aimable hôtesse lui offrit l'hospitalité pour la nuit, et après le souper Douglas me retint quelques instants.

– Lia, vous voici livrée à vous-même. Le roi et Conti vous font confiance, et lors de notre voyage j'ai jugé vos qualités de discrétion et votre désir de plaire. La comtesse Solienska vous introduira sans tarder dans les salons d'une ville où le confort est piètre, mais le goût du luxe immense. Le roi veut savoir les intentions de la tsarine vis-à-vis de la France. Cette mission sera la plus importante.

Le lendemain, en reprenant la voiture qui l'avait attendu, il me serra dans ses bras.

– *All the best to you, my dear comrade.* Souvenez-vous de moi, mais n'évoquez point mon nom, surtout devant les Anglais.

Je le rassurai. Déjà le rôle d'espion m'était entré dans la peau.

Je trouvai dans les deux malles ouvertes par mon valet des tenues adaptées à toutes les circonstances, mais toujours sobres et d'un goût parfait. Point de fanfreluches, de cascades de roses de soie à la Pompadour, de nœuds de satin bouffants, de strass cousus sur les jupes, de bas brodés de fleurs. Comme j'étais de bonne taille, on avait choisi des escarpins de soie, de velours ou de satin munis de talons assez bas et confortables. La paire de bottines que je portais en arrivant en Russie me servirait pour des promenades à cheval si l'occasion s'en présentait. J'avais dû apprendre à monter en amazone, position assez inconfortable et périlleuse dans les galops.

Ma garde-robe soigneusement rangée, mes bijoux serrés dans une cassette, je reçus la visite d'une timide jeune fille qui se présenta comme ma femme de chambre. Elle fut immédiatement suivie par un serviteur de l'ambassadeur de France qui me remit un pli dans lequel le chargé d'affaires ayant succédé à La Chétardie me souhaitait la bienvenue et s'excusait de ne pouvoir me loger. Il me priait de demeurer chez mon hôtesse franco-polonaise. Il était marié et sa femme n'apprécierait sans doute pas la présence constante d'une jolie fille dans leur résidence privée. Ce conseil était celui que j'attendais : être libre de mes mouvements, pouvoir visiter quantité de personnes et tenter par audace et séduction d'être invitée par la tsarine.

Durant les deux premiers jours, il fallut m'habituer à des atours qui gênaient mes mouvements, m'obligeaient à marcher à petits pas et à soulever mes jupes lorsqu'un besoin de la nature se faisait sentir. J'étais néanmoins ému, ému et fier d'être femme. La gêne causée par mes falbalas ne contraignait en rien la grande liberté intérieure que je ressentais. J'étais femme, non pas un travesti mais une femme qui mettait une touche de parfum, posait une mouche au coin de sa bouche, rosissait ses lèvres à la pâte de géranium. Me contempler devant un miroir me faisait rire. J'étais heureux et troublé tout à la fois. Qui mentait à qui ?

Suivie de ma femme de chambre, je sortais faire quelques pas dans une ruelle menant à la Neva. Les hommes me regardaient, certains avec indécence. Je restais un battant, un être qui aimait l'action et le risque. C'est sur cette seconde personnalité qu'il me fallait compter pour réussir ma mission. L'autre masque.

Comme on me trouva d'emblée intelligente, gaie, spirituelle et prête à écouter les interminables palabres de maintes douairières, les portes s'ouvrirent les unes après les autres devant moi. Ma « tante » elle aussi était appréciée : entre deux âges, toujours plaisante et coquette, elle incarnait ce charme français tant prisé à l'étranger. Nous nous entendions bien et elle me faisait part des compliments dont j'étais l'objet.

Un après-midi, dans le salon de la comtesse Chouvalova, je me trouvai nez à nez avec la femme de l'ambassadeur d'Angleterre, une personne sèche, autoritaire et certainement assez hypocrite en dépit d'un sourire sucré.

– Voilà donc la petite Française qui charme notre société, me dit-elle en m'embrassant sur les deux joues. « À la française », crut-elle aimable de préciser. On ne vous voit guère dans les locaux de l'ambassade de France.

– Je m'y rends deux fois par semaine, milady, pour prendre en charge la correspondance officielle.

Elle eut un petit sourire en coin et alla au samovar se servir une tasse de thé avant de revenir vers moi.

– Avez-vous été présentée à la tsarine ?

– Pas encore, milady.

– Elle vous appréciera, car elle a malheureusement un faible pour votre pays.

– Vraiment ? Je la croyais très anglophile.

Elle fronça les sourcils. Je ne pouvais aller plus loin mais noterais sa réflexion sur le carnet que je gardais dans ma chambre. Pour qu'elle attribue ma répartie à la naïveté, je déclarai qu'il n'y avait pas de pays pour lequel j'avais plus d'admiration que l'Angleterre, nation qui avait su conserver ses traditions tout en se tournant résolument vers l'industrie et l'avenir. Elle consentit à hocher de la tête et alla retrouver notre hôtesse, épouse d'un favori de l'impératrice, un grand protecteur des lettres, des arts et des sciences. La comtesse Chouvalova, une femme rondelette et avenante, affichait l'assurance d'une personne très haut placée dans l'estime de sa souveraine.

J'engageai alors la conversation avec une Autrichienne établie à Saint-Pétersbourg avec son mari chargé d'affaires. Je lui avouai mon admiration pour cette ville superbe, ses canaux, son palais d'hiver, sa cathédrale qui formaient un ensemble d'une grande noblesse à la fois baroque et classique. Elle me vanta l'architecte italien Bartolomeo Rastelli qui avait donné son âme à cette ville édifiée dans le delta de la Neva.

Elle parlait un français parfait, avait à peu près mon âge, et nous décidâmes de nous revoir après avoir découvert que nous étions l'une et l'autre cavalières et chasseresses passionnées.

– N'attendons pas d'être ensevelies sous la neige, décida-t-elle. Voulez-vous m'accompagner au lac Ladoga ? Les oies sauvages le survolent en regagnant le sud. C'est une région d'une grande beauté.

J'acceptai avec enthousiasme, et le soir même piochai dans ma garde-robe pour en extirper une tenue d'amazone. Ce tête-à-tête avec une Autrichienne était pour moi d'une extrême importance, car mon roi cherchait une alliance contre les Prussiens. En savourant du pain noir, de gros cornichons salés et du caviar au bord du lac que survolaient les oiseaux migrateurs, je pourrais obtenir d'utiles informations.

Deux semaines seulement après mon arrivée à Saint-Pétersbourg, j'avais déjà le pied à l'étrier. Il me restait à être présenté à l'impératrice. Le soir, lorsque j'étais débarrassé de ma toilette, que la petite bonne était partie se coucher, j'étais à la fois heureux et profondément désorienté. Qui étais-je vraiment ? L'élève du collège Mazarin, l'ami de Jacques Turquet de Mayenne qui venait de prendre épouse et était devenu magistrat au Grand Châtelet, le point de mire de la salle d'armes de maître Dumayet, le hardi cavalier auquel aucune monture si rétive soit-elle ne faisait peur, ou cette charmante femme toute de soie, de velours ou de cachemire vêtue, portant boucles d'oreilles et fibule de perles, les joues rougies, le teint blanchi, les sourcils noircis ? Étais-je ces deux personnages à la fois ? Un hybride, un autre type d'être humain qui refusait la copulation avec un homme comme avec une femme ? Étais-je sans identité ? J'étais né garçon, on m'avait élevé en garçon et dès ma naissance, on m'avait imposé une appartenance indiscutable. J'étais censé ne pas pleurer, diriger les petites filles, pisser debout, lutter pour dominer, être esprit et force quand la femme était chair et faiblesses.

J'étais sensible à la beauté des vêtements, mais hommes comme femmes cherchaient à étaler les plus belles parures sur leur propre personne. Dans ma recherche des similitudes entre sexes, je trouvais le courage, l'inventivité, la coquetterie, l'ambition. Ces découvertes m'apaisaient. Il existait donc un tronc commun d'où s'élevaient diverses branches.

Ici à Saint-Pétersbourg, être une femme me plaisait.

Mon premier bal chez la princesse et le prince Galitzine fut un triomphe. Je savourais alors les mille plaisirs d'être une femme autour de laquelle les hommes se pressaient. La salle de bal était entourée de colonnes doriques surplombées d'une galerie qu'occupait l'orchestre. Le médianoche suivant le bal serait servi dans la salle à manger d'honneur où étaient conviés cinquante invités privilégiés dont je faisais partie grâce à mes « parents » diplomates.

J'avais, avant de quitter Paris, pris des cours de danse côté « femmes ». Au collège des Quatre-Nations, la danse faisait partie du programme d'instruction et j'avais trouvé un certain plaisir à apprendre ces pas légers et compliqués, ces courbettes et ces profonds saluts qui distinguaient un homme du monde. Mais à Saint-Pétersbourg, il me fallait être femme jusqu'au bout et jouer mon rôle avec grâce et même sensualité. Les menuets succédaient aux gavottes, les mazurkas et polkas d'origine polonaise aux contredanses et galops réservés aux plus jeunes. Contrairement aux Parisiens, les Russes portaient volontiers leurs uniformes militaires, exhibaient un nombre impressionnant de médailles et n'avaient point de perruque. Tout le monde ou presque s'exprimait en français.

Alors que je m'éventais pour me rafraîchir, un jeune homme portant moustache et une courte barbe me demanda si je désirais une coupe de vin de Champagne. Je le suivis et nous bavardâmes quelques instants. Il me complimenta et vanta les Françaises qui donnaient le ton à l'Europe entière.

– Vous êtes la meilleure ambassadrice de votre pays, me chuchota-t-il, la plus délicieuse et la plus désirable.

Je restai un moment sans voix. Que dire ? Comment réagir ?

– Et je vous sais seule, hébergée chez une cousine française veuve d'un Polonais qui était mon parent. Auriez-vous le malheur d'avoir perdu un mari ?

– Nullement, monsieur, mais je n'ai encore trouvé homme à ma convenance.

Ma voix tremblait un peu. Il mit ce trouble sur le compte de l'émoi qu'il me causait.

Soudain je sentis ses lèvres sur mon cou.

– Votre parfum est délicieux, chuchota-t-il, est-ce Rose de Trianon ?

– Vous êtes bien savant en parfumerie, monsieur.

– Je me suis rendu maintes fois à Paris. Laissez-moi me présenter. Je suis fils du comte de Wurnzow, Alexis Vladimirovitch.

Je reculai d'un pas.

– Lia de Beaumont, monsieur. Non point une Parisienne comme vous le supposez, mais une native de Bourgogne.

– Ah, s'écria-t-il, mon père est le plus grand connaisseur en vin de toute la Russie ! Il a arpenté votre région natale à plusieurs reprises. D'où êtes-vous exactement ?

– De Tonnerre, monsieur.

– Voilà un bien joli nom qui explique mon coup de foudre.

Il se rapprocha de nouveau, passa son bras autour de ma taille. Je ne détestais point ce contact, bien au contraire, et il dut le sentir car cette fois-ci il déposa un léger baiser au coin de ma bouche.

– Allons sur la terrasse, proposa-t-il. Il commence à neiger, c'est féerique.

Il claqua des doigts pour faire approcher un valet et demanda nos pelisses.

Le spectacle était vraiment enchanteur, les flocons semblaient caresser le cours lent et gris de la Neva pour se perdre dans un paysage incertain qui n'avait point de limites.

– Vous ne pouvez pas vous douter, petite Française, de l'immensité de mon pays.

– Je n'ai pas le plaisir d'avoir pu y voyager, avouai-je, mais j'aime les Russes. Les hommes y sont naturels et joyeux.

– On dit les Français efféminés, répliqua Alexis en riant. Est-ce vrai ?

– Parfois, avouai-je.

Je ne pouvais moi-même m'empêcher de rire.

La pression de son bras autour de ma taille s'accentua. Allais-je embrasser un homme pour la première fois ?

Ce baiser me parut délicieux. La moustache d'Alexis caressait mes lèvres, sa salive avait le goût sucré du vin de Champagne. Je me savais néanmoins dans une situation périlleuse. En la prolongeant, je me perdrais.

– Si les Français, lui dis-je, vous paraissent parfois efféminés, leurs femmes ne sont pas toutes des conquérantes. Beaucoup d'entre elles apprécient une longue amitié avant de se donner.

– Je vous offre une amoureuse amitié, si toutefois je garde l'espoir de vous avoir à moi.

Il m'embrassa de nouveau. Des frissons me parcoururent le corps et je m'éloignai de quelques pas.

Pour faire diversion, je lui racontai mon escapade au lac Ladoga avec ma jolie Autrichienne. Nos galopades, notre pique-nique, notre chasse au vol. Il m'observa avec étonnement.

– Vous êtes cavalière et chasseresse ? Voilà la plus belle confidence que je pouvais recevoir. La semaine prochaine, je participe avec quelques amis à une chasse au loup. Trois jours dans la nature la plus sauvage, deux nuits sous une tente.

Comme j'écarquillais les yeux, il me crut effrayée par la modicité du confort proposé.

– Une tente parfaitement arrangée. Une dizaine de moujiks nous prépareront l'abri, la nourriture et le feu. Et mes amis pourvoiront au vin et à la vodka. Vous disposerez de votre propre tente, se crut-il obligé de préciser.

J'étais enthousiasmée et entourai son cou de mes deux bras.

– Une coutume française, expliquai-je. Les femmes prouvent ainsi qu'un homme les intéresse.

Ce geste, je le pensais, était un élan très féminin.

Un groupe s'approchait. Je voulus m'éloigner, mais il me retint un instant par la main.

– Vêtez-vous en homme si cela ne choque pas votre pudeur. Là où je vous amène, il n'y a pas de place pour les colifichets : veste doublée de laine de mouton, chapka, pantalon de daim et gants en peau de lièvre.

Je regagnai le logis de mon hôtesse le cœur battant. Comment tout cela était-il concevable ? Étais-je en train d'accumuler des maladresses que le prince de Conti ne me pardonnerait jamais ? Il était possible que par inadvertance, curiosité ou simplement pour m'entretenir, un des chasseurs pénètre dans ma tente alors que je m'apprêterais à passer mes vêtements de nuit. Alexis serait effaré et humilié, la nouvelle se propagerait et je n'aurais plus qu'à quitter sans délai la Russie. Ma vie volerait en éclats.

La veille, je reçus un billet d'Alexis Vladimirovitch rédigé dans un français parfait.

Après de longues réflexions, il pensait en effet plus sage de me faire passer pour un homme. Ses amis étaient certes des gentlemen, mais la présence d'une femme les embarrasserait. L'âpreté de l'expédition qu'ils allaient mener libérerait la parole et autoriserait un langage qui pourrait m'offenser. S'ils se croyaient obligés de se contraindre, la chasse serait gâchée. Je garderais néanmoins ma tente car, leur avait-il expliqué, un jeune gentilhomme français venant de Versailles n'avait point leurs rudesses. Il leur serait reconnaissant de ne pas avoir à côtoyer la nuit des hommes parfois ivres et peu soucieux de raffinement. J'apprécierais cependant pleinement leur joie de vivre, leur courage et ce je-ne-sais-quoi que possédaient les Slaves, qui les rendait incomparables.

Je répondis sur-le-champ que je n'étais pas une précieuse, que mon père étant dans l'armée, j'avais été habituée dès mon plus jeune âge à un vocabulaire dépourvu d'affectation et que je pourrais bien les surprendre par ma spontanéité. Je le remerciai de la délicate attention qu'il avait eue de me réserver un logis privé dans lequel il pourrait, de jour seulement, venir partager un thé.

« Une troïka passera vous chercher après-demain à sept heures du matin, me prévint-il, soyez précise. »

Nous partîmes vers l'est jusqu'au lac Blanc avant d'obliquer vers le nord. J'étais assise à côté d'Alexis qui déplia une carte. Il était convenu que je m'appelais Louis (mon troisième prénom) de Fontenilles (le nom de la rue où j'étais né). En me venant chercher, il s'était étonné de voir surgir un parfait jeune homme emmitouflé de fourrures, des cheveux bouclés tombant aux épaules, portant des culottes de daim fauve qui ne dissimulaient qu'à moitié les muscles de ses cuisses que la pratique de l'escrime avait développés.

– Par Dieu, s'écria-t-il en me tendant la main, voilà le plus joli jeune homme que j'aie jamais vu !

Ses compagnons me saluèrent les uns après les autres. Ils étaient tous dans l'armée, de rudes hommes au teint rouge, aux moustaches conquérantes. Outre les trois chevaux attelés à la troïka, de petits poneys aux poils longs tiraient un traîneau où avaient pris place nos moujiks. Nous monterions ces bêtes pour chasser le loup. Chaussées de fers à crampons, elles étaient vigoureuses et rapides. Cette race étant peu courante en France, je n'avais pas eu l'occasion de les pratiquer.

Deux autres traîneaux clôturaient la marche avec les fusils, les tentes et tout ce qu'exigeait un confort même rudimentaire. Notre convoi traversait une campagne plate mais dépourvue de monotonie grâce aux pinèdes et oseraies, aux hameaux d'isbas dont les cheminées fumaient, aux églises à coupoles, certaines montrant encore les pans de peinture douce qui avaient fait leur splendeur. On sentait non pas la misère, mais une grande pauvreté. Les femmes étaient emmitouflées dans des châles, les hommes portaient des vestes de cuir doublées de peaux de mouton, les chapkas ne laissaient voir que des nez souvent violacés et des moustaches hirsutes. Comme nous n'étions qu'à la fin du mois de novembre, la glace formée sur les rivières n'était pas assez sûre, et nous empruntions les ponts de bois. Tout semblait immobile, stratifié dans cette beauté hivernale qui chassait toute humeur morose. Autour de brasiers, des bûcherons se réchauffaient les mains. Avec indifférence, ils regardaient filer nos équipages.

Le soleil montait, mais une fine couche de neige en tamisait la lumière. Le ciel et la terre semblaient s'unir, ne laissant qu'un passage incertain aux audacieux qui s'y aventuraient.

Nous nous arrêtâmes pour manger du pain noir beurré, de gros cornichons salés, de la viande séchée et absorber de grandes tasses de thé tiré du samovar qu'un serviteur avait fait chauffer sur un feu de camp.

Je sentais qu'Alexis n'osait trop s'entretenir de mon bien-être devant ses compagnons, mais il n'avait aucun souci à se faire. Mon inexplicable complexité me faisait autant apprécier les jupons en dentelle d'Angleterre que le tronc humide sur lequel je m'étais assis pour dévorer un repas de soldat.

On regagna la troïka. Au préalable, les hommes avaient pissé contre un arbre. Je ne savais que faire. Alexis vint à mon secours.

– Faisons quelques pas, Louis, voulez-vous ?

Il me laissa à l'orée d'un petit bois. Je n'osais rester debout. Et s'il me voyait ? Je m'accroupis dans la neige, j'avais les fesses gelées, je pestais.

Alexis me ramena à la troïka non sans m'avoir embrassée derrière le tronc d'un gigantesque pin. Je me laissai faire. L'abandon de soi est-il un trait proprement féminin ? Mon déguisement en tout cas émoustillait mon amoureux.

Parfois nous voyions filer un lièvre roux, un renard, quelques daims. Boris, un de nos compagnons, voulut tirer une marmotte qui rejoignait son trou pour hiverner. Nous l'en empêchâmes. Il fallait arriver avant la nuit au campement préparé par nos moujiks. Dans le ciel gris acier tournoyaient des corbeaux poussant des cris funèbres. La nostalgie m'envahit. Je songeais à Paris, à ses cafés, à l'animation de ses rues, à ma salle d'armes, à mon manège. Revenait-on vivant de cette immensité surnaturelle qui semblait tout dévorer ? Alexis devina cette ombre de tristesse. Sous la couverture de peau d'ours, il me serra furtivement la main.

– Les crépuscules sont toujours nostalgiques en Russie.

Nous allons tirer du coffre quelques flacons de vodka et du tabac, ce sont des armes incomparables pour combattre la mélancolie.

Maxime, un géant roux au sourire éclatant, me tapa sur l'épaule.

– Le petit Français n'apprécie peut-être pas la vodka !

– Vous aurez ma réponse promptement, lançai-je.

Les moujiks avaient préparé sur un grand feu de bois un bortsch copieusement arrosé de crème, un ragoût de veau aux pommes de terre et des sortes de beignets fourrés de confiture. Le vin et la vodka coulaient à flots.

Nikita, le troisième chasseur, se mit à chanter. Ce fut un moment magique. La voix était profonde et chaude, la mélodie émouvante et nostalgique. J'en comprenais quelques mots : cheval, *loshad* ; glace, *ledianov* ; lac, *ozero* ; tombeau, *grobnitsa* ; fleur, *tsvetok*. C'était l'histoire d'une petite fille partie rejoindre son amoureux en hiver. La glace du petit lac qu'elle traversait s'était fendue et Nouchka s'était enfoncée dans les flots. Depuis, des fleurs blanches poussent à chaque printemps sur les rives.

Igor chanta à son tour, mais sa mélodie était joyeuse, entraînante. On avait envie de battre des mains et de danser.

Ce fut mon tour. Je cherchais désespérément une chanson dont je connaissais l'intégralité des paroles et finis par choisir *Aux marches du palais*. Ce fut un succès. « Voilà une complainte qui mériterait d'être russe », décréta Alexis.

Les flacons de vodka étaient presque vides. Je me sentis un peu gris et me retirai sous ma tente. Nous devions nous lever à l'aube le lendemain. Au chaud sous ma peau d'ours, une poignante nostalgie m'envahit. Trouverais-je un jour ma juste place dans ce monde ? J'enviais les quatre amis d'Alexis prêts à toutes les bagarres, toutes les soûleries et pourtant parfaitement éduqués, amoureux de musique et de littérature. Ils étaient ensemble sous la tente voisine et je les entendais rire aux éclats.

Nous montâmes les poneys, laissant les moujiks à la troïka. Un grand bol de bortsch, du pain noir nous avaient réchauffés et un serviteur avait détecté non loin des empreintes de loup. La galopade me fit du bien. À cet instant même, j'étais libre et heureux. Le froid était piquant, et en dépit des oreilles de la chapka j'avais les joues frigorifiées. Alexis m'avait conseillé de m'enduire le visage et les lèvres de graisse d'ours. Cette pâte avait une odeur repoussante et je souriais en pensant à mes amis parisiens. Bientôt nous repérâmes une bande de cinq loups, deux gros, des mâles certainement, et trois femelles. Ils filaient sur la neige en masse compacte sans même se retourner.

Comme nous les rattrapions, un des mâles fit soudain volte-face, les lèvres retroussées ; les autres continuèrent leur course. Alexis saisit le fusil accroché à la selle et sauta à terre. Je devinais qu'il voulait m'impressionner, me montrer à quel point il était brave. Le loup ne bougeait pas.

Alexis visa et tira. J'entendis un hurlement et vis une rigole écarlate traverser la neige. La bête s'était affaissée, sa fourrure imbibée du sang qui s'échappait de son poitrail. Soudain elle se releva, bondit sur Alexis, quand Maxime, un poignard à la main, lui planta l'arme dans le ventre. Je voyais l'intestin du loup – un long boyau rose qui reposait sur la blancheur immaculée de la neige. Mourante, la bête me fixait. Il y avait dans son regard une interrogation incrédule, presque humaine.

Des flacons de vodka furent tirés des sacs de cuir jetés en travers des selles. Il fallut trinquer bouteille contre bouteille. Je ne voyais que le regard du loup toujours posé sur moi. J'étais un bon chasseur, abattre un canard en plein vol ne m'avait jamais causé la moindre émotion, mais à cet instant, j'avais la gorge nouée.

Nikita abattit un louveteau et nous rapportâmes nos trophées au camp à la tombée de la nuit. Il fallait les écorcher avant que le froid ne les raidisse. On taillerait des pièces de viande et on abandonnerait les carcasses aux corbeaux.

Je revins à Saint-Pétersbourg fermement décidé à me consacrer désormais uniquement à ma mission : approcher la tsarine afin de sonder avec le plus de discrétion possible ses intentions envers la France. Une jeune femme ne pourrait attirer la sympathie de cette infatigable chasseuse d'hommes que si elle ne la voyait pas en rivale. Je m'inventerais un cher amant resté à Paris et l'attendrirais sur la puissance des passions.

Mes nouveaux amis m'avaient confié que la tsarine Élisabeth collectionnait les amants. Elle les voulait puissants, virils, brutaux même si leurs performances la satisfaisaient. Maxime avait gardé le silence, un petit sourire aux lèvres. Ce géant avait dû avoir l'honneur de baiser l'impératrice. Étaient-ce ses prouesses qui lui avaient valu un titre et des terres ?

Je fis part à Alexis de mon désir d'être présenté à Élisabeth. Une jeune fille pouvait-elle lui faire de l'ombre ? Elle me jugerait comme une innocente. J'avais en mémoire le récit de cette malheureuse Française dont on avait percé la langue, labouré le corps de coups de knout avant de l'expédier en Sibérie et n'avais pas la moindre envie qu'un tel honneur puisse m'être accordé.

Alexis me promit une prompte présentation. Il me donna les rudiments du protocole russe, me prévint de ne montrer aucun étonnement devant le contraste entre le luxe ostentatoire affiché par la tsarine et la modestie des objets usuels qu'utilisaient les nombreuses servantes toujours présentes à ses côtés, hantée qu'elle était par une mort solitaire. À quarante-huit ans, elle jouissait pourtant d'une assez bonne santé pour épuiser son favori du moment, le capitaine Chouvalov pour lequel elle se faisait friser et enduire le corps de crèmes odorantes.

– Est-elle belle ? demandai-je.

– Elle l'a été et garde de la majesté, mais elle a tant épaissi que le cou est avalé par les épaules. Notre tsarine a un regard qui peut être doux ou sauvage, elle attire ou fait peur.

– Les femmes ont donc beaucoup d'autorité en Russie.

– Nous avons ici des dames qui jouissent d'un grand pouvoir. Elles ne se contentent pas de charmer et de glisser des caresses au creux du lit.

Je voulus le taquiner ou plutôt l'éprouver, pour mon propre ego, je suppose.

– Vous m'avez vue, cher Alexis, en homme et en femme, laquelle de ces deux personnalités vous séduit-elle le plus ?

Le comte éclata de rire.

– Je ne suis pas de ce bord-là, mademoiselle, mais serais-je seul avec vous vêtue en homme dans un endroit perdu, je vous dépouillerais bien volontiers de votre culotte, de vos bas et de vos bottes.

Je fus déçu et rassuré. C'était donc la femme présente en moi qui séduisait. Cependant, il me faudrait redevenir homme dès ma mission en Russie accomplie.

Conti avait suffisamment d'affriolantes jeunes femmes autour de lui sans avoir besoin de moi. J'espérais qu'il me confierait une autre mission ; j'avais pris goût au dépaysement.

Et ce fut ma première invitation au palais impérial, pas encore le célèbre palais d'Hiver qui était en construction et voulait rivaliser avec Versailles. En y pénétrant, je fus surpris par son aspect campement, mais tout le monde savait, me dit Alexis, que la tsarine avait l'instinct nomade, tantôt ici, tantôt là, et qu'elle exigeait que serviteurs, meubles, tapis, vaisselles et tableaux la suivent. Partout erraient des chats, des chiens, des renards apprivoisés. Mais dès que l'on pénétrait dans le saint des saints, on était ébloui.

Avec force, je serrais contre moi le livre remis par Conti, *De l'esprit des lois*. Entre les deux cartons de la couverture, Louis XV avait fait placer une lettre destinée à l'impératrice. Je devais lui remettre l'ouvrage en mains propres.

Soudain, je vis apparaître une femme un peu grosse, au bon visage, à peine maquillée, à la toilette raffinée sans l'ostentation des élégantes de Versailles. J'avais revêtu moi-même une jupe de soie puce et un justaucorps de velours bleu nuit fermé par des brandebourgs. Ce genre de tenue évitait les acrobaties pour me donner un décolleté aguichant. La tsarine, je le savais, apprécierait cette modestie. J'avais déjà comme allié Vorontsov, le vice-chancelier, un homme séduisant et charmeur, qui me faisait une cour discrète.

L'impératrice me fit avancer et je mis à profit les cours que l'on m'avait donnés sur l'art de la « grande révérence ». Elle sourit.

– Nous sommes entre nous, mademoiselle, déclara-t-elle en français. Mes amis m'ont parlé de vous avec bienveillance.

Je m'approchai, pris le livre des mains du valet qui restait posté derrière moi, et le remis à la tsarine.

– Un ouvrage précieux confié par mon roi, murmurai-je. En gage de son respect et de son dévouement. Les commentaires comme les sentences de monsieur de Montesquieu sont parfois à double sens, précisai-je.

Elle sourit et posa le livre sur un petit bureau en bois de rose marqueté. Puis, d'un geste à la fois autoritaire et amical, elle me fit signe de m'asseoir sur un canapé recouvert d'une soie à motifs chinois.

– J'aime la France, me dit-elle tout de go, et prendrai connaissance avec plaisir de ce livre et de ses secrets. Êtes-vous parisienne ?

– Hélas, Majesté, je viens de la province.

– Tant mieux ! Je hais ces créatures diaboliques qui ensorcellent les hommes pour les mieux dominer. La Pompadour en est un exemple.

J'apprenais mon métier de diplomate. À ce genre de remarque, mieux valait ne rien répondre.

– On m'a dit que vous logiez chez une parente que je connais un peu et que vous venez parfois trier le courrier de monsieur de Bonnac, votre chargé d'affaires à l'ambassade. Je sais par ailleurs qu'il va nous quitter, car il compte maints ennemis ici. Avez-vous de l'influence sur lui ?

– Aucune, Majesté. Monsieur de Bonnac a la bonté de s'intéresser à mon sort et me témoigne une sympathie purement formelle.

– Ne périssez-vous pas d'ennui en Russie ?

– Saint-Pétersbourg m'émerveille un peu plus chaque jour.

La tsarine s'anima.

– Et vous verrez, mademoiselle, que cette ville n'en est

encore qu'à son enfance. Donnez-vous cinquante ans et vous serez éblouie. Quel âge avez-vous ?

– Vingt-sept ans, Majesté.

– Alors vous aurez le temps de revenir. Quant à moi, je n'y serai plus.

Sachant qu'elle éprouvait une grande frayeur de la mort, je l'interrogeai aussitôt sur ses goûts artistiques. Ce que j'avais pu contempler atteignait la perfection.

La tsarine sembla ravie de mes questions. Elle était cultivée, curieuse, avait l'oreille musicale et le coup d'œil sûr. Je lui avouai que j'aimais la lecture et l'équitation, passant sous silence l'escrime, activité à laquelle peu de jeunes filles s'intéressaient.

– Eh bien, devenez ma lectrice, décida Élisabeth. Si le roi de France vous fait confiance, pourquoi ne l'imiterais-je pas ? Ainsi nous nous reverrons régulièrement et causerons de choses et d'autres. Cela vous distraira de la compagnie de la comtesse et de celle de ce cher Bonnac qui est un tantinet collet monté.

Elle se leva.

– La chose est dite. Venez les lundis, mercredis et vendredis à huit heures trente. Je suis encore dans ma chambre et aurai l'esprit assez clair pour apprécier les ouvrages dont je vous laisse le choix. Maintenant, si vous le voulez bien, je vais me plonger dans l'œuvre de monsieur de Montesquieu.

5

Mon entourage fut stupéfait par l'honneur que me faisait la tsarine.

– Vorontsov l'a sûrement poussée à vous accorder cette faveur, conclut monsieur de Bonnac. Il est francophile mais se heurte à Bestoujev-Rioumine qui nous hait, adore la Prusse comme l'Angleterre et n'est pas dépourvu d'influence. Soyez extrêmement prudente, mon enfant. Vous vous aventurez là dans des sables mouvants qui peuvent vous engloutir. Sachez aussi que la tsarine est sujette à des sautes d'humeur, restez sur vos gardes. L'atout majeur que vous possédez est la bienveillance de Vorontsov envers la France, bien sûr, mais aussi pour l'Autriche. Jouez la carte autrichienne, elle est majeure, l'autre suivra. Si l'Autriche entre en guerre avec la Prusse, la France et la Russie qui sont ses alliées devront voler à son secours.

J'allais quitter Bonnac quand il poursuivit :

– Méfiez-vous aussi de Pierre de Holstein, son héritier, qui est marié à Catherine d'Anhalt-Zerbst. Il a une passion pour la Prusse et courtise l'ambassadeur d'Angleterre Sir William pour la lui faire partager. Heureusement, sa jolie épouse la princesse Catherine a pour amant un de nos amis, le prince Poniatowski. On parle de l'expédier en Pologne.

La tête me tournait quand je regagnai mon logis. Une heureuse surprise m'y attendait : mon mentor et ami Douglas Mackenzie était de retour. Il était prêt à m'aider à remplir ma mission. Les Anglais avaient dû plier devant la volonté du roi de France et aucun soupçon ne pesait plus sur lui. Il venait d'être nommé chargé d'affaires à la place de Bonnac qui regagnait Paris.

– Nous allons signer un traité, déclara-t-il en vidant un verre de vodka. L'impératrice m'a fait savoir qu'elle avait lu la lettre de Louis XV et y répondrait. De surcroît, vous l'avez charmée, et elle regrette que vous ne soyez point un jeune homme. Elle aurait sûrement adoré vous dépuceler.

Nous rîmes.

– Elle va même faire organiser un bal travesti, poursuivit mon ami, tous les hommes en femmes, toutes les femmes en hommes. Sa Majesté adore ce genre de distraction. Comme elle est grande, forte et a de belles jambes, les habits masculins lui vont bien et elle le sait. Avez-vous fait votre choix ?

J'étais assez excitée par cette perspective de me revêtir en homme, tout en éprouvant au plus profond de moi-même un certain malaise.

Après mon arrivée à Saint-Pétersbourg, il m'avait fallu

plusieurs jours pour m'habituer à mes vêtements féminins. Puis la gêne avait fait place à la satisfaction de réaliser un engagement pris voici bien longtemps envers moi-même.

La veille du bal, bien qu'on m'ait prêté un costume de page de la Renaissance qui m'allait à merveille, je décidai de ne pas m'y rendre. Je sentais qu'il me serait impossible de redevenir homme pour un seul soir. Quoique je me fusse sentie fille dès que j'eus conscience de moi-même, mon père m'avait élevé en garçon, rudement, ne pardonnant aucune frayeur, aucun attrait pour ce qui n'était pas du domaine d'un gentilhomme. J'étais destiné à l'armée. Je fus avocat puis membre du cabinet secret du roi. Mes dons pour l'escrime et l'équitation l'enchantaient, ceux pour la musique, le chant, la danse beaucoup moins. Il s'était formellement opposé à ce que je suive avec ma sœur des cours de clavecin et m'avait ridiculisé lors d'un repas familial parce qu'il m'avait surpris me contemplant dans un miroir.

– J'ai promis à ma tante, mentis-je maladroitement, de l'amener au théâtre.

– Mais qu'elle vous chaperonne donc ! s'écria Alexis venu me faire sa cour. On pourrait la vêtir en trappeur sibérien.

Il dut deviner sa bévue en me voyant pâlir. J'étais au bord des larmes.

– Vous vous amuserez bien plus au théâtre que dans ce bal, conclut-il aussitôt d'un ton joyeux. Le goût de notre impératrice pour les travestis est original et répugnant.

Un homme en jupons, une femme en culotte ? Voilà une étrange moralité.

Je fus sur le point de lancer : « Je suis un garçon en jupons, Alexis. » La présence d'un valet m'en empêcha. Je voulais me retirer dans ma chambre, y demeurer seul jusqu'au lendemain.

– Alexis Vladimirovitch, conclus-je d'un ton sec, que celui qui se considère comme un être tout à fait ordinaire lance la première pierre à notre tsarine.

Je me rendis donc trois fois par semaine au palais. J'avais choisi des livres sans mièvreries, utopies amoureuses ou chevalerie de carnaval. Dans un sac de cuir, j'avais placé *Les Essais* de Montaigne, *La Princesse de Clèves*, des sonnets de Ronsard. Un premier test qui me permettrait de mieux définir les goûts de la tsarine qui fut enchantée de ma sélection et se montra envers moi pleine de sensibilité. Elle me posa des questions sur mon passé et mes projets d'avenir.

– Belle et intelligente comme vous l'êtes, que n'êtes-vous un homme…, prononça-t-elle d'un ton songeur. Vous auriez un brillant avenir. Étant femme, vous épouserez soit un jeune sot, soit un vieux podagre, à moins que vous ne restiez célibataire, ce que je ne saurais trop vous conseiller. La reine Élisabeth d'Angleterre comme moi-même avons fort bien compris que notre seule liberté résidait dans le célibat ou le veuvage précoce. Je suis la tsarine du pays le plus vaste d'Europe. La politique, l'exercice physique et intellectuel, les relations seulement sexuelles me plaisent. Et laissez-moi vous dire que si vous étiez un homme, je vous mangerais toute crue.

Au bout de quelques semaines, je pouvais m'adresser à l'impératrice avec une certaine liberté. Elle avait réclamé des œuvres de Machiavel et de mademoiselle de Scudéry, choix qui m'avait grandement étonné. Sous cette carapace de guerrière et de dévoreuse d'hommes survivait donc une âme romantique.

Nous en arrivâmes à parler politique. Élisabeth aimait la France et je l'assurai que les Français avaient pour elle la plus vive admiration tandis qu'ils se méfiaient des Anglais, trop orgueilleux pour accepter d'être de simples comparses dans une coalition. Une alliance russo-franco-autrichienne offrirait une force considérable d'intimidation. Je rougis volontairement en lui livrant ma pensée et elle éclata de rire.

– Vous avez une tête solide, mademoiselle Lia de Beaumont. Laissez-moi vous dire que je songe à une telle alliance.

Elle se tut et je poursuivis aussitôt la lecture.

Ce ne fut que quelques jours plus tard que, songeuse, la tsarine interrompit ma lecture. Elle avait revêtu un déshabillé brodé de motifs chinois passé sur une robe de nuit de linon. Je voyais la naissance de son opulente poitrine, son cou gras et court que des cheveux en désordre mangeaient un peu plus encore. Pourtant, même privée de maquillage, la peau restait soyeuse et j'étais fasciné par la beauté de ses dents, la pétulance de son regard, son intelligence. Nous parlions toujours en français, langue qu'elle possédait sans jamais commettre la moindre faute, de même que l'italien et l'allemand.

En outre, Élisabeth Petrovna aimait les arts, l'architecture classique et fastueuse.

Ce jour-là, elle regardait par la fenêtre et je devinais qu'elle cherchait les mots pour s'exprimer.

– Vous êtes une personne en qui j'ai toute confiance, Lia, et le fait d'être femme vous éloigne des insupportables ambitions masculines qui, pour atteindre leurs objectifs, n'hésitent pas à avoir recours aux plus viles trahisons. On m'a beaucoup abusée et je suis devenue méfiante vis-à-vis des étrangers, souvent plus espions que diplomates. Je vais dénoncer le traité de Westminster. Ces maudits Prussiens ne pourront pas traverser l'Allemagne selon leur bon vouloir, et surtout celui des Anglais. L'intérêt de la Russie est de remettre les Prussiens à leur place. Frédéric, qui se prend pour le roi des rois, ne sera plus désormais que prince-électeur. En récompense de mon amitié, j'estime que l'Autriche me devrait la Prusse orientale et le roi de France ne peut qu'approuver cette exigence. S'il se réconcilie avec l'Angleterre, Louis pourra lancer l'ensemble de ses armées contre la Prusse. Que pensez-vous de cela, mademoiselle ?

J'étais clouée sur mon tabouret. Ma mission, réconcilier la France et la Russie, allait être accomplie.

Sans tenir le moindre compte de mon silence, Élisabeth poursuivit :

– Je ne me fie à personne dans ma cour pour porter un pli secret à Versailles. Il faudrait un cavalier endurant et déterminé, un homme d'honneur surtout.

Je songeai à Mackenzie. Il plaçait une immense confiance en un certain Michel qui semblait correspondre parfaitement à cette mission.

Le soir, Douglas Mackenzie et moi-même vidâmes force godets de vodka. Nous allions triompher à Versailles et notre avenir diplomatique promettait d'être brillant. Michel partirait dès le lendemain avec la lettre de la tsarine. Voyageur de commerce de son état, il bourrerait ses sacoches de fourrures et n'attirerait aucun soupçon.

Nous attendions avec fièvre la réponse du roi, sachant fort bien qu'il faudrait nous montrer patients : six semaines ? Deux mois ? Davantage ?

J'occupais mon temps avec mon travail de lectrice devenu un plaisir. Quand l'impératrice sut que j'étais bonne cavalière, elle me pria de l'accompagner dans ses promenades. Comme elle chevauchait en habit d'homme, elle me demanda d'en faire autant, et cette fois-ci je n'eus aucun état d'âme à lui obéir. Escortée par sa garde de hussards ukrainiens, elle faisait çà et là des pauses pour me montrer un champ désert où s'élèveraient bientôt une église, un théâtre jumelé d'une salle de concerts. Rien ne l'arrêtait, les finances publiques n'entraient jamais dans ses considérations.

Enfin je fus convoquée au palais à une heure trop matinale pour ne pas comprendre qu'une information d'importance allait m'être livrée.

L'impératrice était au palais d'Été, immobilisée par une crise d'hydropisie qui avait entraîné une série d'œdèmes. Elle portait son bonnet de nuit ourlé de dentelle et buvait à petites gorgées un verre de thé.

– Votre roi est un imbécile, me jeta-t-elle aussitôt.

Je fis une profonde révérence et reculai de quelques pas.

– L'addition que j'ai décidé de joindre à ma lettre lui a déplu, ou plutôt, a fâché cette putain de Pompadour qui le mène par le bout du nez.

Je ne répondis rien. Que pouvais-je hasarder sur un sujet que j'ignorais ? Nul ne m'avait prévenu qu'il y avait un addendum à la lettre confiée à Michel.

– Je lui ai demandé de s'allier à moi contre les Turcs si je décidais d'attaquer Constantinople. Or votre roi s'est déclaré « protecteur du Divan », et ne peut sur l'honneur se parjurer.

– Est-ce si important ? hasardai-je. Ne vaudrait-il pas mieux oublier pour un temps les Turcs pour se consacrer aux Prussiens ?

Elle posa le verre de thé avec tant de violence sur sa table de chevet qu'il se brisa.

– J'enrage d'être toujours contrainte à négocier, à parlementer, à patienter.

– C'est là votre force, Majesté. Mon roi oubliera vite cette affaire turque. Personne ne l'évoquant plus, elle se volatilisera d'elle-même.

La tsarine poussa un long soupir. Ses yeux me fixaient avec tant d'intensité que je baissai les miens.

– Lia, vous êtes une fille sage. Et comme je ne vois plus que vous pour remplir cette mission, vous allez regagner Paris. Dites à votre roi d'oublier l'addendum de ma lettre. Je signerai. Et pour les frais de voyage, mon cher vice-chancelier qui rage de la confiance que je vous accorde, à vous et à Douglas Mackenzie, vous remettra trois cents ducats d'or.

– Puis-je lire quelques pages à Votre Majesté ?

Élisabeth me sourit. Cette femme qui avait fait exécuter, souvent sans jugement, des centaines de potentiels ennemis ressemblait à une noble grand-mère pleine de bienveillance.

– Merci, Lia, allez plutôt préparer vos sacs. Je vous souhaite bon voyage. Vous allez me manquer.

J'avais répondu aux multiples questions que Louis XV avait posées dans sa lettre à la tsarine et cette précieuse correspondance ne me quittait pas. J'avais pu glaner mes informations à droite et à gauche, mais surtout dans les salons de l'aristocratie où j'étais partout admis. Monsieur de L'Hôpital, notre nouvel ambassadeur, était en route vers Saint-Pétersbourg, escorté de quarante-six voitures. Il remplaçait mon cher Mackenzie, simple chargé d'affaires.

Nous nous retrouvâmes dans une auberge par une de ces circonstances imprévues des voyages et j'appris par lui que Frédéric II avait perdu un grand nombre de soldats devant Prague, et était de nouveau défait à Kolin, où les Autrichiens avaient mis en déroute l'armée prussienne. Prague assiégée était en feu, on comptait déjà des milliers de morts. Je perçus aussitôt que ces nouvelles recueillies par hasard pouvaient faire ma fortune si le roi les apprenait de ma bouche. Il me fallait gagner Versailles à bride abattue.

Je crevais mes chevaux, renonçais à dormir, mangeais et buvais en galopant, m'assoupissais en mettant au pas ma monture et en m'abattant sur son col. À Châlons-sur-Marne, je dus me résoudre à prendre une voiture car mon postérieur ne supportait plus le contact de la selle. Grand mal m'en prit car la chaise de poste versa dans une ornière. J'en fus extrait avec une jambe cassée. Je tempêtai, exigeai qu'on me mette une attelle et qu'on poursuive la route.

C'est sur une civière, souffrant horriblement, que je fus introduit chez le roi.

Louis XV me serra dans ses bras en écoutant les excellentes nouvelles que je lui transmettais. Il fit appeler son propre chirurgien pour réduire ma fracture, me remit une bourse pleine de louis et une tabatière d'or et d'émail garnie de perles fines.

– Vous pouvez dire adieu à vos jupons et cotillons, me dit-il en riant, et le sacrifice de votre virilité fait à votre roi va trouver sa récompense. Je vous nomme lieutenant de dragons dans le régiment du colonel général.

Je pensai aussitôt à mon père. Quelle joie aurait été la sienne ! Et l'uniforme de dragon était fort seyant avec son habit vert, sa culotte de peau, son casque à crinière garni de bandeaux de peau de léopard, sa veste chamois. J'aurais pu être dégoûté, je fus pourtant au comble du bonheur.

Dès que je pénétrai dans son salon, je constatai combien mon cher prince de Conti avait changé. Son visage toujours bienveillant était fermé, ses sourcils restaient froncés. Je savais – on apprend tout, tout de suite, à Versailles – que Conti était en disgrâce. Il espérait le trône de Pologne et le temps passait sans qu'aucun signe positif ne se présentât. À Varsovie, le comte de Broglie était cependant dans une situation difficile. Officiellement, l'abbé de Bernis, ministre des Affaires étrangères, soutenait l'alliance austro-russe, alors que Louis XV et les hommes du Secret du Roi se préoccupaient surtout de notre influence en Pologne. Il fallait un homme du Secret à Saint-Pétersbourg pour présenter l'affaire polonaise sans heurter la Russie. Je fus choisi. Bien sûr, ma connaissance de Saint-Pétersbourg me privilégiait, mais le roi avait apprécié aussi mon courage sur les champs de bataille à la tête de nos dragons. Il savait qu'il avait affaire à un homme qui était attaché à la France et donc à sa personne.

– Monsieur de L'Hôpital m'a écrit qu'il serait ravi de prolonger une trop courte rencontre qui avait eu lieu longtemps auparavant au bord d'une route, m'apprit le roi. Vous êtes chez vous à Saint-Pétersbourg et, en homme, allez me rabibocher avec la tsarine. On dit qu'elle les apprécie jeunes.

Ce rappel me remplit de nostalgie. Comment me comporterais-je envers la tsarine ? Cette femme avait reçu le don extraordinaire d'allier la puissance et la grâce. Mais je ne serais plus pour elle qu'un simple secrétaire d'ambassade sans aucun lien avec Lia de Beaumont. En réalité, monsieur de L'Hôpital était vieux et affaibli, j'aurais en main la direction de l'ambassade de France. Par ailleurs, c'est à son insu que je devais remettre à la tsarine les lettres de Louis XV. L'Hôpital ignorait l'existence du Secret, ce qui compliquait beaucoup ma tâche en ce qui concernait la Pologne. Je travaillais pour le comte de Broglie qui était à la tête du Secret et ses messages étaient fort souvent en contradiction avec ceux de Bernis. Ma tâche était de protéger la Pologne des appétits russes.

Élisabeth n'était plus la même. Enflée par l'hydropisie, presque aveugle, dure d'oreille, elle n'avait gardé que la beauté de son sourire et cette tonalité à la fois décidée et douce d'une voix qui pouvait soit intimider soit charmer. Elle s'empara des lettres que je lui remis et me demanda de m'asseoir.

– Est-ce votre première visite en Russie, monsieur ?

– Oui, Majesté.

Longuement elle m'observa, me scruta plutôt.

– Seriez-vous parent avec une jeune personne à laquelle je m'étais beaucoup attachée, Lia de Beaumont ? Elle fut durant plusieurs mois ma lectrice.

Nier eût été stupide.

– Je suis son frère.

Elle eut un sourire bienveillant.

– Impossible de le cacher. Est-elle en France aujourd'hui ?

– À Tonnerre, où elle soigne notre mère.

– Mariée ?

– Non point, elle n'aime que moi.

– Et vous ?

– Je n'aime qu'elle, mais je me fais un devoir de préciser à Votre Majesté que cet amour est tout esprit et cœur. Nous n'avons besoin d'aucun contact physique pour fusionner.

– Ah l'amour, soupira l'impératrice, quels étranges chemins il peut prendre !

6

Comme je l'avais pressenti, j'eus la totale responsabilité de notre ambassade à Saint-Pétersbourg. Partageant avec mon roi le goût des grandeurs mises au service de notre pays, jamais il n'y eut plus de dîners et de bals dans cette parcelle de France. Puisque j'avais dû abandonner les robes dans lesquelles j'étais parvenu à me sentir moi-même, je me fis confectionner une garde-robe de gentilhomme dont je n'aurais pas eu à rougir à Versailles. J'aimais la soie, le velours, les dentelles, les broderies. Je pris l'habitude de porter des perruques. J'aimais les chemises du linon le plus fin, les fourrures pour l'hiver dont une pelisse de zibeline qui me procurait un plaisir sensuel.

Comme la bibliothèque de l'ambassade ne brillait pas par sa richesse, je commandai en France une multitude d'ouvrages classiques ou modernes, Jean-Jacques Rousseau, le marquis de Mirabeau et une encyclopédie consacrée à l'histoire de Russie.

Mais passer sous silence mon amertume, mes frustrations, ma rage même d'être obligé de simuler sans cesse m'est impossible. Certes mon rôle à l'ambassade me plaisait, certes j'éprouvais de l'orgueil, si jeune encore – je n'avais pas trente ans –, d'être monté si haut, d'être le confident du roi de France, l'ami de la tsarine, un homme dont le Tout-Saint-Pétersbourg attendait les invitations. Certes j'aurais dû considérer ma vie comme parfaitement réussie, cependant je ne pouvais y parvenir. Lia de Beaumont ne me quittait pas, ne lâchait pas ma main. J'étais le frère et la sœur, deux fœtus jamais séparés. Parfois, près du désespoir, je m'enfermais dans mon cabinet de toilette et pleurais. À qui aurais-je pu me confier ? Nul n'était prêt à accepter ce triste personnage d'un homme se voulant femme. Moqué, blessé, excommunié peut-être, je n'aurais plus qu'à traverser une vie lamentable avec mes confrères du vice qui traînaient dans les lieux mal famés. Mettre fin à mes jours ? J'y pensais parfois, mais la vie qui m'était offerte me plaisait, au moins on ne me refusait pas le droit d'user de mon intelligence, de mon courage. Et la religion telle que je la comprenais m'aidait. Dieu n'aime-t-il pas toutes ses créatures ? Les idiots, les manchots, les bossus, les nains ? Mais cet amour irréel, lointain, ne remplaçait pas celui que je rêvais d'éprouver. Je pensais au corps certes, mais plus encore à l'univers des cœurs. Beaucoup de femmes me courtisaient plus ou moins ouvertement, des hommes aussi, attirés par ma blondeur, la finesse de mes traits. Parfois j'acceptais un baiser, une légère caresse. Mais comment envisager qu'une amoureuse puisse découvrir un pénis refusant de se dresser ?

Comment imaginer un inverti tolérant mon refus d'être sodomisé ? « Enculé » n'est-il pas un des termes les plus railleurs de la langue française ? J'avais peur en réalité de toute forme de sexualité. Quel que puisse être mon choix, il serait un non-sens. Alors je faisais seller mon cheval et je galopais dans ce paysage à la fois aride et plein de charme qui entoure la ville. Je m'arrêtais dans une isba qui servait de taverne, avalais quelques godets de vodka avec du pain noir. On me parlait, on me tapait dans le dos, on se fichait de mes états d'âme, de mon statut d'homme impuissant, de femme sans sexe. Mais dans mon désarroi, Dieu m'avait épargné de revoir Alexis et ses amis qui se battaient contre les Prussiens. Mon amoureux ne se serait pas laissé abuser.

Les événements à Saint-Pétersbourg se précipitèrent. Le Secret se révéla un échec dans la mesure où il mit en porte-à-faux toute la diplomatie française. De Broglie, chef du cabinet secret, refusait de prendre les ordres de Bernis, le ministre des Affaires étrangères, se rebellant ainsi contre le gouvernement mis en place par un roi auquel il devait obéir. Conti s'alarmait et, se voyant mis sur la touche, se méfiait de tous. L'influence politique de la France déclinait et cette régression, ce manque d'autorité allaient déclencher la guerre de Sept Ans.

Nous apprîmes à l'ambassade que Bernis avait été remplacé par Choiseul aux Affaires étrangères. Pas plus que son prédécesseur, le duc n'avait la moindre connaissance de l'existence du Secret du Roi.

L'amant de la future tsarine Catherine, qui souffrait d'une union catastrophique, fut proposé pour être roi de Pologne. Catherine eut l'audace d'écrire au marquis de L'Hôpital pour demander son agrément. Il hésitait et, sachant que Louis XV ne voulait pas de Poniatowski, je dus faire des prouesses de diplomatie pour ne pas irriter Catherine qui était sujette à des explosions de colère.

Je commençais à me sentir fort mal à mon aise dans ce double jeu. Saint-Pétersbourg bruissait d'intrigues et les rapports de Louis XV et de la tsarine s'étaient refroidis. En dépit de multiples demandes d'Élisabeth, Louis refusa que la troupe de la Comédie-Française se rende à Saint-Pétersbourg. Tout n'était que mesquinerie, jalousie, et la guerre se poursuivait, fauchant des milliers de soldats. Signer un traité de paix s'imposait et la tsarine y était prête, mais Louis XV refusait de la laisser seule arbitre de la situation. Sans aucun doute elle profiterait de ce rôle pour dévorer une partie de la Pologne.

Ne comprenant plus rien aux ordres et aux contrordres qu'il recevait, L'Hôpital était au bout du rouleau. Le roi le remplaça par monsieur de Breteuil, un jeune ambitieux pragmatique, protégé par Choiseul.

Élisabeth était au seuil de la mort et, comme une louve, la femme du futur tsar Pierre III guettait son heure. L'héritier étant de faible intelligence, influençable, fasciné par la Prusse ennemie de son pays, Catherine avait assez d'ambition et de réalisme pour faire rouler les dés en sa faveur. Affamée, elle aussi, de relations sexuelles, elle avait déjà de nombreux inféodés, des hommes pour la plupart brutaux et ambitieux.

Je savais donc que je vivais mes derniers mois à Saint-Pétersbourg. Je pressentais aussi que jamais je n'y reviendrais. Se souviendrait-on de moi en Lia de Beaumont ou en Charles d'Éon ? Le second plutôt, les femmes s'oubliaient vite.

Il m'était impossible de quitter la Russie sans faire mes adieux à la tsarine. C'était elle qui était la gagnante de la guerre de Sept Ans. Elle s'était emparée de vastes territoires sur la côte ouest, et avait mis la Russie au rang de grande puissance internationale.

De Conti, je n'avais plus de nouvelles. Sans doute était-il toujours en disgrâce. Quel Paris, quel Versailles allais-je retrouver ? Quelle situation personnelle ? Aurais-je toujours la confiance du roi ? J'avais bien rempli ma tâche, la Pologne restait sous l'influence française et la Russie était un solide allié. Mais qu'ont à faire du mérite les rois quand ils sont entourés de courtisans ?

Je fis donc avant mon départ provision de peaux de martres, d'hermines, d'astrakan, de chats noirs de Sibérie, de zibelines. En France, je les revendrais avec un confortable bénéfice qui me garantirait une certaine indépendance.

– Demeurez à ma cour, pria la vieille tsarine d'une voix caressante. Je me suis fort attaché à vous, comme à votre sœur Lia.

– Je ne pourrais demeurer dans votre pays sans l'autorisation de monsieur de Choiseul, mon ministre, Majesté.

– Eh bien, demandez à L'Hôpital de lui écrire. Dites-lui que ce n'est pas un ordre que je donne, mais une requête que je présente.

Pour moi, il était hors de question que je reste en Russie. La pauvre tsarine n'avait plus longtemps à vivre et il me faudrait affronter la terrible Catherine. Elle avait mis au monde un fils, Paul, aussi sûrement bâtard que j'étais bourguignon. La tsarine l'avait enlevé à sa mère pour l'élever elle-même. Élisabeth raffolait de son petit-fils, un amour qui ne suscitait aucune question.

J'appris par le maréchal de Belle-Isle que j'étais attendu à Paris. De simple lieutenant, je devenais capitaine dans la compagnie des dragons de Sa Majesté. Le vieux maréchal avait dû quitter son château de Bizy, près de Vernon, pour remettre de l'ordre dans le ministère de la Guerre. Petit-fils de Fouquet, il vengeait le déshonneur de son grand-père toujours enfermé dans la forteresse de Pignerol. Duc, conseiller d'État, académicien, pair de France, maréchal de France, chevalier de la Toison d'or, ministre de la Guerre, il accumulait tous les titres et les honneurs que son aïeul n'espérait point pour lui-même. Mais je savais sa situation fort délicate. Les caisses de l'État étaient vides, ceux qui avaient des responsabilités, poussés par la vanité, ne cessaient de se chamailler à Versailles, les généraux se brouillaient, dans les armées s'installait une indiscipline inadmissible. De plus, il avait perdu son fils, le comte de Gisors, à la bataille de Krefeld, nouvelle qui m'avait profondément affecté, car je le connaissais bien et l'estimais infiniment.

Le moment était venu de tirer ma révérence. Breteuil ne cessait de me soumettre à de mesquines brimades. En réalité, dans sa propre ambassade, il avait perdu tout pouvoir. Néanmoins il écrivit trois lettres de recommandation en ma faveur, l'une adressée au duc de Choiseul, l'autre à l'intention du maréchal de Belle-Isle, la troisième aimablement destinée à ma mère pour lui dire combien il estimait son fils et l'enviait d'être la mère d'un homme possédant de telles qualités.

Tout en faisant remplir mes malles, je pensais au long voyage qui m'attendait. Nous allions traverser la Livonie, la Courlande, la Pologne, la Hongrie, l'Autriche. Je n'étais pas bien-portant, j'avais des accès de fièvre, des malaises subits qui me contraignaient à cesser toute activité. J'avais de brusques angoisses et des douleurs errantes qui me désemparaient. Le médecin de la tsarine soupçonnait une petite vérole et me conseillait de ne pas quitter le lit.

Je partis avec quelques remèdes et la volonté absolue d'arriver vivant à Paris. Dieu merci, j'allais voyager à la belle saison. Août, septembre et octobre n'étaient pas à redouter, la nourriture était fraîche, les chevaux ne seraient point retardés par la glace.

Et j'arriverais peut-être à temps pour le mariage de ma sœur à Tonnerre avec un parfait gentleman d'origine irlandaise qui lui avait été présenté par Mackenzie.

J'étais désormais un diplomate confirmé, un homme prisé par ses multiples relations. À Saint-Pétersbourg, personne n'avait soupçonné que je travaillais pour le service secret du roi. Néanmoins, des rumeurs couraient sur mon sexe. Certains étaient persuadés que Lia et moi n'étions qu'une seule et même personne. Ces ragots me contrariaient.

Mon cher Alexis, de retour en permission, me raccompagna jusqu'à Tallin, ce qui était d'autant plus admirable qu'il me savait malade. Croyait-il à cette histoire de frère et sœur ? J'en doutais, mais il eut la délicatesse de ne pas aborder cet embarrassant sujet. Il me promit de venir dès le printemps suivant à Paris. « On ne vous oubliera jamais ici », m'assura-t-il.

Je chassais ma nostalgie et mes souffrances en pensant à ce grade de capitaine dans le corps des dragons qui m'était promis. Je devrais acheter ma compagnie et la vente de mes fourrures me serait d'un grand secours.

Mais, vite, le voyage devint un cauchemar. J'étais incapable d'admirer des paysages souvent grandioses et grelottais au fond de ma voiture. À Vienne, je fus accueilli par l'ambassadeur, le comte de Choiseul-Praslin, qui me conseilla de me reposer dans cette ville où je trouverais, outre de bons médecins, des êtres d'agréable compagnie. Je ne tins aucun compte de ses conseils, n'acceptai qu'une nuit à l'ambassade et pus enfin dormir un peu.

Paris, j'étais à Paris… Je retrouvais l'enlacement des ruelles, les places, les jardins, le grouillement de la foule, l'étal des marchands, les maisons cossues, les mendiants, les taudis, les bêtes errantes. Ma voiture s'arrêta devant l'hôtel du comte d'Ons-en-Bray, rue du Faubourg-Saint-Germain, un vieil ami de ma famille qui avait pris en main les affaires de ma mère. Il me fourra au lit, fit venir deux médecins et interdit ma porte à quiconque. Je croyais être au paradis.

Dès que les boutons commencèrent à sécher, je vis surgir une jeune fille portant un vase garni des dernières roses d'automne. Elle se présenta comme Marie Liesse d'Ons-en-Bray, la dernière fille de celui qui se considérait comme mon protecteur. De taille moyenne, elle avait vingt-trois ans, les cheveux châtain foncé et l'œil noisette. Pas une beauté, mais une charmante demoiselle.

Dès que je pus me lever, elle prit mon bras et tous les matins nous faisions à plusieurs reprises le tour du jardin, un grand rectangle entouré de hauts murs, séparé en six carrés par des haies de buis et traversé par une allée de tilleuls. Aux fleurs se mêlaient des herbes aromatiques pour la cuisine et médicinales pour le barbier-chirurgien-médecin attaché à cette maison depuis plusieurs décennies.

Nous apprîmes à nous connaître. Elle m'avoua être encore chez son père car elle avait refusé un parti qu'on lui présentait comme fort convenable. Mais le jeune homme, ou plutôt l'homme déjà mûr, ne lui plaisait pas. Elle pensait ne pas être sur terre pour obéir à un mari, mettre au monde une nichée d'enfants, gouverner une maison et caqueter avec d'autres dames dans les salons parisiens. « Tu seras vieille fille ! » avait tonné son père. Elle s'en fichait. Ce qu'elle aimait, lire, peindre, étudier la botanique et la zoologie, ne lui serait pas retiré.

J'hésitai avant de l'interroger sur les plaisirs physiques du mariage. Elle éclata de rire.

– Me mettre la corde au cou pour satisfaire un besoin naturel ? Mon corps se passe très bien de cette chose-là. Ne l'ayant jamais connue, elle ne me manque nullement.

Nous fîmes désormais des promenades dans le quartier. Le prince de Conti résidait à présent au Temple. Il avait vendu à la ville le grand et le petit hôtels de Conti où j'avais gardé tant de souvenirs. Le Trésor lui avait donné un million six cent mille livres, une somme considérable qui enrichissait un peu plus ce prince déjà extrêmement fortuné. N'ayant pas d'utilité précise, ces deux hôtels devinrent provisoirement des garde-meubles avant d'être démolis : le terrain serait utilisé pour édifier l'hôtel des Monnaies.

J'amenai Marie Liesse au collège des Quatre-Nations qui n'avait point changé. Nous revînmes en longeant la Seine, admirant la multitude des barques, barges, petits voiliers à un mât. Des bacs faisaient traverser le fleuve aux voitures et aux piétons, évitant les bateaux-lavoirs où des femmes cassées en deux passaient au savon noir du linge étalé sur une planche. Nous admirions les gravures exposées par les marchands d'art, déambulions au milieu de charrettes à bras où foisonnaient fruits et fleurs. J'allais beaucoup mieux et oui, je l'avoue, étais heureux en compagnie de Marie Liesse.

Un jour elle me posa des questions sur ma vie en Russie, les mœurs des habitants, la faune, la flore que j'y avais découvertes. J'évoquai ma chasse au loup, sans lui cacher l'émotion que j'avais ressentie en croisant le regard du fauve à l'agonie, lui citai des noms de bêtes à fourrure que les chasseurs traquaient pour les écorcher. Elle me pria de ne pas en dire davantage car elle avait un grand amour pour les animaux.

Des hermines et renards argentés, nous passâmes à ma propre personne. Il faisait doux en cette fin de novembre. Nous nous assîmes sur un banc devant les grilles de l'hôtel de Liancourt. J'étais bien, heureux, disposition si rare que j'en étais étonné.

– Une fiancée ? m'interrogea-t-elle.

Je gardai un moment le silence. Il me semblait que Marie Liesse pouvait tout entendre, tout comprendre, qu'elle pouvait être ma meilleure et seule amie.

Je lui parlai donc de moi sans rien dissimuler, la prévenant seulement qu'elle pourrait me mépriser et s'éloigner de moi lorsqu'elle me connaîtrait mieux. Pour toute réponse, elle prit ma main et la serra dans la sienne.

Pas un instant elle ne m'interrompit, gardant un air bienveillant, compréhensif.

– Vous n'êtes pas une erreur de la nature, prononça-t-elle enfin, vous n'avez simplement pas besoin d'être un mâle pour réussir, vous imposer, séduire. Pourquoi ces messieurs croient-ils qu'un bout de chair leur permet de dominer le monde ? Critiquez la virilité, et tous vous tournent le dos. En réalité, cette virilité est une prison. Vous, Charles, êtes un homme libre. Vous aimerais-je si vous aviez eu l'audace de me trousser dès nos premières rencontres, ou seulement de me regarder avec convoitise ? Si vous aviez voulu vous approprier ma personne ?

– La virilité est enseignée dès l'enfance, j'eus une éducation de garçon avec un père autoritaire et grave, une mère qui se consacrait à sa fille. J'aurais préféré mourir que d'avouer à mon père combien toute cette masculinité m'étouffait, me contraignait à jouer un rôle. Ma véritable personnalité est inavouable. La société me rejetterait ou m'enfermerait chez les fous. Si je ne suis pas homme, je ne suis personne.

Marie Liesse me serrait toujours la main.

– Vous êtes un homme avec une personnalité beaucoup plus complexe que vous ne le pensez. En femme, vous êtes apaisé, confiant, solide, mais vous agissez cependant en homme, vous mêlant de politique, courtisant la tsarine, frayant avec tous les nobles russes en compagnie desquels, j'en suis sûre, vous buviez et fumiez. Vous êtes une femme, Charles, qui vit comme un homme. Et moi je suis une femme réduite à le demeurer jusqu'à la fin de mes jours.

Le soir tombait, nous quittâmes notre banc pour regagner notre domicile. Marie Liesse restait silencieuse. Elle avait compris que toute conversation futile serait malvenue.

Ma convalescence était achevée et je devais rejoindre mon régiment de dragons que la générosité de mon protecteur m'avait permis d'acquérir. J'avais trente-deux ans depuis quatre mois. Quand je me présentai, j'eus la fort désagréable surprise d'apprendre que mes hommes et moi n'allions pas nous battre, pas plus que le régiment de monsieur de Luynes qui décida de se rendre à Versailles sonder le ministre de la Guerre.

Son air satisfait à son retour me fit comprendre que nos régiments n'allaient point longtemps rester encasernés. J'étais prié de joindre les dragons du marquis d'Autichamp, neveu du comte de Broglie, sous les ordres directs des deux frères de Broglie.

Dès le surlendemain, nous partions rejoindre l'armée du Rhin où j'étais assigné comme aide de camp du comte de Broglie, le frère du maréchal.

J'écrivais à Marie Liesse. L'atmosphère des camps m'avait tout d'abord éberlué. Les jours où l'on ne se battait pas, le campement était transformé en cour des miracles.

Des vivandières, des marchandes de mode, de bimbeloteries, des confiseurs déambulaient çà et là. Sur des braseros, on faisait frire des poissons, des volailles. Des gourdes de vin et d'eau-de-vie passaient de groupe en groupe. On chantait, on enlaçait les filles à soldats et on se demandait si cette fameuse guerre du Rhin n'avait pas été inventée par un extravagant librettiste d'opéra.

Très vite j'eus l'occasion d'être présenté au maréchal de Broglie qui me détesta à l'instant. Trop mignon dans mon uniforme de dragon, trop blond, pas assez barbu, je ne pouvais lui inspirer que du mépris. Dieu merci, avec le comte son frère, mes rapports étaient excellents. Il avait été ambassadeur à Varsovie et nous nous estimions.

Août fut chaud en cette année 1761. Nous campions sur les rives de la Weser où les soldats s'offraient de joyeuses baignades, quand on me pria de porter un pli au comte de Guerchy, lieutenant-général dans le corps des dragons du roi, pour lui demander de fournir quatre cent mille cartouches aux troupes.

À l'instant où nous nous trouvâmes face à face dans le quartier des officiers, nous sûmes l'un et l'autre que nous étions et serions toujours ennemis. Cela ne s'explique pas, mais le coup de foudre de la haine est comme celui de l'amour. Heureusement, j'ignorais alors que nous aurions un long chemin à accomplir ensemble.

Après avoir pris connaissance du billet, Guerchy me toisa.

– Vous ignorez, mon petit, que la bataille fait rage autour

de nous. Quatre cent mille cartouches ? Et comment voyez-vous la chose ?

Je pris sur moi de garder une attitude respectueuse alors que son ton ironique et grinçant me donnait l'envie de dégainer mon épée.

– Faites-moi confiance, monsieur, sollicitai-je seulement d'un ton assuré mais respectueux.

Je fis le tour des rangs, décidai quelques artilleurs à m'accompagner. Nous passerions le fleuve sur un radeau de fortune avec les caisses de munitions.

Plusieurs allers et retours seraient nécessaires. Je ne cachai à personne que la mission serait dangereuse. Nul ne recula.

Le comte de Broglie me félicita chaudement, Guerchy enragea. Désormais, je discernais dans son regard qu'il avait envie de m'écrabouiller.

La guerre se poursuivit mais notre situation n'était guère brillante. Mon régiment fut chargé de repousser des highlanders écossais hors des gorges d'Einbeck. C'était encore une fois une opération dangereuse. Sans la moindre formation militaire, les highlanders avaient pour eux leur courage. Ils se défendirent âprement.

Je subis mes premières blessures, une à la tête, l'autre à la cuisse. On m'évacua et on me pansa. Le lendemain, je recevais une lettre de Marie Liesse.

« Mon cher Charles,

Il n'y a pas de jour, pas d'heure où je ne me tourmente point à votre sujet. Les guerres sont brutales, et dans nos salons, tant de femmes déplorent la mort d'un membre de leur famille. Vous souvenez-vous de nos discussions ? Les hommes manient l'épée et les femmes pleurent. Cela me fait horreur. J'aimerais me battre à votre place ou plutôt à vos côtés.

Ici, la malveillance est partout. On répand sur notre roi des calomnies abjectes. Versailles, une cour aimable, civilisée ? Je dirais que sous le sourire est tapie la haine, que chaque compliment dissimule un mensonge. Les ministres défilent. Ce ne sont pas les candidats qui manquent, mais le talent. Berryer, un protégé de madame de Pompadour, est nommé garde des Sceaux. Comme la santé de ce dernier est déplorable, nous nous attendons à avoir bientôt un nouvel impétrant.

Les parlements grondent, après Bordeaux voici Rouen qui imprime remontrances et arrêts. Bientôt ce sera Paris qui accablera le roi de discours séditieux contre le despotisme.

Comme vous le voyez, on se bat aussi en France avec la langue et la plume et je crois les hommes aussi habiles dans ces joutes que nous. Ce serait une excellente idée de permettre aux femmes de prouver leur bravoure face aux canons puisque l'on pardonne aux hommes leurs lâchetés. Mais les mœurs ne l'autoriseraient pas.

On dit que la guerre va prendre fin. Revenez vite, cher chevalier. Vous nous manquez rue du Faubourg-Saint-Germain[1]. »

Gisant sur un lit de camp de l'infirmerie, je pus répondre à Marie Liesse et écrire à ma mère. L'hiver approchait, et en effet les conflits allaient cesser jusqu'au printemps. Le comte de Broglie venait régulièrement me visiter, son frère le maréchal m'ignorait.

J'appris à Marie Liesse mes blessures. La balle m'avait frappé au-dessus de l'oreille pour ressortir par le cou. Celle qui avait traversé ma cuisse gauche n'avait pas même provoqué d'éclat dans l'os. Comme le disait de Broglie, j'étais un miraculé. Maintenant il fallait juguler l'infection qui causait plus de morts que les blessures par elles-mêmes. On lavait mes plaies à l'alcool blanc et à l'éther, puis on les enduisait de curcuma et de propolis mêlés à du saindoux, à de l'huile de laurier et à de l'ail. Il fut évident que tout danger de gangrène était écarté. Le comte de Broglie m'apportait les rares livres sur lesquels il pouvait mettre la main : *Les Nouvelles ecclésiastiques*, où sur chaque page on accablait un peu plus les jésuites, *Les Provinciales*, les *Lettres* de madame de Sévigné rassemblées depuis peu en un volume que tout le monde avait déjà lu et abondamment commenté, *Candide* qui suscitait plus de réserves.

1. Toutes les lettres citées sont authentiques.

Je me contentai de ces remarquables ouvrages et relus *Candide* à plusieurs reprises.

Conti m'écrivit une courte lettre. Il était toujours brouillé avec le roi. Celui-ci lui avait fait avaler tant de couleuvres que toute réconciliation semblait improbable.

« *La guerre va s'achever,* terminait-il, *et je vous attends à Paris. Vous y trouverez le duo Pompadour-Choiseul qui gouverne la France. Mais vous êtes toujours fort populaire. On aura à nouveau besoin de vous qui avez montré de si remarquables qualités dans maints domaines.*

Sur les conseils de Choiseul, le roi a abandonné la Pologne. Voilà deux siècles de notre politique arrivés à leur terme, et la tsarine est satisfaite.

Les ouvrages de nos philosophes éclairés, dont un certain monsieur de Beaumarchais qui me semble fort doué dans l'art de détruire une société dont il profite, sont appréciés. La France garde son cap, c'est-à-dire que notre roi continue à danser à Versailles et à tomber amoureux presque chaque semaine. En ce moment, la favorite est mademoiselle de Romans qui est enceinte.

Je reprenais un peu de vigueur en montant chaque jour à cheval et en croisant le fer avec des officiers qui ne devaient leur victoire qu'à mes forces encore amoindries.

Le froid devenait vif. On s'apprêtait à se replier pour hiverner quand le comte de Broglie vint me trouver. Le roi nous réclamant tous les deux, nous devions partir aussitôt pour Versailles. De Broglie semblait soucieux mais n'évoquait rien de fâcheux, tout au contraire. Il était porteur de chaleureuses recommandations me concernant. J'avais fait preuve de grande valeur et m'étais toujours montré empressé à obéir aux ordres.

– Votre carrière est faite, me dit-il en gardant son air grave. Vous finirez ambassadeur.

7

Je m'installai aussitôt à Paris et retrouvai Marie Liesse avec une immense joie. Une pile impressionnante de courrier m'attendait sur mon bureau et je dus remettre à plus tard mon envie de flâner avec elle dans la ville. Un des plis était signé par monsieur de L'Hôpital, notre ambassadeur à Saint-Pétersbourg. Il m'avait vu partir malade et s'inquiétait de ma santé. Ignorant mon départ au front, il me conseillait beaucoup de repos et concluait par une phrase qui m'émut profondément : « Adieu, mon cher d'Éon, je vous aimerai toujours. »

Dans la seconde missive, au courant alors de mes blessures, il me certifiait que la paix était sur le point d'être signée. Lui-même allait fort probablement quitter la Russie dont le climat le précipitait vers la mort. En *nota bene*, il avait ajouté :

« Je crois connaître, mon ami, votre petit secret. Vous êtes un homme certes mais sensible et réservé, peu enclin à la satisfaction des sens. Je vous ai vu en femme puis en homme

et j'en ai conclu que vous étiez un personnage double, à la fois plein de grâce et redoutable bretteur. Si vous voulez bien le conseil d'un vieillard, essayez cependant de vous satisfaire soit d'une femme, soit d'un homme. Sans cette chose-là, l'être humain se sent bien seul. »

Je venais d'apprendre la mort de l'impératrice et en avais éprouvé un grand chagrin. Cette femme était unique par son autorité, son prestige, sa volonté tout autant que par son élégance et sa féminité. Le roi de Prusse devait être aux abois. Que les Russes restent les alliés des Français et des Autrichiens, et il s'effondrait. La chance pourtant était de son côté. Le nouveau tsar Pierre Fedorovitch était un de ses fanatiques admirateurs. Il tenait désormais muselé l'ours russe.

Je laissai de côté le courrier de moindre importance et restai songeur. L'Europe changeait. Serais-je renvoyé en Russie pour tenter de sauver un peu de l'influence française ? Mais nul n'ignorait qu'ayant été proche d'Élisabeth, la nouvelle tsarine Catherine m'écarterait, que je sois femme ou même homme, car elle n'avait de goût que pour les hommes extrêmement virils.

Un valet arborant la livrée royale sonna à la porte. Il était porteur d'un pli du roi qu'il devait remettre à monsieur le chevalier d'Éon. J'étais assommé par la fatigue, les émotions, la joie d'être de retour « chez moi » et ce message ne fit que m'abattre davantage. Pourquoi Sa Majesté voulait-elle me voir dès mon arrivée à Paris ? Nous étions en février, il pleuvait, les routes devaient être mauvaises et je me voyais contraint de louer une voiture.

Je dormis mal, me fis coiffer et poudrer dès le petit matin, revêtis un pantalon de fin lainage crème, un gilet vert émeraude brodé de motifs floraux et une longue veste tabac à boutons d'argent. Ma cravate était de simple mousseline, mais j'avais l'art de la nouer d'une manière peu conventionnelle qui m'avait attiré des compliments.

J'allais prendre une tasse de bouillon avant de monter en voiture quand on me remit une lettre de mon cher comte de Broglie.

« Mon ami,

Me voici remercié. Le roi a signé une lettre, manifestement rédigée par monsieur de Choiseul, m'ordonnant de me retirer dans mon château pour y demeurer jusqu'à nouvel ordre de sa part. Jusqu'à mon départ, on m'ôte le droit de voir quiconque, ce qui m'oblige à vous écrire ce mot pour vous dire combien je vous apprécie. Je vais être un exilé, c'est-à-dire un mort vivant. Tout le monde va s'écarter de moi, mais j'espère conserver votre amitié. Je pars pour toujours, le roi ne revient jamais sur ses décisions.

Mon frère le maréchal que, je sais, vous n'appréciez guère, est foudroyé en même temps que moi. Soubise reprend la tête des armées. »

Ce fut en tremblant que je pris la route de Versailles. À cette heure matinale, peu de voitures ou de cavaliers circulaient. Les maraîchers l'avaient empruntée au moins deux heures plus tôt. Le paysage gris, les arbres nus accentuaient ma morosité. Qu'avait donc le roi à me communiquer ? J'étais convoqué à dix heures mais savais que j'aurais à patienter longtemps dans une antichambre.

Ce fut le cas en effet. Quelques gentilshommes qui traversaient le cabinet où j'étais assis me saluèrent, la plupart m'ignorèrent.

Enfin un huissier enrubanné, emplumé, vint me prier de le suivre. Je savais qu'il m'emmènerait dans un des bureaux du roi, celui qui se trouvait le plus proche de sa chambre privée. C'était une pièce charmante, lambrissée, peinte en vert pâle, aux moulures dorées. Il n'y avait là qu'un bureau décoré de cuivre travaillé aux quatre angles, un fauteuil, deux chaises. Un petit meuble dont les vitres étaient doublées de soie grège occupait un des murs. En face étaient suspendus des tableaux de chasse peints par Oudry. Entre les deux fenêtres se trouvait une bibliothèque où le roi avait fait disposer les livres qu'il aimait, non ceux hérités de ses aïeux. Ce cabinet, plus qu'un bureau, était la pièce où il réunissait les rares initiés du Secret. Là où nul ne pouvait les espionner.

Le roi ne tarda pas à faire son entrée. Il était vêtu simplement, car avant d'apparaître à la cour, il aimait prendre ses aises et recevait parfois dans sa robe de chambre de cachemire ou de soie brodée des lys de France.

– Je vois avec satisfaction que vous avez survécu à vos nombreuses épreuves, monsieur d'Éon.

Je le saluai bien bas.

– Relevez-vous, mon ami, nous sommes ici entre personnes qui partagent les mêmes intérêts.

Il ne souriait pas cependant, son regard était distant, non pas froid mais impassible, celui d'un homme qui observe plus qu'il ne participe. Beaucoup de courtisans étaient intimidés par ce détachement que l'on pouvait mettre sur le compte d'un grand désintérêt.

Quoique sa beauté n'en soit que peu affectée, il avait vieilli depuis notre dernière entrevue, des plis entouraient sa bouche et de profonds cernes soulignaient ses yeux. Mais l'ovale du visage, le regard, le dessin des lèvres restaient extrêmement séduisants.

Il prit place derrière son bureau et me fit asseoir.

– Vous avez fait un excellent travail en Russie, chevalier, me complimenta-t-il. D'abord en femme que l'impératrice prit pour lectrice, amie et confidente, puis en homme où vous avez assuré la quasi-totalité des responsabilités de l'ambassadeur. De retour à Paris, ce dernier ne quitte pas son lit. Vous devriez lui rendre visite.

J'acquiesçai de la tête en attendant la suite.

– Vous pourriez rester à l'armée car vous êtes, m'a-t-on dit, un bon officier, mais votre génie me semble être ailleurs. D'Éon, vous êtes un diplomate, et votre faculté d'intervenir soit en homme, soit en femme est un atout majeur. Les femmes, comme chacun le sait, n'étant guère discrètes, une joyeuse conversation, un ton caressant, des compliments, une main saisie, et bien des secrets tombent de leurs jolies lèvres. J'avais donc pensé vous renvoyer en Russie, mais sachant que Catherine a fait emprisonner son époux le tsar pour pouvoir régner seule, l'idée s'avère mauvaise. Cette dame ne vous aime point. Vous avez été trop proche d'Élisabeth et savez des secrets sur sa vie privée qui ne sont pas à son honneur. La Russie va quitter l'Alliance. Monsieur de Choiseul et moi le regrettons. Pour le moment, c'est vers l'Angleterre qu'il faut nous tourner. Les Anglais se sont emparés du Canada, des Indes à l'exception de certains comptoirs, du Sénégal, de la Martinique, de Sainte-Lucie et de Tobago. Ils ont même eu la fatuité de reluquer Belle-Isle-en-Mer. Je ne veux plus de guerre. L'Autriche non plus. Il faut négocier. Vous connaissez monsieur de Nivernais, je crois ?

– Oui, Sire. J'avais alors vingt et un ans et fréquentais le salon de madame de Rochefort.

Je vis enfin le roi sourire.

– À un ami qui lui demandait pourquoi il n'épouserait pas madame de Rochefort à laquelle il faisait une cour assidue depuis des années, Nivernais répondit : « Mais où passerais-je alors mes soirées ? »

Le roi reprit son sérieux et tapota son bureau du sceau en or posé sur un plateau avec les plumes et l'encrier.

– Nivernais est un habile diplomate. J'ai toute confiance en lui et vais l'envoyer à Londres en qualité de ministre plénipotentiaire. Un secrétaire l'accompagnera. Vous.

De nouveau le roi se tut et m'observa. Je restai impassible. Il se leva, l'entretien était terminé. Je saluai et sortis à reculons.

– Venez à Versailles, chevalier, prononça le roi alors que je franchissais la porte, et amenez donc Marie Liesse d'Ons-en-Bray, la fille de votre hôte. On la dit charmante.

J'eus tout le temps durant le chemin de retour de penser à la proposition, ou plutôt à l'ordre du roi. Je ne connaissais pas l'Angleterre et me méfiais des Anglais qui m'avaient causé maints problèmes à Saint-Pétersbourg. Mais être le bras droit de l'ambassadeur était une position fort honorifique et me garantissait, outre un bon salaire, la certitude d'élargir mes relations. En réalité, en dépit du danger, j'avais été heureux en capitaine de dragons. J'aurais pu être tué et me libérer de moi-même avec honneur.

Le duc de Nivernais me plaisait et je savais qu'il appréciait ma compagnie. Arrière-petit-neveu de Mazarin, il était satisfait de mon éducation au collège des Quatre-Nations, le meilleur de Paris, m'assurait-il. Puisque je n'avais pas le choix, il me fallait profiter du printemps parisien avant de refaire mes malles.

Marie Liesse guettait mon retour et me mena chez son père qui lisait dans l'encoignure d'une des fenêtres de son petit salon. Je lui fis part de la volonté royale et il montra aussitôt une vive satisfaction.

– Vous irez loin, mon enfant, me dit-il d'un ton

paternel. Écrivez à madame votre mère, vous la comblerez de joie. Ne tardez point car je compte regagner Tonnerre dès le mois de mars afin de régler diverses questions concernant vos biens. Vous la savez trop timide pour prendre le risque de perdre un écu. Dînerez-vous avec Marie Liesse et moi-même ? J'ai invité une vieille amie, la comtesse de Rochefort. Elle doit savoir maintenant que son galant va la trahir pour les brumes anglaises. Vous la consolerez.

Le dîner fut joyeux et la comtesse à laquelle Nivernais avait déjà révélé les plans du roi ne manifestait qu'un modeste chagrin. Elle reprit deux fois du saumon en gelée, de la poularde à l'estragon et du flan au caramel. Ne plus voir Nivernais franchir chaque soir la porte de son salon semblait plutôt la débarrasser d'un fardeau.

Alors que monsieur d'Ons prenait un peu de repos et que madame de Rochefort partait avec sa dame de compagnie à la recherche d'un chapeau, je proposai à Marie Liesse une promenade sous la colonnade du Louvre abritée du vent. Elle accepta avec joie. Plus nous avancions, plus je sentais son corps se presser contre le mien. C'était délicieux et terrible car une explication définitive s'imposait. Nous trouvâmes devant Saint-Germain-l'Auxerrois un banc que le pâle soleil de février rendait accueillant et nous y assîmes.

– Ainsi, vous allez à nouveau me quitter, dit aussitôt Marie Liesse d'une voix triste.

– Pas avant l'été. Nous avons encore de beaux jours devant nous.

Elle sortit un mouchoir ourlé de dentelle et s'essuya les yeux.

– Laissez-moi vous accompagner à Londres.

Nous y étions. Je n'avais ni le vouloir ni le pouvoir de tergiverser davantage.

– En tant que madame d'Éon de Beaumont ? Tout autre choix vous déshonorerait, vous et votre famille.

Je lui pris la main, la portai à mes lèvres.

– Je ne peux être un mari.

Elle se redressa. Il n'y avait plus de larmes dans ses yeux, mais un étonnement méfiant.

– Nous vivrions comme deux personnes qui s'aiment. Nous ne partagerions pas le même lit ? La peste soit sur ceux qui y trouveraient à redire.

– Mais nous ne serions pas amis, Marie Liesse, il y aurait toujours entre nous la frustration du désir insatisfait. Après une année, deux au plus, un homme vous donnera la faim de connaître l'amour. Vous céderez et je serai le premier à vous y encourager. Que deviendrions-nous alors ? Croyez-vous que j'accepterais le rôle de confident ?

– Je ne désirerai nul autre homme que vous.

– Et vous ne me posséderez pas, car même si je tentais de vous prouver mon amour, ce serait une tentative ridicule qui me meurtrirait. Le désir charnel m'est étranger, mais certes j'aimerais vous caresser, vous serrer contre moi, embrasser chaque recoin de votre personne.

Je vis revenir son sourire, mais un sourire triste qui me fendit le cœur.

– Je ne souhaite rien d'autre.

– Vous êtes vierge, Marie Liesse. Comment pouvez-vous le savoir ? Si la petite fille rêve, la femme aura l'impression de vivre un cauchemar. Très vite vous me reprocherez d'avoir ruiné votre vie.

– Je pense que vous avez peur d'être un homme, prononça résolument Marie Liesse. Je peux vous redonner confiance en vous.

J'étais las, fatigué, humilié de tenir ces discours à une charmante jeune fille. Sans le savoir, Marie Liesse jouait un jeu cruel. Sa pitié m'était insupportable. Oui, je paraissais être un homme et pourtant ne l'étais pas vraiment. J'aimais à la fois la guerre, les chevaux, les sabres, les plaisanteries de soldats, mais aussi les belles étoffes, les dentelles, les parfums. Parfois, lorsque mon identité féminine s'imposait, je me raisonnais. Il existait des femmes qui aimaient se battre, qui maniaient bien le fleuret ou l'épée, qui étaient d'excellentes cavalières. À l'armée, j'avais connu un adjudant à moustaches qui aimait broder et, après quelques duels, personne n'osa plus lui faire la moindre remarque. L'hiver, maints paysans dans mon village bourguignon se tricotaient des bas au coin de l'âtre. Versailles pullulait d'hommes pommadés, maquillés, parfumés. Comment expliquer ces paradoxes à Marie Liesse pour qui tout était simple ? Que j'étais un demi-homme, une femme inachevée ?

Marie Liesse me caressait les cheveux. Elle était belle, je l'embrassai. Elle avait de jolies lèvres rondes et douces.

J'eus un nœud à l'estomac et je me levai. Il m'était impossible aujourd'hui de prolonger cette conversation. Marie Liesse me prit le bras.

– Je vous aime, Charles. Les religieuses qui se donnent à Jésus par amour n'ont-elles pas des vies chastes ?

Je ne pus m'empêcher de rire.

– Vous êtes une enfant, Marie Liesse. Ces nonnes sont entourées de vierges. Vous fréquenteriez des salons où les femmes ne cessent de vanter les prouesses de leurs amants. Je désire plus que tout votre amitié, votre tendresse même, mais vous interdis de m'aimer.

Une soudaine averse interrompit à propos cette conversation qui me blessait. Nous rentrâmes en hâtant le pas.

8

Je décidai de quitter l'hôtel d'Ons pour louer un appartement de l'autre côté de la Seine dans le quartier Saint-André-des-Arts. Le grand nombre de collèges qui y étaient édifiés donnait aux rues une joyeuse activité et les tavernes y pullulaient.

Monsieur d'Ons-en-Bray étant à Tonnerre, je lui écrivis pour lui expliquer qu'à trente-quatre ans, je pensais pouvoir envisager d'être indépendant. Je n'avais que trop pesé sur lui. Qu'il veuille me voir et j'accourrais avec bonheur. Je me préparais par ailleurs à la mission que le roi m'avait confiée en améliorant mes maigres connaissances de la langue anglaise. Sa Majesté attendait beaucoup de moi et je ne voulais pas la décevoir, pas plus que monsieur de Nivernais, mon futur ambassadeur. Je comptais aussi faire un court séjour à Tonnerre où il était certain que tout le monde parlerait de monsieur d'Ons et de ses efforts pour améliorer et étendre le vignoble autour d'Avallon.

Avant d'emménager dans une maison ancienne rue des

Sept-Voies, j'engageai un valet, bourguignon comme moi, que je nommai Armançon, du nom de notre rivière à Tonnerre, une cuisinière, et une fille honnête et propre pour prendre soin de la maison. J'étais décidé à me rendre fréquemment au manège et à la salle d'armes les plus proches. L'action m'aiderait à me supporter. L'aveu de Marie Liesse rendait encore plus douloureuses les questions que je me posais sur moi-même. Actif, préoccupé de sérieux problèmes, j'avais tendance à me trouver presque normal, mais les changements incessants que je venais de subir, la maladie, mes blessures, et surtout l'amour de Marie Liesse m'obligeaient de nouveau à me poser la question de mon identité. L'ordre du monde n'était pas bâti sur l'exception que j'incarnais, qui aurait signifié l'extinction du genre humain.

Les petites habitudes de la vie, mes amis, l'administration de ma maison, la gestion de mes quelques biens occupèrent mon cerveau et je repris un peu de joie de vivre. Marie Liesse ne revint pas me voir, mais son père me fit le plaisir d'une visite pour me relater son voyage à Tonnerre. Il était optimiste quant à la bonne rentrée de revenus dont ma mère et ma sœur avaient grand besoin. Pourquoi n'irais-je pas passer quelques jours auprès d'elles ? Elles se languissaient de moi.

En me quittant, il admira les poutres peintes dans le salon, les vieilles boiseries noircies par la fumée venue de la vaste cheminée, les petits bancs sculptés entourant les fenêtres.

– Vous voilà revenu au XVIe siècle, me dit-il. Est-ce un bien ? Mais regagneriez-vous notre époque, vous n'en seriez pas plus heureux. Notre monde est bien malade : George II est plus hanovrien qu'anglais, Catherine de Russie peut se débarrasser sans tarder d'un mari qu'elle hait et qui l'empêche de coiffer la couronne de tsarine, notre roi est bien seul au milieu de ses courtisans et de ses maîtresses. Aux Amériques on se bat, Français contre Anglais, colons français contre Virginiens qui réunissent des milices pour nous bouter hors du fort Duquesne près d'une rivière qu'on appelle Ohio. Bref, à Versailles nous dansons sur un volcan et les petits marquis pommadés n'en ont que faire. Je ne suis pas méchant, mais je ne souhaite rien de bon à cette Pompadour qui s'estime un génie politique alors que les vues du roi sont beaucoup plus fines que les siennes. Mais notre souverain est trop seul pour préserver l'intégrité de l'État.

Je rendis sa visite à mon cher protecteur. Marie Liesse était au clavecin et vint m'embrasser en sœur. Je me gardai bien de lui reprocher son silence et la félicitai sur ses qualités musicales. Elle rougit violemment, puis prétexta des lettres à écrire pour s'éclipser.

– Je ne sais pas ce qu'elle a, me confia son père, mais elle est maussade, pleure pour un rien, ne supporte aucune réflexion qui la blesse. Elle, si joyeuse, si spontanée, est devenue acariâtre et mélancolique. Je vais l'envoyer chez ma sœur en Bretagne. L'air marin lui fera du bien.

Je pris la route de Tonnerre en mai. Notre départ pour l'Angleterre était fixé au début du mois de septembre, mais je ne souhaitais pas m'absenter de Paris plus de deux semaines. Il me faudrait faire des comptes avec ma mère, parler aux viticulteurs, visiter les métayers qui occupaient notre dernière ferme. Au cours des deux siècles précédents, la quasi-totalité de nos terres avait été vendue. Nous restaient un seul domaine agricole et un vignoble de modeste grandeur qui produisait un vin assez honnête.

Ma famille avait eu du bien autrefois. Parmi nos ancêtres, l'un avait été conseiller de Louis XIV, un autre conseiller privé du duc d'Orléans, un grand-oncle fut secrétaire du duc d'Argenson alors ministre de la Guerre. Mon propre père avait été avocat au Parlement et s'était passionné pour la viticulture, passion qui avait dissipé les trois quarts de ce qui avait été une appréciable fortune. Mais notre nom était estimé dans toute la Bourgogne, et si ma sœur avait manqué longtemps de prétendants, c'était à cause de son absence de dot alliée à un caractère ombrageux.

Rien n'avait changé à Tonnerre. Je retrouvais les ruelles, l'hôtel-Dieu, l'église Saint-Pierre, les rives de l'Armançon où j'avais si longtemps flâné, la fosse Dionne où les ménagères battaient toujours leur linge en pérorant. Avant de gagner la maison familiale, je m'arrêtai devant notre ancienne demeure, l'hôtel d'Uzès que nous avions dû vendre. Il était là, devant moi, inchangé, chargé de souvenirs. Combien de fois ma sœur et moi avions-nous descendu au galop la tour hexagonale et son escalier en colimaçon ? Une chute un peu rude d'Hélène m'avait valu une correction au martinet administrée par mon père. Pour avoir dérobé une tarte à la cuisine, je fus enfermé dans le cachot, un réduit souterrain où la lumière ne filtrait que par un soupirail à barreaux large comme la main. J'y découvris quantité de rats crevés et desséchés, des toiles d'araignées par dizaines et même la peau d'un serpent. Je hurlai tant et si fort que Berthe, la cuisinière, vint implorer mon père de me délivrer. Aujourd'hui le soupirail était condamné. N'étaient plus enfermés entre les murs de ce cachot des enfants voleurs de tartes.

La larme à l'œil, ma mère me serra dans ses bras, ma sœur me sauta au cou. M'embrassèrent aussi Philibert, le vieux domestique, Jacqueline, la cuisinière. Une jeune bonne que je ne connaissais pas me fit la révérence. Manquait Théodore, notre palefrenier qui m'avait hissé sur le dos de mon premier cheval.

– Nous n'avons plus qu'un cabriolet et un cheval, m'apprit ma mère. Philibert l'attelle quand nous avons des visites à faire.

J'étais désorienté. Après les splendeurs inouïes du palais d'Hiver à Saint-Pétersbourg, cet ameublement hérité de nos pères, ces rideaux fanés, ces tapis usés, ces buffets datant du règne du roi Henri II me semblaient fort humbles. Je les reconnaissais tous cependant, ils avaient accompagné mon enfance, mais dans un cadre moins fastueux que l'hôtel d'Uzès ils avaient perdu une partie de leur prestige.

Le dîner fut plein de gaieté. Hélène me posait des questions sur la Russie, ma mère sur ma santé.

Après le souper, nous dégustâmes un verre de liqueur de pêche confectionnée par ma mère, puis je sollicitai la permission d'aller me coucher.

Une semaine plus tard, j'en savais davantage sur l'état de notre patrimoine dont monsieur d'Ons m'avait déjà touché quelques mots. Ma mère et ma sœur n'étaient pas dans le besoin, mais je ne pourrais compter sur aucune fortune pour vivre à mes aises. Je le savais. Que le roi se lasse de mes services et il me faudrait prendre l'état d'avocat ou regagner l'armée. Sans doute à cause de cette incertitude, ma mère n'aborda pas la question de mon mariage. Monsieur d'Ons avait cependant suggéré une alliance entre les deux familles, sans insister toutefois.

Je fis de longues promenades chevauchant la jument de ma mère le long de l'Armançon, pus même prendre quelques bains de rivière qui ravivèrent de nouveaux souvenirs d'enfance. À Tonnerre je ne connaissais quasiment personne de mon âge, mais trouvai à la salle d'armes quelques bonnes lames maniées par d'anciens officiers grisonnants.

Le dernier dimanche de mon séjour, le curé en chaire fit un sermon contre les dépravations de notre temps : jeux, soûleries, blasphèmes, indécences. Notre roi, hélas, ne donnait l'exemple ni de la pureté des mœurs ni de l'exigence qu'il fallait montrer à choisir ses amis. Le malaise des Français était la punition de Dieu. Les dévots étaient ignorés, les libertins fêtés. Le diable tirait les ficelles non seulement à Versailles et à Paris, mais dans maintes provinces françaises. Dieu cependant était le seul maître. Il damnerait les pervers et couronnerait les hommes et les femmes de bien.

J'avais si souvent entendu ce genre de sermon que je n'y prêtai guère d'attention. Pourquoi Dieu me damnerait-il puisqu'il m'avait créé tel que j'étais ? Je n'étais pas lesbienne ni sodomite, juste un être humain avec un cœur, des sentiments, des émotions et des rêves.

Mais Platon n'avait-il pas écrit : « Car le corps nous cause mille difficultés. Il nous remplit d'amours, de désirs, de chimères de toutes sortes, d'innombrables sottises si bien qu'il nous ôte vraiment et réellement toute possibilité de penser » ? Mon corps de demi-homme, demi-femme laissait libre mon intelligence et cette pensée me consolait.

J'annonçai à ma mère et à ma sœur que je quitterais Tonnerre deux jours plus tard. On était déjà en juin, les fenaisons allaient commencer, suivies par les moissons, avant les vendanges. Nul n'avait besoin de moi.

De retour à Paris, un billet m'attendait. Un homme du roi l'avait déposé cérémonieusement, m'apprit Armançon que je nommais désormais Armand. Il avait précisé que c'était urgent mais ne demandait pas de réponse.

Le mot dicté et signé par le roi me disait que je recevrais à Londres des ordres précis concernant ma mission. Mon seul objectif était de la réussir, précisait-il. Je pourrais l'accomplir dans les formes qui s'imposeraient. Il était clair qu'à demi-mot Louis XV me suggérait de choisir mon sexe. J'avais déjà longuement pesé le pour et le contre des deux options. Maints diplomates ou gentilshommes voyageurs avaient rencontré à Saint-Pétersbourg Lia de Beaumont, et même si je revêtais une armure, on me reconnaîtrait. L'échec de ma mission serait alors plus que probable. D'autre part, beaucoup de Parisiens m'avaient vu en homme et jamais on ne m'avait aperçu dans les milieux « travestis », nombreux à Paris. On s'étonnerait certes, mais expliquer un lien de famille d'une voix assurée et franche contenterait les plus curieux.

Et puis, pour ne pas me mentir, je serais heureux d'être à nouveau une femme. Heureux et apaisé, comme un être qui rentre chez lui après un long voyage.

Femme, on s'adressait à moi avec politesse, on m'écoutait parler littérature ou peinture sans oser m'interrompre. On me confiait à demi-mot de petits secrets qui en dissimulaient de grands. Qu'un homme haut placé me fasse la cour et je savais obtenir de précieux renseignements. Par ailleurs, mon tempérament excluait l'inactivité, la dolence. Je monterais à cheval, en amazone s'il le fallait, et m'exercerais à l'escrime avec un maître d'armes privé. Il était probable que je logerais à l'ambassade de France. Le duc de Nivernais me souhaitait près de lui. En femme ? Il était, Dieu merci, initié au Secret du Roi et ne s'étonnerait que quelques instants. Il m'avait confié vouloir visiter l'Écosse, le Yorkshire, le pays de Galles. Je serais donc bien souvent seul à l'ambassade.

Je congédiai avec peine mes domestiques. Armand me suppliait de l'emmener à Londres, mais pouvais-je lui infliger de lacer mon corset ?

Nous quittâmes Paris, Nivernais et moi, au début du mois de septembre et embarquâmes à Calais. Sur le bateau qui nous menait à Douvres, il proclama *urbi et orbi* que sa filleule le visiterait souvent. Amie par ailleurs de la reine d'Angleterre, celle-ci lui avait demandé de la venir voir aussi fréquemment que possible.

Je compris alors clairement que mon rôle serait double et que je devrais être prêt à prendre des visages différents avec habileté et promptitude. Cela ne me déplaisait nullement d'être tour à tour en culottes et en jupons. Quoi qu'il en soit, j'étais plus amazone que Pénélope.

Je serais heureux d'aller présenter mes respects à la reine que j'avais connue Charlotte de Mecklembourg-Strelitz à la cour de la tsarine Élisabeth. Son soutien pour faire signer une paix aux Anglais me serait précieux.

À bord du bateau, le duc de Nivernais et moi-même nous entendîmes à merveille. Tous deux amis de madame de Rochefort, nous avions une foule de relations communes. Et le duc avait autant que moi le sens de la dérision.

Ce qui me stupéfia en arrivant à Londres fut le nombre d'embarcations serrées les unes contre les autres. Il fallait être bien bon marin pour jeter l'ancre au milieu de cette forêt de mâts. La ville avait de beaux jardins, de belles places, mais était beaucoup moins majestueuse que Paris. En revanche, les puissants s'étaient fait édifier de riches hôtels qui, construits après le terrible incendie de 1666, formaient un alignement majestueux qui contrastait avec l'anarchie parisienne où des hôtels luxueux côtoyaient d'ignobles immeubles de rapport.

Nous nous installâmes au milieu d'une abondante domesticité qui ne semblait pas posséder la bonne humeur des Français. Mais, contrairement à nos valets, nous n'avions jamais à leur donner deux fois le même ordre.

Il fallut très vite se mettre au travail et je compris que mes atours, jupons et cornettes resteraient quelque temps au fond d'un coffre. Tout de suite les Anglais nous avaient fait comprendre que les négociations de cet important traité ne laisseraient guère de temps aux activités mondaines.

Nos ennemis étaient exigeants, arrogants parfois, toujours sûrs d'eux-mêmes. La paix, qui serait intitulée « paix de Versailles », devait être principalement à leur avantage. Ils avaient cent exigences pour obtenir vingt-cinq accords.

Par sa volonté de nous ratatiner, William Pitt était en communion avec la nation tout entière, ce qui rendait bien fragile la position de Louis XV qui devait faire face à une opposition qui allait jusqu'à remettre en cause les fondements mêmes de notre monarchie.

Mais les Anglais, par manque de ressources financières, avaient l'épée dans le dos. Ils devaient faire la paix avec la France et l'Espagne, courber l'échine tout en redressant la tête.

La question espagnole était un souci supplémentaire pour Nivernais et moi, car pour les Anglais, il était exclu que nous cédions au roi d'Espagne des territoires pouvant nuire à leurs intérêts.

Nous travaillâmes de l'aube à la nuit. Pas un instant je n'avais imaginé ainsi mes débuts dans la capitale anglaise. Les Londoniens n'avaient pas le sens de la fête des Russes et ne se divertissaient qu'une fois le travail accompli.

Le duc de Choiseul nous faisait parvenir une correspondance régulière. Le 3 novembre avait été signé à Fontainebleau un arrêt des hostilités entre le roi d'Angleterre et les rois de France et d'Espagne. Il nous appartenait maintenant d'expédier au plus vite une proposition de traité de paix officiel et définitif.

Ni Nivernais ni moi-même n'imaginions la multitude des chicanes que les termes de ce traité allaient soulever. Les feuillets revenaient couverts de corrections et de traits biffant des paragraphes entiers. Nous voulions tenir bon, Choiseul nous intimait une humiliante conciliation. Si nous gardions la Martinique, la Guadeloupe et la Désirade, il fallait accepter de laisser aux Anglais le Canada, l'île du Cap-Breton, les îles du Saint-Laurent, la vallée de l'Ohio, la rive gauche du Mississippi. Nous conserverions Saint-Pierre-et-Miquelon et nos droits de pêche sur Terre-Neuve. Aux Indes, nous occuperions cinq comptoirs, et au Sénégal nous nous maintiendrions dans l'île de Gorée. L'Espagne cédait la Floride en échange de Cuba.

Au milieu de ce travail irritant et abrutissant, nous nous ménagions cependant des moments de divertissement. Nous nous rendîmes au théâtre, à l'Opéra, et parce qu'il adorait la plaisanterie, il me pria de l'accompagner en femme éprise. Nous eûmes de longs moments de gaieté.

Je vis la reine une seule fois. Elle était assez fine pour comprendre que les circonstances de ma présence à Londres nous obligeaient à la plus grande discrétion, mais elle m'assura de son éternelle amitié.

Le traité de paix était enfin prêt à partir pour Versailles, il ne restait plus au roi d'Angleterre qu'à le signer.

Nous nous fîmes servir, Nivernais et moi, le meilleur porto que l'ambassade de France à Londres tenait en réserve. Il faisait froid en ce mois de janvier et l'on apercevait des flocons de neige derrière les hautes fenêtres donnant sur le jardin.

– Voilà une paix bien défavorable à la France, constata

soudain le duc après avoir bu un premier verre. Et puisque nous ne pouvons nous jeter dans la Tamise dont les eaux sont par trop répugnantes, noyons-nous dans ce divin nectar.

Je ne pouvais lui opposer aucun argument. En dépit d'un travail acharné, de constantes entrevues avec les ministres anglais, de propositions suivies de contre-propositions, nous avions échoué à imposer l'image d'une force que la France ne possédait pas.

– Le roi veut remettre en mains propres le document de paix à celui qui l'apportera à Versailles.

Le duc se servit à nouveau de porto.

– Et cet émissaire exceptionnel, poursuivit-il, ce sera vous, mon cher d'Éon. Sa Majesté George III vous attend demain. J'envoie dès ce soir un pli au duc de Praslin pour l'avertir que, n'étant pas en très bonne santé, je vous ai choisi comme le plus sûr des messagers. Dès que nous aurons sa réponse, vous partirez. Je veux que le roi récompense l'intelligence, le zèle et la ténacité d'un de ses meilleurs diplomates et serviteurs. Quant à moi, dès votre retour, je rentrerai en France pour vous laisser les rênes de cette baraque.

– Comment cela, monsieur le duc ! Je n'ai point de qualification pour être ambassadeur de France.

– Il paraît que Choiseul songe au comte de Guerchy pour me remplacer, mais il ne peut être à Londres avant des mois. Vous serez ministre plénipotentiaire et lui remettrez une ambassade qui sera le point de mire du Tout-Londres.

Je n'avais guère le cœur à rire, ce traité de Versailles était une cuisante défaite française et j'aurais la charge de le soumettre à mon roi.

Nous attendions la réponse de Versailles. Les ducs de Choiseul et de Praslin s'étonnaient du choix qu'avait fait Nivernais. Je n'avais pas un rang assez élevé ni n'étais né d'une assez ancienne noblesse pour être digne d'un tel honneur. Mais Nivernais répondit courrier par courrier que ce serait moi ou personne.

Entre-temps, j'avais eu une entrevue brève mais assez chaleureuse avec le roi George, qui m'accueillit en chevalier. On me remit le traité avec force sourires, comme on tend un biscuit à un chien de compagnie. De retour à Londres, je serais toujours le bienvenu à la cour où la reine m'attendait. Il eut l'hypocrisie de me féliciter pour mes talents de diplomate qui leur avaient arraché quelques concessions et m'offrit un verre de xérès « pour célébrer le traité et la naissance de son héritier, le futur George V ».

J'allais le saluer quand il conclut l'entretien :

– Dites à mon cher cousin Louis que je suis son plus fidèle admirateur.

C'était un camouflet, mais je promis tout.

Finalement Praslin accepta ma mission et je pus embarquer non sans avoir, très ému, serré dans mes bras mon bienfaiteur.

– Revenez vite, d'Éon, me dit-il. Le climat de Londres me tue et leurs duchesses me coupent l'appétit.

9

Le vingt-six février, j'arrivai à Versailles. J'avais passé la nuit à l'hôtel de Praslin où le duc, fort aimablement, avait mis une chambre et une voiture à ma disposition. J'avais été tenté d'enfourcher plutôt un des splendides chevaux de son écurie, mais cette arrivée aurait pu passer pour « cavalière » et me discréditer. Je pris donc place dans la voiture capitonnée de velours mauve et ivoire où tout était prévu pour le confort des voyageurs.

Deux huissiers me menèrent dans la chambre du Conseil, qui jouxtait la chambre de parade, où le roi réunissait ses ministres. Ils étaient tous présents et, je dois l'avouer, affichaient triste mine. Le ciel était gris, j'avais constaté peu d'activité dans la cour du château et dans la cour de Marbre. Je conservais dans un portefeuille de maroquin que je serrais contre moi les fameux documents qui attendaient la signature du roi et avais grande hâte de m'en débarrasser.

Les ducs de Choiseul et de Praslin me firent un fort aimable accueil, ainsi que Guillaume de Lamoignon, chevalier de France, monsieur de Brou, garde des Sceaux, et monsieur de La Tour d'Auvergne. Bien que n'étant pas dupe de cette amabilité affectée, j'étais quand même assez content de moi.

Le roi ne tarda pas à faire son entrée. Je le saluai et il me complimenta à son tour.

– Monsieur, je n'ai entendu prononcer que des éloges à votre sujet. J'ai donc bien placé ma confiance et ne serai pas un ingrat.

Il prit place derrière son bureau, ouvrit le portefeuille, parcourut les feuillets. Ma peur de voir son sourire se changer en colère se dissipa. Le roi semblait satisfait. C'était inattendu, presque invraisemblable, car cette paix était un affront pour la France.

J'allais écrire au comte de Broglie pour lui faire part de ma surprise. Toujours exilé dans son château, il était fort au courant de ce qui se passait à la cour. Peut-être pourrait-il m'éclairer sur la situation politique en France, qui devait être bien plus fâcheuse que je ne le pensais. À moins que le Secret ne mûrisse quelque plan capable de changer la conjoncture.

Je redescendis l'escalier, gagnai la cour de Marbre et attendis la voiture du duc de Praslin qui me fit patienter. L'excitation était retombée, j'avais froid. Une sorte de grésil me piquait le visage et les mains, et sachant mon transport assuré en voiture, je m'étais peu couvert.

Arrivé à l'hôtel de Praslin, je demandai que l'on n'ouvre pas mes bagages : j'allais m'installer chez mon bon monsieur d'Ons. Sa fille, m'avait-il écrit alors que j'étais en Angleterre, était en Bretagne et ne m'importunerait plus de ses humeurs capricieuses. Elle avait par ailleurs rencontré un gentilhomme issu d'une vieille famille de Vannes. Cette union ne lui déplairait pas. Mais cette nouvelle avait jeté sur moi un voile de tristesse. Marie Liesse avait compris que cette tendre amitié était un leurre. Je n'espérais pas la revoir.

Installé dans la chambre qui m'était devenue familière, je me sentis assez vite fiévreux. On fit venir un médecin qui diagnostiqua une forte bronchite. Je devais garder le lit.

Je n'avais pas remis depuis trois jours les documents signés par le roi d'Angleterre à Louis XV qu'un gentilhomme au service de monsieur Bertin, contrôleur général des finances, vint me donner un pli du roi et une bourse contenant six mille livres en louis d'or, le remerciement de mes services. Le roi m'accordait en outre la croix de chevalier de Saint-Louis, un immense honneur pour un homme aussi jeune que moi.

Un mot l'accompagnait m'intimant de rencontrer au plus vite le comte de Broglie qui allait regagner Paris. Celui-ci me donnerait quelques détails sur la prochaine mission qui m'attendait à Londres.

La fièvre, ma faiblesse, cet or, ces honneurs et la dernière nouvelle m'anéantirent tout à fait. Si mon corps était trop faible pour me porter, mon esprit n'avait rien à lui envier, car il ne pouvait former une pensée cohérente. Une seule certitude s'imposait : j'allais être ministre plénipotentiaire et espion au service du Secret à l'ambassade de France.

La réponse du comte de Broglie ne tarda pas. Il allait en effet regagner son hôtel parisien où il me recevrait aussitôt avec monsieur de La Rozière. Nous avions tous trois beaucoup à nous dire.

La lettre contenait des mots flatteurs à mon égard et ma santé se rétablissait. Je pus écrire à mon cher comte de Nivernais pour l'informer que, bien que retardé, mon retour à Londres était décidé. Il serait aussitôt libre de regagner la France, car le roi m'avait nommé ministre plénipotentiaire en attendant monsieur de Guerchy, notre nouvel ambassadeur.

Maintenant, j'étais impatient de savoir ce que l'on espérait de moi. Tant je désirais regagner l'Angleterre que j'avais laissé à Londres ma garde-robe.

La succession des événements troublait davantage encore mon identité. C'est à l'homme qu'étaient revenus les honneurs, la fortune, c'était l'homme que le roi considérait comme un habile diplomate, un courageux officier. Était-ce un fantôme qui recevait ces preuves de gratitude et de respect ? Les victoires des hommes devaient-elles s'assurer dans la lutte, celles des femmes dans les salons, le lit des hommes ? Mais hommes et femmes se réjouissaient, s'alarmaient et souffraient de la même manière. Même privé de sexualité, je n'étais pas dénué de pouvoir.

Le lendemain de son arrivée à Paris, Louis de Broglie me manda pour l'après-midi même. Ne seraient présents que des initiés au Secret, avait-il ajouté en code à la fin de son billet.

Nous nous retrouvâmes à cinq : de Broglie, La Rozière, Tercier, un certain François Michel Duraud dont Tercier semblait être un familier, et moi-même.

Après avoir passé quelque temps à prendre de nos nouvelles réciproques, de Broglie entra dans le vif du sujet. Tous les cinq étions les principaux initiés du Secret du Roi qui, mécontent, voulait contrecarrer la politique officielle de ses ministres Choiseul et Praslin. Le roi avait en tête un débarquement en Angleterre, mais auparavant un long travail était à accomplir, travail dont La Rozière et moi étions chargés. Afin que nous ne soyons pas arrêtés pour espionnage, le roi avait signé des papiers qui me seraient remis. Mon statut de diplomate empêchait en effet que l'on me fouille ou m'interroge. Ce double rôle, précisa de Broglie, m'allait comme un gant. Le plus difficile se jouerait après l'arrivée de Guerchy à son poste d'ambassadeur. Il n'était pas dans le Secret et, à aucun prix, ne devait l'être. La Rozière, qui était un excellent cartographe, ferait le tour des côtes est et sud-ouest de l'Angleterre pour repérer les baies susceptibles d'offrir des ancrages à un grand nombre de navires. Il officierait en tant que spécialiste des érosions maritimes en Europe. Il serait accompagné d'un collègue, François Michel Duraud, chargé de recenser sur les lieux les moyens de subsistance nécessaires aux troupes, l'existence de routes ou de chemins praticables par tous les temps, les endroits propices aux campements. Toute correspondance passerait par le chevalier d'Éon qui possédait les codes et les adresses où l'on pouvait expédier du courrier en toute sécurité. Monsieur d'Éon jouirait en outre d'un logement séparé de l'ambassade pour éviter toute indiscrétion du personnel de monsieur de Guerchy ou de monsieur de Guerchy lui-même.

– Vos émoluments, cher chevalier, conclut-il en me souriant, vous permettront de recevoir très dignement les hauts personnages anglais comme français. Soyez sûr que beaucoup de Français se rendront à Londres pour échapper à l'ennui de Versailles.

Le comte de Broglie nous observa les uns après les autres. Nous devions avoir des mines stupéfaites car il ne put s'empêcher de rire.

– Messieurs, je ne vous retiens pas. Cette réunion sera suivie de quelques autres et j'aurai alors le plaisir de vous prier à souper.

Je restai quelques instants afin de me ménager un tête-à-tête. Le comte de Broglie me tapa sur l'épaule avec affection.

– Mon ami, me dit-il en me prenant le bras pour m'entraîner sur une causeuse, vous voici ministre plénipotentiaire d'une des plus grandes ambassades d'Europe. Le roi de France, la tsarine, le roi d'Angleterre vous connaissent. Jusqu'où irez-vous pour m'étonner davantage ?

Il prit une pincée de tabac et me tendit la tabatière.

– Monsieur le comte, dis-je avec émotion, la Providence me sert au-dessus de ce que je mérite. J'ai beau fermer la porte à la fortune, elle abat les murs pour venir me trouver. Quand je dis fortune, je ne parle pas d'argent mais d'honneurs, d'avancement. Un événement fortuit l'a fait naître, un autre peut la détruire. Que je sois honoré ou chassé, cela m'est égal. Plusieurs prennent pour de la hauteur ce qui n'est chez moi que droiture de cœur et d'intention.

Le comte de Broglie me prit par les épaules et me serra avec affection.

– Maintenant, il faut que je me réhabitue à Paris, après un bannissement que je croyais définitif, Dieu merci sans ma femme qui préfère la campagne. Je vais recevoir ceux qui se disent mes amis. Certains ont prouvé leur attachement en m'écrivant, d'autres m'ont oublié, mais la mémoire va bien vite leur revenir. J'ai fait savoir à Versailles que toute correspondance à votre intention devait m'être adressée. J'aurai ainsi le bonheur de vous voir souvent.

En regagnant à pied la demeure de monsieur d'Ons, je m'émerveillais de la facilité avec laquelle de Broglie laissait derrière lui ses années d'exil pour reprendre pied à Paris comme s'il avait quitté cette ville quelques jours plus tôt. L'aventure dans laquelle le roi nous lançait était digne de certains romans que j'avais appréciés, où le héros défiait toutes les adversités et tous les dangers pour remporter la victoire. Mais celle-ci était fort périlleuse. Comment ne pas lever le moindre soupçon ? Et en laissant Choiseul tout ignorer, comment le roi allait-il réunir une armée, équiper des navires, acheter des armes, des vivres ? Je comprenais fort bien que notre roi veuille prendre sa revanche sur les Anglais, mais le moment choisi était-il le bon ? Le roi George était populaire, la menace Stuart exterminée et les ports anglais étaient fort bien surveillés.

Et l'argent manquait. La révolte des parlements avait entravé la levée des contributions nécessaires, cause pour une part du délabrement des armées. J'avais la quasi-certitude que les plans du roi n'aboutiraient à rien car une invasion de l'Angleterre n'était point envisageable. Néanmoins, j'obéirais strictement aux ordres que l'on me donnerait.

Deux jours plus tard, on me remit le sauf-conduit écrit et signé par Louis XV.

« Le sieur d'Éon recevra mes ordres à travers les relations que j'aurai avec le comte de Broglie ou de monsieur Tercier concernant la reconnaissance aussi bien des côtes anglaises que des moyens de communication avec Londres. Monsieur d'Éon se conformera à tout ce qu'il jugera bon de faire dans ce but, comme si moi-même lui en donnais l'ordre. Cette affaire doit rester strictement secrète et le sieur d'Éon n'en dira mot à quiconque, y compris à mes ministres.

Il recevra le code secret qui sera utilisé pour toute correspondance adressée par le comte de Broglie ou le sieur Tercier.

Lui-même détiendra son propre code. Il leur enverra toutes les informations qu'il pourra réunir quant aux intentions de l'Angleterre sur la Russie, et la Pologne, tout autant que la Prusse, qui pourraient contrarier mes intérêts. Je n'ignore pas que le chevalier est dévoué à ma personne. »

Je restai songeur. Si l'Angleterre découvrait les projets du roi, elle envahirait aussitôt la France pour détruire nos vaisseaux, anéantir une puissance navale déjà chancelante. Le secret que nous étions une poignée à détenir pouvait avoir des conséquences catastrophiques s'il était éventé. Et moi, âgé de trente-six ans seulement, allais enfermer dans le coffre de ma demeure londonienne des papiers qui en réalité étaient des brûlots.

Mais je savais que je pouvais compter sur ceux qui partageaient le secret. La Rozière, à trente ans, avait déjà fait preuve de son caractère en se conduisant avec héroïsme dans les différents combats auxquels il avait participé dans le corps des hussards. Il m'accompagnerait. Demeureraient à Paris le comte de Broglie et Tercier qui travaillait pour Choiseul au ministère de la Guerre. Duraud, dès sa mission accomplie, regagnerait la France.

Lorsque je me préparai à quitter Paris, seuls l'enthousiasme, la solidité et l'amitié du comte de Broglie m'empêchaient de douter. Nous allions réussir.

10

Tant que le comte de Guerchy ne prendrait pas son poste, je résiderais à l'ambassade de France située dans Knightsbridge, puis rejoindrais La Rozière pour lequel on avait loué une jolie demeure dans Brewer Street.

Je connaissais parfaitement les lieux et cependant éprouvais un grand sentiment de solitude. J'aurais aimé que mon cher duc de Nivernais puisse m'accueillir, mais il était à Bath et semblait apprécier cette élégante ville que fréquentait la haute aristocratie anglaise. Quant à moi, le prestige que je comptais donner à mon ambassade en étonnant Londres serait possible grâce aux fonds laissés à l'intention de monsieur de Guerchy. En tant que son représentant, il me semblait que j'y avais droit. J'étais par ailleurs fort mécontent qu'aucun des frais que m'avaient valu mes deux voyages en Russie ne m'aient été remboursés en dépit d'un long mémoire que j'avais fait remettre au duc de Praslin. Le comte de Broglie m'avait fait comprendre qu'il ne servirait à rien, sinon à me nuire, d'insister.

J'étais seul, sans même un chien, un chat ou un perroquet, animaux de compagnie dont maints grands seigneurs ne se séparaient pas. Je n'avais ni femme ni maîtresse. Et me hantait la frustration d'avoir à lâcher les rênes quand Guerchy daignerait gagner Londres pour réintégrer le poste subalterne de secrétaire d'ambassade. Pour surmonter cette humiliation, j'allais montrer au Tout-Londres ce que signifiait le luxe parisien, et étais bien décidé à passer ces quelques mois en grand seigneur. J'engageai sans attendre un aide de camp, un écuyer, quatre laquais, cinq officiers, un cocher et un palefrenier, quatre servantes, un Suisse, un chef de grande renommée et un aumônier. Vingt personnes à mon service et douze chevaux dans les écuries. J'étais roi en mon royaume.

Des fêtes ? J'allais donner la première dans quelques semaines. Une fête qui exciterait la jalousie des Anglais face au luxe français, à la sûreté de nos goûts, notre raffinement, notre sens de l'inutile, eux pour qui les écus n'existaient que pour fructifier. J'allais vider les caisses de monsieur de Guerchy, embarrasser cet homme lâche que je haïssais. Une ambassade sans le sou ? Il faudrait qu'il aille se jeter aux pieds du roi.

La Rozière avait déjà quitté Londres, il devait être entre l'Essex et le Suffolk, en savant cartographe venu faire des relevés pour un atlas royal. J'avais des ambitions immenses – mais j'étais seul. La nuit, il m'arrivait de me lever pour me vêtir en femme, me sentir libre. Je me lovais dans un canapé, j'oubliais les intenses soucis liés à ma condition d'espion du roi et d'ambassadeur suppléant, à l'embarras que j'éprouvais quand une femme me cajolait en vue d'obtenir des faveurs, l'interrogation lancinante sur ma personnalité. J'étais alors un être charmant qui n'avait d'autre décision à prendre que celle d'aller au bal ou au spectacle. Mais si par impossible je pouvais un jour me proclamer femme, ce ne serait point dans les salons mondains que je vivrais. Je retournerais en France, acquerrais quelque château avec une ou deux fermes près de Nevers, m'occuperais de moderniser l'agriculture sur le modèle anglais, réunirais sans protocole mes amis, ferais de longues promenades à cheval, me baignerais dans la Nièvre et me consacrerais à l'écriture. J'avais en projet deux ou trois ouvrages sérieux sur l'économie et la politique et pourrais les rédiger en contemplant par la fenêtre mes vaches broutant au loin dans les prés.

Cependant, et je dois l'avouer, la vie des camps m'avait séduit, mes missions à Saint-Pétersbourg aussi, j'en garderais certainement toujours la nostalgie. Le pouvoir ? Il ne me manquerait pas. Pas plus que les amabilités protocolaires du roi et de ses ministres. Je garderais certainement comme amis le comte de Broglie, monsieur d'Ons, La Rozière, et quelques autres.

La reine Charlotte me fit l'honneur de m'inviter à un thé. Elle se souvenait bien de notre rencontre sur mon chemin de retour entre Saint-Pétersbourg et Paris, lors de mon premier séjour. Elle me montra une grande amabilité et m'avoua combien elle était heureuse de cette paix de Versailles qui mettait un terme à la guerre. Elle haïssait les conflits. L'Angleterre et la France n'étaient-elles pas les phares de l'humanité ? J'étais embarrassé. La présence dans le coffre de l'ambassade de papiers hostiles préparant l'invasion de l'Angleterre m'interdisait d'abonder dans son sens. Mais je louais haut et fort le mode de vie des Anglais, la simplicité qui permettait aux nobles les plus haut placés de se retirer sur leurs terres pour y chasser et jouir sans protocole de la nature.

– Oui, m'approuva-t-elle, les Français ne la prisent guère. Ils veulent des jardins élaborés comme des pièces d'architecture. Ils confondent les genres.

Je fis ce jour-là la connaissance de plusieurs personnes de la plus haute importance qui pourraient m'aider à débrouiller une partie de ma mission d'ambassadeur : faire rapatrier les dix-huit mille soldats français en garnison au Canada. Les Anglais y consentaient sous réserve que la France paye les frais d'hébergement (souvent dans des conditions lamentables), leur nourriture (du pain, des fèves et du lard) et leurs vêtements (une chemise, un pantalon de grosse toile, l'été, une cape en laine bouillie, l'hiver). Quant à la destruction du port de Dunkerque, exigée par le traité de Versailles, j'avais réussi à persuader le ministre de la Guerre qu'elle ruinerait nos échanges commerciaux et les gens qui en vivaient en Angleterre. On conserverait le port, mais les navires de guerre n'auraient plus le droit d'y jeter l'ancre. Ma proposition avait été acceptée. Dunkerque était sauvé.

Connaître, puis me lier avec ceux qui faisaient la politique anglaise me permettait de glaner ici et là quelques renseignements mineurs qui, assemblés, pourraient représenter de l'importance. J'envoyais donc chaque semaine une missive codée au comte de Broglie.

Dès juin, mes visites à la cour se firent hebdomadaires et consolidèrent mes liens avec les grandes familles anglaises. Je crois avoir joui d'une certaine popularité. Vint le moment de présenter mes lettres de ministre plénipotentiaire à George III qui les accepta. Chacun de mes pas en avant poussait Guerchy en arrière.

Un des atouts de ma popularité grandissante fut les caisses de vin de Tonnerre et de Chablis que je faisais parvenir à mes nouveaux amis. Rien ne pouvait davantage m'ouvrir leurs cœurs, mais ces cadeaux fâchaient Lord Grenville, le Premier ministre, qui voyait lui échapper des taxes importantes sur l'importation des vins. L'ambassade de France en était exempte.

Pour préserver mes intérêts, et sur les conseils du comte de Broglie, j'acceptai d'être moins prodigue. De Broglie avait joint à son conseil une lettre d'admonestation sur mes dépenses. Il m'assurait cependant de sa confiance et de celle du roi.

« Ne bravez pas les Choiseul et Guerchy, vous avez tout à y perdre. Continuez à nous informer comme vous le faites. Le roi apprécie votre fidélité mais Praslin ne vous aime guère. Le roi, comme vous le savez, est influençable. Faites tout pour vous maintenir à Londres. »

Il m'était impossible d'annuler le bal que je donnais fin juillet, un événement qui coûterait une fortune et enragerait les Choiseul. La comtesse de Boufflers, amie de Rousseau, viendrait spécialement de Paris ainsi que mon cousin d'Éon de Mouloize. J'étais décidé à le garder comme secrétaire. Une présence amie me devenait indispensable. Me souvenir de tous les noms de mes invités serait impossible. Je noterais Horace Walpole, la duchesse douairière de Devonshire, William Pitt comte de Chatham et un homme fort intéressant, William Wilberforce, qui militait pour l'abolition de l'esclavage.

Les cartons d'invitation exigeaient les couleurs bleu de France et argent, sinon chacun pouvait se vêtir à sa guise. J'avais assisté à un bal de cette sorte à Saint-Pétersbourg. L'impératrice qui m'avait séduit par son originalité était vêtue en homme. Je serais moi en robe, une tenue somptueuse copiée sur une robe de la marquise de Pompadour : soie brochée, satin, dentelle de Calais à foison, fleurs fraîches, nœuds de ruban sur le corsage. Le dos de la robe serait entièrement plissé et à bandes bleues et argent. Sur les bandes seraient brodés les lys de la royauté.

Je n'ignorais pas que c'était une folie, que celui qui représentait la France à Londres devait donner l'exemple de la dignité, d'une élégance raffinée mais sobre, sans le moindre maquillage, sans parfums, sans mouches. Mais je me trouvais dans une période de ma vie où les frustrations, un travail accablant, le doute sur mon avenir semblaient m'autoriser à pouvoir tout tenter, à braver pour un soir cette aristocratie anglaise, qui n'ignorait point la modestie de ma noblesse provinciale et la fragilité de ma position à l'ambassade.

Et cependant le roi, la reine, maints ducs et duchesses me montraient la plus grande bienveillance. Le « petit d'Éon » était le bienvenu partout, mais je n'ignorais pas que je serais oublié dès que monsieur de Guerchy prendrait son poste ! Certaines portes ne s'ouvrent pas devant un premier secrétaire d'ambassade. Enfin je gardais la nostalgie de Saint-Pétersbourg où j'avais pu me vêtir en femme, être moi-même dans un contexte de « jeu » de déguisement exigé par mon travail.

Mes valets de pied et majordomes porteraient des livrées de soie bleue, leur catogan noué par un ruban argenté. On décora l'ambassade durant trois jours : des arbres en pots couverts de rubans bleu et argent, des guirlandes ourlant les plafonds. Toutes les bougies des lustres comme celles des candélabres seraient bleues. Je crois être passé à ce moment par une courte période de folie qui me coûta extrêmement cher par la suite, et qui, loin de me glorifier, m'entraîna vers la chute.

La robe, la jupe, la perruque, les bijoux, le parfum, les dentelles, l'éventail. Je me regardai dans la psyché. Tout était prêt. Les musiciens étaient arrivés. Un instant, un trop court instant, j'eus l'envie de me faire ôter tous ces falbalas et d'endosser mon uniforme de dragon. Mon cousin, fort élégant, me rejoignit. Il était tout de bleu vêtu à l'exception de la mousse des dentelles qui cernaient son cou et ses poignets. Stupéfait, il me considéra longuement.

– Charles, te croirais-tu femme, par hasard ?

Pour la première fois, je restai assez brave pour regarder quelqu'un me tenant ce propos.

– Tu veux des excuses ?

Il rit.

– Pas du tout, mais je te vois un visage heureux qui me fait plaisir. J'ai l'impression que tu t'envoles dans des nuages de poudre et de paillettes comme un messager divin.

La fête fut magnifique. À l'aube seulement commença le défilé des voitures venues chercher leurs propriétaires. Tout le monde ou presque avait abusé du champagne ou du vin de Bourgogne. L'aube était laiteuse, la ville encore plongée dans le silence. Je dis adieu à mes derniers hôtes. Soudain la duchesse de Norfolk s'immobilisa devant moi.

– Ne vous aurais-je pas vu à Saint-Pétersbourg, monsieur l'ambassadeur ? Vous vous nommiez alors Lia de

Beaumont, n'est-ce pas ? Vous n'aviez pas encore cette magnificence vestimentaire.

En dépit de mon épuisement, je ne pus dormir. D'ici un jour ou deux, le Tout-Londres discuterait de mon sexe. On ferait des paris, on me regarderait avec un peu plus d'attention pour deviner la femme sous le masque d'homme. Serais-je un pédéraste, un travesti ? En réalité je n'étais rien, ni homme ni femme, un être neutre, un vilain petit canard. Parfois, quand je me levais, je me barbouillais de maquillage, noir, bleu, rouge. Je me regardais dans mon miroir. Je me faisais horreur.

Il fallut une semaine pour que parviennent les premiers mémoires. Je n'avais fait établir aucune estimation des dépenses pour ce bal et fus ahuri de leurs montants. Ce qui restait de la somme laissée à Guerchy ne suffirait pas à payer les créditeurs. Par ailleurs, j'avais fait des dettes pour régler les gages de mes trop nombreux serviteurs, assurer la somptuosité de ma table, la richesse de ma cave. Je n'avais désormais plus d'autre possibilité que de demander des subsides au duc de Praslin et d'adresser une copie de cette lettre au comte de Guerchy.

« *Monsieur le duc,*

Il y a bientôt dix ans que je suis politique sans être ni plus riche ni plus fin. On m'a beaucoup promis et les promesses comme les prometteurs n'existent plus. Jusqu'à présent, j'ai toujours semé et recueilli moins que ma semence. Mon bail politique fini, je serai forcé de mettre la clef sous la porte et de faire une banqueroute générale si vous n'avez pas l'humanité de venir à mon secours par quelque gratification extraordinaire. Plus je travaille avec zèle et courage, moins je deviens riche. Ma jeunesse se passe et il ne me reste plus qu'une mauvaise santé qui dépérit tous les jours et plus de vingt mille livres de dettes pour avoir politiqué depuis dix ans.

Ces différentes petites dettes me tourmentent depuis si longtemps que cela absorbe en vérité les facultés de mon esprit et ne leur permet pas de s'appliquer comme je le voudrais aux affaires du roi. Le temps de la récolte me paraissant à peu près arrivé, je vous supplie de vous prononcer sur mon sort présent et futur, sur mes appointements et sur les faveurs et les grâces que je puis attendre de votre justice et de votre bon cœur. Je vous l'avoue franchement, monsieur le duc, il me serait autrement impossible de faire encore la paix à mes dépens. »

Je relus ma lettre. Elle allait mettre le duc de Praslin en fureur. Ce ton frôlait l'insolence et, infatué de lui-même comme je le connaissais, il allait courir chez le roi.

En retour je reçus une lettre très sèche :

« *Je n'aurais jamais cru que le titre de ministre plénipotentiaire vous fît si promptement oublier le point dont vous êtes parti. Monsieur de Guerchy va prochainement arriver dans son ambassade à Londres et n'a pas besoin de vous. Prenez vos dispositions pour regagner la France et n'espérez pas un bon accueil du roi.* »

Je ne pus m'empêcher de rire en prenant une feuille de papier et une plume. Praslin se prenait-il pour Jupiter ? Il me rappelait comme on siffle un chien ! Il n'était pas au bout de ses surprises et déconvenues.

« *Sire,*

Voilà deux semaines que je reçois d'excellentes nouvelles pour les affaires qui nous concernent. Il semble que monsieur de La Rozière, notre savant cartographe, ait fait d'intéressants relevés que je me permettrai de bientôt vous communiquer. La faille est là, à nous de nous y glisser.

Concernant la Russie, Sa Majesté l'impératrice Catherine ne souhaite nullement rompre notre alliance. Elle la juge au contraire plus solide que jamais et s'emploie au succès de nos affaires. La France, l'Autriche, la Russie ne peuvent écraser la Prusse qu'avec la neutralité de l'Angleterre. Celle-ci plutôt que la guerre a pour ambition de détruire notre marine. Dieu merci, William Pitt a perdu les rênes et Lord Bute, d'après ce que l'on dit, est un homme plus accommodant.

Le moment serait peut-être venu de penser à monsieur

le prince de Conti pour la Pologne. Vous seul, Sire, pouvez assurer la survie de ce pays ami.

Que Votre Majesté compte sur mon zèle à la servir en Angleterre. Je suis et serai toujours son fidèle et dévoué serviteur et sujet.

Charles d'Éon »

Le dix-sept octobre, monsieur de Guerchy fit sa grande entrée à l'ambassade. Je n'avais aucune nouvelle du duc. Le roi lui aurait répondu qu'il allait réfléchir, ce qui dans sa bouche signifiait un refus. Mais rien n'avait été dit. Praslin ignorant tout du Secret avait dû ressentir durement cette indifférence. Cependant je savais qu'il ne s'avouait pas vaincu. Nous étions en guerre, lui un duc, chef d'une des plus grandes familles de France, et moi Charles Geneviève d'Éon, simple chevalier bourguignon décoré cependant de la croix de Saint-Louis.

Ce que j'ignorais est que, si je n'avais rien à craindre du roi, j'avais beaucoup à me méfier de la société puritaine londonienne. Déchu de mon titre de ministre plénipotentiaire, soupçonné d'être sodomite, de me travestir en femme, ma situation était difficile. On ne voyait pas en moi un homme subissant une terrible injustice de la nature mais un pervers, un être vomi par le diable du fond des enfers. Et que pouvais-je dire pour ma défense ? À Saint-Pétersbourg, j'étais « en mission » du service du Secret. À Versailles, on m'avait jugé crédible en femme et utilisé sans le moindre souci des conséquences que j'aurais seul à affronter.

Or aujourd'hui, c'était moi qui volontairement entrais dans ce jeu pervers pour quelques heures accordées à un autre moi-même. Étais-je en train de devenir fou ?

Monsieur de Guerchy me convoqua le soir même de son arrivée. Son air hautain, méprisant, me fit tout de suite comprendre qu'il avait maints reproches à me faire. Sans un mot, il me tendit une lettre du duc de Praslin.

« *L'arrivée de l'ambassadeur du roi, monsieur, faisant cesser la commission que Sa Majesté vous avait donnée avec la qualité de ministre plénipotentiaire, je vous envoie votre lettre de rappel que vous remettrez à Sa Majesté britannique selon l'usage et le plus promptement qu'il vous sera possible. Vous trouverez ci-joint la copie de cette lettre. Vous partirez de Londres aussitôt après votre audience et vous reviendrez tout de suite à Paris d'où vous me donnerez votre avis d'arrivée et où vous attendrez les ordres que je vous adresserai sans venir à la cour.* »

Je reçus ces mots en plein cœur mais parvins à garder mon sang-froid.

« Sa Majesté n'a pas signé cette lettre, me dis-je. Je vais donc en référer à monsieur le duc de Choiseul qui, plus que son cousin, a le sens de la diplomatie. »

« Ici, mon cher, vous ne dépendez que de moi. Le roi m'a confié que vous détenez certains papiers qu'il souhaite récupérer. »

Ces paroles de Guerchy transmises par moi au comte de Broglie jetèrent la plus grande inquiétude chez la poignée d'hommes détenteurs du Secret. Le comte de Broglie, craignant l'indiscrétion de Guerchy, me suggéra de remettre ces papiers à La Rozière qui allait bientôt regagner la France afin de rendre compte au roi de sa mission. Quant à moi, j'étais encore dans une situation d'attente, et il me priait de demeurer à Londres comme premier secrétaire.

Guerchy dut ruminer sa déconvenue et son humiliation, car il ne se passa pas trois jours avant qu'il m'envoyât Vergy, son inféodé, pour me défier. J'éclatai de rire.

– Un duel ? Mais bien sûr, mon cher. Maintenant et où tu veux.

Vergy pâlit. Son intention n'était pas de croiser le fer mais de m'intimider. Je fis mine de céder. Il ne voulait pas se mesurer à moi ? Fort bien.

– Obtenez-moi des lettres amicales de certains hauts personnages à Versailles et je vous épargne.

Vergy décampa pour se rendre chez le juge de paix du quartier afin de porter plainte contre moi qui l'avais menacé, l'épée à la main.

Guerchy prit le mors aux dents. Il fit payer un auteur de pamphlets orduriers et lui demanda d'agir contre moi au plus vite.

Ces mesquineries, ragots, accusations plus ou moins infâmes firent finalement réagir le roi. Guerchy pouvait se voir remettre « de précieux papiers qu'il enfermerait aussitôt dans son coffre » et me renvoyer à Paris.

Nous étions au mois d'octobre, les parcs de Londres incitaient aux flâneries, aux causeries, au flirtage. Quant à moi, je me rendais au palais la gorge serrée. Être convoqué le matin signifiait une entrevue officielle et j'hésitais entre recevoir de vertes réprimandes et un ordre de bannissement.

On me fit patienter un moment dans l'antichambre du bureau du roi avant de m'inviter à entrer. Je saluai profondément. Le roi George me désigna un siège près de lui.

– Monsieur d'Éon, lâcha-t-il aussitôt, si vous avez su amadouer Londres, Paris me semble vous être hostile.

Il n'avait pas l'expression sévère en disant cela. J'avais même l'impression qu'il s'amusait.

– Allons droit au fait, monsieur le chevalier. J'ai reçu une lettre du duc de Choiseul signée par le roi qui me demande de vous expulser au plus vite de mon royaume.

Immobile, j'avalai avec difficulté ma salive.

– Eh bien, poursuivit le roi d'un ton décidément réjoui, cela ne peut se faire. Monsieur de Guerchy m'ayant remis ses lettres de créance, vous n'êtes plus l'ambassadeur de France. Or, si j'ai le pouvoir de bannir un diplomate, je n'ai pas celui de jeter hors d'Angleterre un simple particulier établi légalement et n'ayant commis aucun méfait.

Contrairement à la France, monsieur le chevalier, l'Angleterre jouit d'un *habeas corpus*. Ici, contrairement à mon bon cousin Louis, le roi n'est pas Dieu le Père dans son pays. Vous pouvez donc demeurer dans mon royaume où vous le souhaitez, et si vous obéissez à nos lois, votre personne est inviolable.

Il se leva et vint me serrer la main, un honneur pour le simple particulier que j'étais devenu.

– Quant à vos infractions vestimentaires, poursuivit-il en me faisant un clin d'œil, à vous d'en décider, mais soyez prudent. Notre société se permet tout, mais dans la discrétion. On vous dit femme ? Soyez-le, mais ne vous produisez pas un jour en jupon et le lendemain en culotte.

Je saluai à nouveau.

– La reine vous fait savoir que vous serez toujours le bienvenu à ses thés officiels.

J'attendais que Guerchy me fasse venir. Aller le trouver pour lui rapporter les paroles du roi aurait été une erreur diplomatique ne pouvant que me nuire.

La convocation ne tarda pas. Je trouvai un Guerchy pâle de rage. N'étant déjà pas fort considéré à Versailles, il avait dû avaler avec grande difficulté l'amère pilule d'écrire à Choiseul que je pouvais demeurer à Londres si je le souhaitais. Comme on avait dû se moquer de lui à Versailles ! Et, humilié, Choiseul qui déjà ne l'appréciait guère allait le mépriser.

– Vous voilà libre, monsieur, me jeta-t-il. Vivez donc

où vous le désirez et comme vous le pouvez, mais n'attendez pas de moi un seul écu. Maintenant, vous pouvez disposer.

Guerchy n'avait point encore bu son calice jusqu'à la lie. Le roi fit aussitôt expédier par de Broglie deux courriers, l'un à l'attention de Guerchy pour lui demander de me conserver comme secrétaire d'ambassade et de ne plus se préoccuper des papiers qu'on lui avait mentionnés, l'autre à mon intention, en code, disant que ma mission se poursuivait. On allait me faire parvenir une somme qui, si je me montrais raisonnable, me permettrait de vivre un an sans déshonneur. « Vous avez remporté une bataille, mon ami, concluait de Broglie, mais pas la guerre. Soyez vigilant, Guerchy vous hait. »

J'eus le tort de prendre son avertissement à la légère. Une semaine plus tard, je recevais une invitation à souper à l'ambassade de France.

Ma surprise fut grande de ne pas y trouver l'ambassadeur qui soupait chez Lord Sandwich, alors secrétaire d'État dans le gouvernement. Seuls avaient été invités quelques sous-fifres que je connaissais tous plus ou moins.

À table, mon vin de Tonnerre était toujours servi. Le sommelier m'en versa un grand verre, mais j'avais été légèrement incommodé par des huîtres dégustées pour mon dîner et n'en bus que la moitié.

Je revins chez moi extrêmement mal portant, vomis une

partie de la nuit et avais du mal tant à marcher qu'à parler. Je fis venir un médecin qui fronça les sourcils.

– Prenez-vous de l'opium, monsieur le chevalier ?

Je m'exclamai que jamais je ne m'étais laissé aller à ces excès.

– Eh bien, vous en avez absorbé, et beaucoup dans la soirée d'hier. Quelques pincées de plus et vous étiez mort.

Dès ce jour-là, je commençai à être plus précautionneux. De Broglie avait raison, on voulait m'éliminer, et lorsque je reçus la visite d'un monsieur de Guerchy tout aimable venu prendre de mes nouvelles, je soupçonnai aussitôt une autre félonie.

Guerchy ne s'était pas fait annoncer. Il était tôt le matin et il était accompagné de deux sbires de mauvaise mine qui m'étaient inconnus. Alors que l'ambassadeur tirait un fauteuil à mon chevet et commençait d'un ton aimable une conversation sur le plaisir qu'il éprouvait de me voir réintégrer l'ambassade en tant que secrétaire, mon cousin qui se trouvait chez moi vit ces deux personnages inspecter mine de rien ma chambre, mon antichambre et les différentes portes ouvrant sur ma garde-robe et mon cabinet d'aisances.

Le lendemain, surgit d'on ne sait où un serrurier prétendant que mon valet lui avait demandé de changer quelques serrures défectueuses. J'avais le souci d'être bien gardé et il ferait en sorte que je le sois.

Il ne nous fallut, à mon cousin et à moi-même, que

quelques instants pour comprendre qu'on voulait m'enlever et me faire disparaître discrètement. Nous louâmes alors les services d'hommes de main qui firent accrocher de nouveaux flambeaux dans l'entrée et l'escalier de la maison. Une de mes recrues avait l'ordre de dormir la nuit devant ma porte. Notre stratégie porta ses fruits. La cuisinière reçut l'ordre de clamer partout que nous étions bien gardés. Personne ne se montra.

À la crainte succédait désormais en moi l'excitation que me donnait cette lutte feutrée contre Guerchy, lutte inégale puisque mon ambassadeur ignorait que je devais mon poste au roi lui-même. Ayant eu connaissance de « papiers extrêmement importants » que je détenais, rongé par la curiosité, il n'avait de cesse de les récupérer.

J'allais de surprise en surprise. Bientôt on me communiqua discrètement une copie de la lettre que Guerchy avait envoyée au duc de Praslin, et dans laquelle il prétendait que j'étais devenu fou, que je l'avais agressé et que, étant hermaphrodite, j'étais la honte de la communauté française. J'écrivis aussitôt une lettre réfutant point par point toutes ces accusations en ignorant celle d'hermaphrodite qui ridiculisait les deux partis.

Mais en effet, comme me l'avait mentionné le comte de Broglie, la guerre n'était pas terminée, car je reçus la semaine suivante une fort courtoise visite de monsieur de Prémarets, secrétaire d'ambassade tout comme moi-même, me demandant de lui remettre les papiers du roi. Je l'invitai à dîner, il refusa.

– Monsieur, lui dis-je alors, dites à notre ambassadeur que je vais lui remettre un mot à ce sujet, mais il faudrait me tuer, puis forcer mon coffre pour que vous les obteniez.

Il était quatre heures du matin quand je m'assis à mon bureau. Je voulais que ce mot fût déposé sur le lit même de monsieur de Guerchy quand il prendrait son petit déjeuner.

« Monsieur le comte,

Bien que dragon, je ne suis pas aussi diable que l'on veut me faire voir. Pour ce qui regarde les papiers du roi que vous me mandez, c'est en vérité le cœur serré de douleur que je suis forcé de dire à Votre Excellence que je ne puis avoir l'honneur de les lui remettre sans ordre exprès du roi. À son commandement seul, je saurais obéir.

Je vous réitère ma prière d'être bien persuadé que je n'aurais jamais eu envie de manquer à monsieur le duc de Praslin ni à V. E., mais souvenez-vous que je suis déterminé à le faire si vous persistez à vouloir me forcer jusque dans les retranchements de mon devoir, de mon honneur, de l'équité et de la liberté. »

Cette missive, je le savais, ne ferait que ranimer la guerre.

La Rozière vint très vite, bouleversé, me dire que le bruit courait qu'il était venu pour « lever les côtes d'Angleterre pour un projet de débarquement». Il s'était défendu bec et ongles, mais d'où pouvait provenir la fuite hormis d'un membre du Secret ou d'un espion de Guerchy ? Il allait au plus vite regagner la France.

Londres se passionna pour les estocades que nous nous portions, monsieur de Guerchy et moi-même. J'avais pour moi la jeunesse, un physique avantageux et un sens de la répartie allant jusqu'à l'insolence dont était complètement privé le pauvre ambassadeur.

On évoquait les forces de la tradition à l'avantage de Guerchy, celles du progrès au mien. Aurait-on plus de considération à le recevoir parce qu'il appartenait au passé ? La naissance faisait-elle l'homme ?

Des femmes se regroupaient dans la rue, munies de pancartes. Si les grands seigneurs s'accordaient le droit d'opprimer les petites gens, la plupart des hommes s'octroyaient ce pouvoir envers les femmes. C'était intolérable. « Vive d'Éon, vive l'égalité ! » clamaient-elles.

Aux gazettes londoniennes répondirent celles du continent : un scandale avait éclaté à Londres. L'ambassadeur était entré en guerre contre un de ses secrétaires au point de vouloir l'assassiner.

Quand Guerchy écumait de rage, Praslin à Versailles estimait la France ridiculisée. Le roi n'y comprenait rien, mais se devait de rester discret.

Je fus heureux que La Rozière regagne la France. Sur son chemin de retour, il m'avait promis de s'arrêter à Broglie en

Normandie. Il relaterait l'affaire au comte dans sa simplicité et n'épargnerait aucun effort pour me défendre. Le roi devait savoir la vérité. Si je demeurais à Londres, ce n'était point par désobéissance ou rébellion, mais pour garder des papiers confiés par Sa Majesté elle-même. Sans ordre écrit, je ne bougerais pas. Il lui ferait connaître aussi les violences que j'avais subies allant jusqu'à la tentative d'assassinat.

Je sus dans le mois qui suivit que le comte de Broglie, chef du cabinet secret, s'était rendu à Versailles et m'avait défendu avec grande conviction, priant même le roi de me laisser le titre de ministre plénipotentiaire afin de faire comprendre à Guerchy qui était le maître. Si cette solution ne convenait pas au roi, d'Éon resterait à Londres comme simple agent de renseignement.

Louis l'avait écouté avec attention. Il allait me maintenir à Londres où il me ferait parvenir deux mille deux cents livres. Il écartait la suggestion de me laisser travailler à l'ambassade, vu la nature exécrable de mes rapports avec Guerchy. Mieux valait envoyer à Londres un homme sûr qui puisse me protéger de la rage de l'ambassadeur et rapporter lui-même les documents secrets à Paris.

Après maintes réflexions, de Broglie choisit monsieur de Nort pour ce rôle. Cet homme avait du prestige, de l'autorité et ne se laisserait pas bafouer par Guerchy. Il me remettrait en outre les subsides que le roi avait bien voulu m'octroyer.

Nous étions déjà en mars quand ce monsieur parvint à Londres. Je vivais au seuil de la misère et me venait parfois à l'esprit l'idée abjecte d'obtenir une grosse somme de la couronne anglaise contre les fameux papiers que je détenais. Ma conscience, Dieu merci, me l'interdit. J'étais plutôt résolu à placer des barils de poudre dans ma cave et à faire sauter la maison.

Monsieur de Nort m'entretint longuement et m'avoua être éberlué par l'imbroglio dans lequel monsieur de Guerchy, moi-même et le roi d'Angleterre nous trouvions. Cette situation confuse et absurde nuisait à la renommée de la France.

Il me promit que monsieur de Guerchy cesserait ses manœuvres malveillantes, mais je le jugeai trop optimiste. Il débarquait de Versailles, de ses bals, de ses petits complots, sans rien connaître ou presque de mes difficultés, puisque le comte de Broglie ne lui avait pas révélé le Secret. En outre, madame de Pompadour étant mourante, le roi était peu accessible à ce qui ne concernait pas la santé de cette vieille maîtresse et amie.

Inactif, démoralisé, furieux, j'eus la discutable idée d'écrire un essai, *Lettres, mémoires et négociations particulières du chevalier d'Éon, ministre plénipotentiaire de France auprès du roi de la Grande-Bretagne*, de le faire imprimer à mes frais et de le faire distribuer dans toutes les librairies de Londres. J'y produisais ma correspondance avec les ducs de Praslin, de Nivernais, de Choiseul et avec le comte de Guerchy sans rien révéler du Secret. La seule erreur que je fis fut de laisser entendre quelques cachotteries diplomatiques pour mieux discréditer Guerchy, un triste sire dépourvu d'intelligence politique, indigne de sa charge, ce que reconnaissaient Nivernais et Praslin eux-mêmes. Enfin je donnais la liste de mes dépenses personnelles avec pièces justificatives pour affermir le prestige de notre ambassade.

Le livre se vendit en quelques jours à mille cinq cents exemplaires. Mon texte, il est vrai, nourrissait l'animosité que les Anglais nous portaient. Mais après avoir bien ri, on commença à me mettre en quarantaine. Horace Walpole le trouva scandaleux, ce qui fit vendre quelques exemplaires supplémentaires, mais je savais que dans les salons on me qualifiait d'orgueilleux, d'insolent, de lunatique, en bref de véritable Français. Ce jugement sévère venait du fait qu'on ignorait ma mission. J'aurais dû y penser.

Walpole s'étant exprimé, l'opposition prit mon parti et plaça des gardes autour de ma maison. Allait-on m'exiler comme John Wilkes qui avait alerté l'opinion publique sur une affaire qui l'opposait à la couronne ? Écrire contre le roi retirait l'*habeas corpus*.

Versailles fut scandalisé, on n'y parla un moment que de moi. Comme Wilkes, je soumettais les ministres du roi, et donc le roi lui-même, aux critiques de la population.

Mon beau-frère, monsieur O'Gorman, un Irlandais établi en France, me tenait régulièrement informé de ce qui se passait à Paris et à Versailles. Leurs lettres divulguées, Praslin était furieux contre Nivernais qu'il croyait son ami, et Nivernais ne savait plus comment se raccommoder avec Guerchy.

Exaspéré, Praslin prit alors la décision désespérée de me faire enlever et de me ramener pieds et poings liés en France, ce que j'appris bien vite par de Broglie. Le premier acte était joué.

11

Le décès de madame de Pompadour marqua le début de l'année 1764. Quant à moi, je restais coincé entre la haine du duc de Praslin, celle de monsieur de Guerchy et le soutien du comte de Broglie et de Tercier. Je comptais des ennemis mortels et des amis entièrement dévoués, qui allèrent jusqu'à incendier à la douane de Londres deux coffres contenant les habits de gala du comte et de la comtesse de Guerchy. Lorsque je sortais, des jeunes gens m'entouraient, toujours prêts à me protéger, des garçons issus du peuple, des ouvriers, des artisans, de louches matelots aussi qui me considéraient l'œil allumé. Je ne m'en souciais guère. Ma préoccupation principale à cette époque de ma vie était de survivre. Monsieur de Nort essayait par tous les moyens possibles de gagner mon amitié, que j'étais prêt par ailleurs à lui accorder, car il n'entretenait pas de relations personnelles avec monsieur de Guerchy. Mais je me rendis compte très vite que ses amabilités avaient pour but la récupération des fameux papiers du roi. En face de moi, au lieu du soutien que j'espérais, j'avais donc un antagoniste supplémentaire. Je me sentais comme le bouc de la fable jeté au fond d'un puits où m'avaient précipité Praslin, Guerchy, et même mon ami de Broglie.

La nouvelle que Guerchy avait été au tribunal pour se plaindre de propos diffamatoires à son égard qu'un procès officiel devait condamner ne m'assomma pas autant que Guerchy l'espérait. En réalité, je m'attendais à tout, même à recevoir un coup de couteau dans le dos.

Lord Mansfield, président du tribunal, fit commencer l'instruction du procès. Celui-ci prendrait son temps, ce qui me donnait la possibilité de rendre coup pour coup et d'écrabouiller monsieur de Guerchy. J'écrivis à de Broglie que je ne remettrais pas les papiers tant que cet homme fourbe et haïssable serait en Angleterre. Pourquoi ne l'expédierait-on pas dans un autre pays ? Tout serait simple alors. Pour une raison quelconque, une nomination à un autre poste fut impossible, mais le roi comprit que Guerchy était le seul obstacle qui m'empêchait d'obéir à ses ordres. Il pria alors l'ambassadeur de retirer sa plainte, ce que Guerchy se refusa à faire. Dieu le Père lui-même le lui ordonnerait qu'il ne plierait pas.

La première audience eut donc lieu le deux juillet. J'y comparus et demandai un ajournement, le temps de réunir des témoins qui n'étaient pas présents à Londres. Cela me fut refusé. Me trouvant par avance jugé et désavoué, je ne parus plus aux audiences.

Le neuf juillet, j'appris que j'étais condamné pour outrage envers ambassadeur dans l'exercice de ses fonctions. Je quittai aussitôt mon domicile de Golden Square avec mon cousin et louai deux chambres dans un hôtel proche de Westminster. L'huissier trouva le logis vide quand il se présenta. Mes voisins m'apprirent qu'on fouilla ma maison de fond en comble, jeta à terre le contenu des tiroirs, des penderies, des armoires, des buffets de la cuisine et de l'appentis où le jardinier serrait ses outils. N'ayant rien trouvé de compromettant, ils en firent rapport à monsieur de Guerchy qui se frotta les mains. Enfin il était débarrassé de moi !

J'imagine sa surprise lorsqu'on lui apprit que je venais de déposer plainte contre lui pour tentative d'assassinat. Dans la presse de Londres, on put lire des pages entières écrites sur l'affaire de l'ambassade de France. C'était pathétique, ridicule et choquant. Le pouvoir de la presse se faisait de plus en plus grand et exerçait désormais une réelle influence sur l'opinion publique, bien au-delà de celle qu'avait le Parlement, et même le roi. De Londres, l'affaire s'étendit en Europe. Les gazettes françaises, autrichiennes, puis prussiennes et russes s'en délectaient. J'étais le héros, intègre, honnête, Guerchy le monstre d'orgueil et de fatuité. De Broglie m'écrivit que le roi, loin de s'en irriter, se réjouissait de voir mon rôle d'agent grandement facilité par la sympathie que j'inspirais.

Quant à moi, jusqu'à l'issue du procès contre Guerchy, il fallait que je disparaisse. Je pris gîte chez un ami et ne sortis plus qu'habillé en femme. La chance tournait, et lorsque je vis mon pire ennemi, l'allié de l'infâme Guerchy, se présenter dans le but de témoigner en ma faveur dans mon procès et de jurer que son ambassadeur avait bel et bien voulu m'empoisonner, je crus que le ciel me tombait sur la tête. Pierre-Henri de Vergy ! Un témoin à charge contre Guerchy ! Voilà qui était savoureux. De surcroît, ce gentilhomme bien considéré en cour se proposait d'écrire à Choiseul pour lui conter la réalité des faits et vanter ma loyauté envers le roi. Guerchy certes, mais aussi le duc de Praslin étaient les têtes du complot destiné à m'abattre.

J'écrivis à de Broglie pour l'implorer de me soutenir et de me faire parvenir la somme de mille deux cents livres pour les frais du procès. Je serais alors prêt à présenter avec dignité au roi d'Angleterre ma démission de la charge de ministre plénipotentiaire. Revenu en France, je lui délivrerais les papiers en mains propres et apprécierais de recevoir en échange la somme de trente mille livres. Je le priai en outre de conserver mon cousin d'Éon de Mouloize comme secrétaire d'ambassade. Il pourrait nous être utile de mille manières.

J'attendais maintenant le procès avec confiance. Le retournement de Vergy avait été un véritable miracle. Ambitieux, rusé mais honnête, sa conscience l'avait tourmenté depuis qu'il avait compris qu'on voulait l'inclure dans un projet d'assassinat. La tentative d'empoisonnement par l'opium ayant échoué, Guerchy lui avait fait comprendre qu'un heureux coup de poignard serait généreusement récompensé. Il était peut-être lâche, m'avoua-t-il, mais on ne comptait pas d'assassins chez les Vergy.

Hors de lui, Guerchy l'avait fait emprisonner pour avoir eu l'intention de poignarder son ancien secrétaire par haine et jalousie. Ce fut alors qu'il avait mesuré l'ignominie de Guerchy et avait décidé de se ranger à mes côtés. Libéré de prison, il était venu aussitôt me l'apprendre.

Le vingt-sept novembre, Vergy comparut devant Sir Yates, juge au banc du roi George, et sous serment raconta la tentative d'empoisonnement que confirmaient mon médecin et mes serviteurs, puis le projet mûri par monsieur de Guerchy de me faire poignarder.

La procédure suivait son cours. Guerchy paniquait tandis qu'à Versailles on commençait à s'inquiéter.

Le douze février, monsieur de Guerchy fut cité à comparaître devant le jury de Londres pour répondre à la plainte portée contre lui. L'affaire fut chaudement plaidée par nos avocats respectifs, mais les dix-sept membres du jury déclarèrent à l'unanimité l'ambassadeur du roi de France coupable de tentative d'assassinat.

Établi désormais dans Brewer Street, je convoquai alors tous mes amis. David avait de nouveau terrassé Goliath.

À l'ambassade, les rats commençaient à quitter le navire. Le premier à fuir fut Chazal, le valet de Guerchy, qui avait versé de l'opium dans mon verre de vin. Il laissait derrière lui sa jeune femme enceinte.

Guerchy, aux abois, ne dormait presque plus. Envisager une peine de prison lui était insupportable. L'idée de croupir à la Tour de Londres lui devint si intolérable qu'il sollicita du roi une *nolle prosequi*, c'est-à-dire une cessation de poursuite. C'était subir la pire des humiliations : renoncer à faire appel pour qu'on lui fasse merci. George III accepta et signa la *nolle prosequi* le trente avril. Le déshonneur de Guerchy était complet.

À sa sortie du palais, une foule dense s'était rassemblée. On hurlait : « *Guerchy murderer !* » On lui lançait des pierres. Il fallut le faire protéger par l'armée jusqu'à l'ambassade.

Mais dès le lendemain, le *London Evening Post* flétrissait la justice anglaise si favorable aux grands et si impitoyable envers les petits. Leur gouvernement était-il aux ordres de la France ?

Si Guerchy lut le journal, ce fut dans la voiture qui les amenait sa femme et lui à Douvres où ils embarqueraient le jour même pour la France. Officiellement il prenait un « congé », en réalité il ne reviendrait que plusieurs mois plus tard incognito et pendant trois jours seulement pour récupérer ses papiers.

Je restais cependant sur mes gardes. Quelles malignités Guerchy pouvait-il mijoter contre moi lorsqu'il serait en France près de ses amis ? Et comment le roi pourrait-il rester sourd aux doléances de ses ministres ? Quel motif leur donner puisque l'existence du Secret était inconcevable ? Nul ne comprendrait pourquoi Louis XV refusait de s'acharner contre un modeste diplomate qui ne lui avait causé que des ennuis.

Mon valet Hugonet faisait fort souvent des allées et venues entre Londres et Paris pour me tenir au courant de la moindre évolution de ma situation. Le roi finirait-il par céder devant les doutes de plus en plus précis de messieurs les ducs de Choiseul et de Praslin ? Or il tenait au Secret avec une volonté qu'il ne savait pas toujours imposer dans d'autres domaines.

Le coup pour moi fut rude d'apprendre que, suivi depuis un certain temps, Hugonet avait été arrêté le dix janvier. Il était détenteur d'une lettre que m'adressait le comte de Broglie. La missive était en clair, seuls les noms étaient codés. Le roi était dénommé « le procureur ». Je sus plus tard que cette lettre m'était favorable et qu'« on » s'occupait de mes intérêts, financiers en particulier.

Je me doutais que mon cher comte devait être bouleversé. Que ferait-on avouer à mon pauvre Hugonet si Praslin ou Choiseul étaient décidés à le faire parler ? Mais, conscient du danger, Louis XV interviendrait.

Le roi fit en effet appel aux bons offices de monsieur de Sartine, notre lieutenant de police. Face à face, il saurait certes le convaincre de n'écouter que son sens de la fidélité en soustrayant la fameuse lettre avant l'interrogatoire. Ému par la confiance que lui faisait son roi, Sartine accepta. Tercier, un des agents du Secret, était chargé par le roi de faire le tri de tous les papiers contenus dans le portefeuille, où se trouvait la lettre du comte de Broglie, et d'orienter les questions des magistrats.

« *J'ai travaillé quinze heures,* m'écrivit le comte de Broglie, *avec Tercier et Sartine afin que la déposition du sieur Hugonet puisse cadrer avec ce que suggéraient les documents conservés, tous inoffensifs. Je vais de ce pas voir le roi pour l'en informer.* »

Je sus que tout se passa bien, à la grande fureur du duc de Praslin. Mais Louis XV était satisfait. En dépit d'une forte présomption d'innocence, mon pauvre Hugonet fut condamné à trente mois de prison. Sartine ne pouvait le faire totalement blanchir, il fallait bien offrir à monsieur le duc une petite satisfaction.

À Londres, je commençais à respirer quand ma sœur m'apprit qu'à Tonnerre on s'acharnait contre ma pauvre mère. On la soumettait à de misérables tracasseries, à d'indignes persécutions. À quatre-vingts ans, cette chère femme en perdait la tête. Puis ce furent ses impôts qui sans raison furent doublés, ses domaines héréditaires devenant soudain soumis aux taxes foncières. Notre pauvre mère ne savait pas à quel saint se vouer et se désespérait d'être ruinée. Je me doutais que ces lâchetés provenaient de Guerchy et étais prêt à passer la Manche quand me parvint de Versailles le conseil de ne rien faire. Un secrétaire allait se pencher sur les persécutions infligées à ma mère et y remédier si celles-ci n'avaient point de fondement. J'écrivis à ma famille, leur promettant un retour aussi prompt qu'une situation embrouillée me le permettrait. Mais ma vengeance était prête à tomber sur monsieur de Guerchy. J'avais contacté un éditeur qui s'était trouvé enchanté par mon idée d'écrire une *Lettre ouverte à monsieur de Guerchy*. J'allais tremper ma plume dans le vitriol.

Hélas, auparavant il me fallait faire face à une tragédie. Mon cousin d'Éon, frappé par la variole, s'éteignit en quelques jours. Il était mon frère, mon ami, mon soutien. Il savait tout de moi et, loin de me juger, il m'assurait que nul ne pouvait prétendre me blâmer. Mon père, puis le roi m'avaient écrasé de leur autorité, et je leur échappais quand je le pouvais en existant par moi-même et pour moi-même. En femme ? Pourquoi pas si cet état me convenait. Les femmes n'avaient point l'obsession de dominer au prix parfois de grandes lâchetés. Et pour régner, un maître n'hésitait pas à tuer. Le pouvoir était un aphrodisiaque qui poussait à l'aveuglement, permettait la violence et toutes les injustices. Nous causions aussi, mon cousin et moi, d'art et de littérature. Il me lisait à haute voix des passages de Voltaire et moi de saint Augustin. S'il nous arrivait de nous fâcher, nous nous réconcilions toujours autour d'une bouteille de vin de Tonnerre.

On ramena sa dépouille en France et je ne pouvais l'accompagner. Le soir de ses obsèques, je m'habillai en femme, me maquillai outrageusement, puis me soûlai.

Le réveil fut difficile. De Paris, j'appris qu'une putain avec laquelle Hugonet avait couché, désireuse de se venger de quelque méfait que j'ignorais, était allée trouver Guerchy. Ébahi par ce retour de la chance, il l'avait écoutée avec la plus extrême attention. La fille lui débita que mon chef était le comte de Broglie de qui je recevais mes instructions et émoluments. Surexcité par cette déclaration, Guerchy fit monter la fille dans son carrosse et la mena lui-même auprès du duc de Praslin. Elle se fit un plaisir d'affirmer que je haïssais monsieur de Guerchy, et que c'était déguisé en femme que j'avais pu fuir de chez moi lors du procès que ce dernier m'avait intenté à Londres.

Praslin ne se tenait plus de joie. Hugonet était encore en prison. Il exigea une confrontation entre mon valet et cette fille de joie.

Tercier faillit se trouver mal et courut chez le comte de Broglie qui était à Paris. Ce dernier tenta de le raisonner. Le secret que nous détenions était celui du roi. Si Sa Majesté acceptait que nos missions soient sur la place publique, nous ne pouvions rien faire. Mais pourquoi le roi avouerait-il qu'il manigançait l'invasion de l'Angleterre sans en dire mot à son ministre de la Guerre ? De Broglie voyait mal comment cela pourrait se faire.

Sartine sauva la situation en déclarant tout net au duc de Praslin que prêter l'oreille aux propos d'une fille des rues, une mal embouchée qui voulait se venger d'un client, ne serait pas très honorable. Le duc de Praslin maintint la confrontation. Il n'en sortit rien, sinon des injures que se lancèrent la fille et mon valet. La fille fut finalement terrassée par une crise de nerfs et on l'évacua.

Je ne savais plus si je devais rire ou m'alarmer, et pour ne pas céder à la mélancolie, je commençai la rédaction de ma lettre ouverte à monsieur de Guerchy.

Ma vie était devenue fort calme car, même en restant populaire à Londres, je n'acceptais que peu d'invitations. J'avais remplacé Hugonet par un valet anglais, un grand diable du Yorkshire que je comprenais à peine, mais qui me servait bien.

Lorsque je n'écrivais pas, j'envoyais des rapports au comte de Broglie afin qu'il soit persuadé que j'employais mon temps et mon argent à servir Sa Majesté. « À mon avis, notai-je, le temps est propice à une guerre contre l'Angleterre. » Je demandais au comte de Broglie de procéder à un état des troupes et de la flotte françaises. Nous avions, grâce à La Rozière, toutes les cartes géographiques désirées.

Le comte de Broglie jugea qu'en cas de préparation d'un débarquement, mon rôle à Londres était indispensable. On m'accorda douze mille livres de traitement et me conseilla de me mêler le plus possible à la haute société londonienne sans plus créer le moindre scandale. On me ménageait donc.

Je crus tomber de saisissement quand mon protecteur du Parti whig, Humphrey Cotes, me demanda un entretien confidentiel. Gagner puis garder l'estime du peuple de Londres n'était pas facile, me dit-il, et puisque Guerchy était revenu en France, je devais être au courant de bien des affaires concernant les intérêts français en Angleterre. Pourrais-je donner quelques informations susceptibles d'intéresser l'opposition ? Je ne serais pas mécontent des preuves de la gratitude des whigs, précisa-t-il, l'argent se dépensait vite à Londres et en rendant quelques services, je pourrais vivre avec la dignité qui m'était due. Je lui répondis que je ne savais pas si j'étais digne de sa confiance. « Rien ne presse, m'assura-t-il, mais l'opposition anglaise serait heureuse de vous considérer, même officieusement, parmi les siens. »

Agent double ? C'était un pari risqué. Je pouvais gagner gros ou tout perdre. Cette aventure n'était sans doute pas pour moi.

12

J'achevais mon opuscule contre Guerchy tout en songeant à la proposition de Humphrey Cotes quand je reçus une nouvelle qui me ravit : de Broglie m'annonçait la mort de Guerchy. Mon ennemi contournait son cheval quand celui-ci prit peur, botta et écrasa les couilles de son maître. Ce fut une mort lente et atroce. Mon éditeur, et ami, m'interrogea. L'objet de ma vindicte étant décédé, souhaitais-je quand même publier un pamphlet qui l'accablait ? Ne désirais-je pas plutôt laisser en paix sa mémoire afin que sa veuve, sa famille puissent le pleurer sereinement ? Le public pourrait être choqué par mon acharnement et bouder l'ouvrage. Les frais engagés ne seraient alors pas remboursés.

Je n'hésitai pas un instant. Nous avions un contrat, l'opuscule serait publié. Guerchy avait-il hésité avant d'avoir par deux fois ordonné que l'on me supprime ? Je ne donnai pas à mon ami la liste des petites et grandes humiliations qu'il m'avait fait subir, particulièrement celle d'employer le féminin en me parlant au milieu des autres secrétaires d'ambassade, mais lui envoyai aussitôt une missive sans équivoque :

« Dieu veuille avoir pitié de son âme. Quant à moi, je suis vivant et dois au roi mon maître, à ma patrie, à moi-même, à ma famille, à mes protecteurs et aux fonctions que j'ai remplies en Angleterre, ma pleine et entière justification. Continuez de grâce ce que vous avez commencé. Guerchy est mort sans réparer le tort qu'il m'a fait. On ne doit point troubler les cendres d'un mort mais on peut évoquer sa mémoire et ranimer la honte qui pèse sur lui. Je veux citer ce cadavre au tribunal public. Même dans le tombeau il reste coupable des maux qu'il a infligés. Aurait-il réparé ses vilenies ? Je respecterais sa dépouille. »

J'étais toutefois fort conscient de la répugnance que causerait mon ouvrage à Versailles puisque j'outrageais l'un des leurs. Moi, petit nobliau provincial, j'osais avilir un grand seigneur ! Pour contrebalancer le mauvais effet que mon opuscule pourrait avoir sur le roi, je lui fis parvenir par un de mes plus sûrs amis sa lettre la plus compromettante ordonnant le relevé des côtes anglaises et le détail des communications entre celles-ci et Londres en vue d'une invasion. Outre ce papier, je lui rendis celui où il me demandait de me tenir informé sur les vues que George III pouvait avoir en ce qui concernait la Russie et la Pologne.

L'ami qui se chargea de cette périlleuse mission était membre du Secret et venait d'arriver à Londres pour remplacer provisoirement monsieur de Guerchy. Nous avions l'un pour l'autre de l'estime et de l'amitié. Il fut fort étonné lorsque je le fis descendre dans ma cave, descellai une brique, ouvris une cache grâce à un ressort secret. Qui aurait pu trouver là les papiers du roi ? Les sbires de Guerchy ou du duc de Praslin auraient-ils fait démolir la maison qu'ils seraient repartis bredouilles.

Trois semaines plus tard, je reçus un pli signé par Louis XV. Le roi me remerciait des services que je lui avais rendus tant en Russie que dans ses armées et autres missions confiées par lui. Il m'assurait d'un traitement annuel de douze mille livres payé tous les six mois dans quelque pays que je sois, hormis en temps de guerre chez les ennemis de la France. Plus tard, Sa Majesté m'octroierait des appointements plus substantiels.

Le surlendemain (les nouvelles circulent vite à Versailles !), le comte de Broglie m'écrivait :

« Vous observerez que la preuve qu'il a plu à Sa Majesté de vous donner elle-même et qui restera entre vos mains sera un titre à jamais glorieux pour vous. Elle doit vous combler de reconnaissance et dissiper tous les nuages dont votre esprit est obscurci depuis si longtemps. Quand vous aurez repris votre calme et que le bruit que vous avez fait et faites encore dans le monde sera apaisé, nous verrons à arranger un plan de conduite suivie par vous et à le rendre de plus en plus utile à notre patrie et au meilleur de tous les maîtres. »

Je sus plus tard que mon pauvre comte avait avancé les douze mille livres sur sa cassette personnelle, le roi faisant des promesses qu'il oubliait de tenir. Il pouvait aussi changer de ton si le duc de Choiseul dépassait la mesure. J'en vins à douter que le roi ait dicté la lettre que j'avais reçue. Peut-être avait-il seulement signé sans le lire un document qu'un secrétaire lui tendait. Il s'acquittait de cette tâche jusqu'à cent fois par jour. Et il avait perdu en quelques mois madame de Pompadour, le dauphin et son beau-père, Stanislas Leszczynski, ce qui avait valu le rattachement de la Lorraine à la couronne. Que lui importait mon sort ? Je lui avais rendu les papiers les plus compromettants, et Guerchy avait jeté tant de venin sur moi qu'il en était venu sans doute à me considérer comme un être dangereux.

Mais j'étais bien décidé à survivre, à expédier des rapports, à suggérer des avis. La proposition de Humphrey Cotes laissait ouverte une option qui susciterait une chute définitive.

Je pris donc le parti de sortir à nouveau chez mes multiples amis whigs bien sûr, mais aussi chez quelques grands seigneurs. Les soirées dans le cercle des libéraux levaient en moi un vif intérêt. Ces démocrates étaient puissants au Parlement et parlaient haut et fort en faveur du peuple. En France, nous avions encore un despote « roi de droit divin » et aucune Constitution. Combien de temps cette situation durerait-elle ? Paris et la province comptaient de nombreux cercles d'érudits, de lettrés, d'hommes combatifs qui s'assemblaient pour trouver une alternative à ce régime appartenant au passé. Autant que les Anglais, les Français sauraient fort bien exercer une politique où les riches et les grands seigneurs ne feraient plus seuls la loi. On ne pouvait offrir à ses enfants la citoyenneté d'un pays où tous les abus étaient possibles. J'imaginais la fièvre qui devait régner dans ces assemblées secrètes, et si j'avais encore habité Tonnerre, certes je les aurais rejointes.

Chez les aristocrates anglais, l'ambiance était toujours parfaitement polie et feutrée. On n'y aimait guère les Français, mais en réalité tout citoyen qui n'était pas d'Angleterre était considéré comme un inférieur. Je ne notai aucun projet belliqueux, mais constatai une certaine inquiétude concernant la colonie américaine, où de fortes têtes évoquaient une possible indépendance. Ces misérables comprendraient bien vite leur erreur.

Le comte du Châtelet, nommé ambassadeur à Londres, prit ses quartiers. Il ne m'était point hostile et me fit comprendre qu'il solliciterait parfois mes bons services. Il était inquiet en particulier de la situation en Corse. Soutenus par les Anglais, Paoli et ses concitoyens refusaient de la rendre à la France.

J'avais grand besoin qu'il me confie ces petites missions d'information, car en dépit des douze mille livres, je me trouvais de nouveau à court de ressources. Mon opuscule n'avait pas eu le succès que j'espérais et cet échec, prévu par mon éditeur, nous avait brouillés. Il n'était pas prêt à signer de nouveaux contrats avec moi. J'avais eu également à régler les honoraires des avocats qui avaient plaidé en ma faveur lors des deux procès. À tout cela s'ajoutaient la location de ma jolie demeure de Brewer Street, les émoluments de mon valet du Yorkshire, d'une cuisinière, d'un palefrenier, car je maintenais un cheval dans mon écurie, et d'une femme qui se chargeait de la bonne tenue de la maison.

Je pouvais certes accepter la proposition des whigs, me faire naturaliser anglais et vivre ici beaucoup mieux en agent de renseignement que menacé à Versailles dans un nœud de vipères. Je jouissais cependant d'ajouter ma goutte de poison dans le chaudron de la cour, par humour, par malveillance, par frustration aussi de ne plus être un ingrédient de grande importance.

C'était à de Broglie bien sûr que je m'adressais. Il savait qu'en me moquant des petits côtés de la cour de Saint-James, je n'épargnerais jamais ceux de Versailles. Je lui confiais les infidélités du duc d'York qui avait été blessé légèrement à l'épaule par un mari cocu, que la femme du duc de Brunswick, la princesse Auguste, avait une jambe de bois, et que leurs enfants souffraient de dégoûtantes maladies de peau. Je me plaignais aussi de ma pauvreté et me décidai à lui avouer que j'achevais la rédaction d'un important ouvrage en treize volumes qui avait pour titre *Les opinions du chevalier d'Éon de Beaumont sur divers sujets importants d'administration*, encyclopédie destinée aux personnes visant à occuper de hautes fonctions publiques. J'y abordais la politique extérieure et interne, la justice, l'économie, la guerre, l'Histoire.

L'accueil chaleureux que j'espérais ne se produisit qu'à Berlin. Frédéric II avait été fort intéressé par mon œuvre. En France, l'ouvrage fut interdit par monsieur de Sartine, non plus sur les ordres du duc de Choiseul disgracié et exilé dans ses terres de Chanteloup, mais pour plaire à la nouvelle favorite, madame du Barry, qui l'avait trouvé par trop contestataire et préjudiciable au pouvoir royal.

J'avais eu affaire pour cette encyclopédie à un éditeur d'Amsterdam qui reçut fort mal la décision de monsieur de Sartine. Il ne pouvait nier qu'il s'était engagé à me verser une somme appréciable après la publication, mais les mille sept cents volumes qui lui restaient sur les bras ne lui permettaient pas de tenir cette promesse.

Ces déboires ne me décourageaient pas d'écrire. J'en avais besoin, plus encore émotionnellement que financièrement. En écrivant, j'existais. Un écrivain se moque de porter jupon ou culotte. Le jeu de la séduction est hors de ses pensées, il s'envole au-dessus des petitesses humaines.

Paradoxalement, c'étaient les femmes qui me questionnaient sur mes choix sexuels, m'interrogeaient même sur mon véritable sexe. Les Anglaises, qui ont la réputation d'être fort pudiques, peuvent montrer une crudité de langage qu'aucune dame dans un salon parisien ne se permettrait. Dieu merci, j'avais le sens de la répartie et leur clouais le bec.

C'était avec mes amis whigs que je me sentais le mieux. Des soirées entières, nous évoquions l'injustice criante qui séparait les nantis des misérables. Pour les pauvres, pas d'autre avenir que les usines de filature, les mines de charbon ou de cuivre. Nous buvions du gin, fumions beaucoup et n'agissions que peu.

Souvent, après avoir regagné mon logis le soir, je me parais de robes et de bijoux. Mon valet, ma cuisinière, la fille de ménage me surprirent-ils ? Les ragots se faisaient plus nombreux et de grands seigneurs avaient même l'audace de me nommer « chevalière », un petit sourire aux lèvres.

Ces vexations n'existaient plus quand je me retrouvais seul dans ma bibliothèque. J'avais collecté des ouvrages de toute l'Europe, et dans une pièce entière de la maison, les livres s'alignaient sur des étagères du sol au plafond. Il m'arrivait d'en acheter vingt par semaine. Je devais en posséder près de cinq mille et quelque trois cents manuscrits rares. Je possédais l'*Encyclopédie*, tous les classiques romains et grecs, plusieurs ouvrages en hébreu, tout Voltaire, tout Montesquieu, tout Helvétius, Rousseau, Raynal, Turgot.

Au deuxième rang, et sur les étagères les plus élevées, j'avais aligné les livres écrits sur les femmes, des plus pieuses aux plus libertines, des plus soumises aux plus guerrières. Je les avais tous lus et relus, avais étudié des planches d'anatomie, épluché les visions des mystiques, les frustrations des vierges. Ces lectures me laissaient songeur, mal à l'aise. Les femmes obéissaient-elles aux hommes ou au contraire les dominaient-elles ?

En 1740, l'abbé Guyon avait publié en France l'*Histoire des amazones anciennes et modernes*. Il y développait ses certitudes que les femmes étaient capables d'exercer le pouvoir avec sagesse et habileté. Il mettait au pilori notre loi salique empêchant les femmes de régner. La France allait payer cher cette aberration. Il s'indignait aussi que les filles ne puissent pratiquer les mêmes exercices physiques que les garçons sous prétexte qu'ils leur auraient fait perdre une délicieuse fragilité tant prisée par les hommes.

Le joyau de ma collection sur les femmes était les trois volumes de l'*Histoire de Jeanne d'Arc* écrite par Nicolas Lenglet du Fresnoy. Lorsque j'avais appris sa mort, je n'avais pu m'empêcher d'écrire un petit ouvrage à sa mémoire qui fut publié à Paris dans *L'Année littéraire*. Lenglet était le premier à dépoussiérer notre héroïne de tout son fatras mystique pour n'accorder d'intérêt qu'à sa volonté et à son courage, aux exploits qu'elle avait réalisés. L'indifférence au sexe de la Lorraine, son goût pour les missions guerrières me soulageaient. Elle fournissait la preuve éclatante qu'entraînées, soumises à rude discipline, les femmes égalaient les hommes sur les champs de bataille. La bravoure n'avait pas de sexe.

L'autre face de la féminité était le pouvoir qu'avait exercé la marquise de Pompadour, raffinée, intelligente, licencieuse, perverse, poussée par une volonté immense et un rare sens de la domination. Comme une vipère, elle avait fasciné le roi pour mieux le contrôler.

Jeanne d'Arc, Jeanne Antoinette Poisson : des êtres doubles comme moi, l'une revêtue d'une armure pour partir au combat, l'autre ayant recours chaque matin à ses artifices, ses dentelles, ses soieries pour livrer sa propre bataille. Une même détermination, une même audace, une même ambition.

Dans le calme de ma bibliothèque, je songeais souvent à elles. Je les admirais, ces guerrières si différentes et si semblables dans leur certitude d'avoir un destin.

Tous ces livres sur les femmes que je lisais et relisais m'éclairaient sur celle que je voulais devenir : une femme d'action certainement, une femme sans illusions face aux hommes, une femme libre.

Mais je savais ne pouvoir faire un choix avant un certain temps. J'avais trop d'attaches dans le monde dit des mâles, celui des puissants, des despotes, des riches, j'avais encore des comptes à régler avant de tirer ma révérence. Versailles ne s'occupait plus guère de moi. Le dauphin Louis épousait Antonia, la fille de Marie-Thérèse d'Autriche, et que chacun nommait Marie-Antoinette. Le roi s'impliquait moins dans le Secret, il était fou de madame du Barry, vieillissait, était las du pouvoir.

C'était à Londres que je tenais le devant de la scène, car en plus des mondains, les gens de la finance commencèrent à parier sur mon sexe. J'appris l'existence d'une correspondance à mon sujet entre Horace Walpole et madame du Deffand de part et d'autre de la Manche. Madame du Deffand me tenait pour une femme. Elle s'estimait assez fine pour ne pas se laisser abuser par ma carrière, insolite certes pour une personne du sexe féminin. Et on racontait que certains proches m'avaient surpris vêtu de robes lorsque j'étais chez moi. Je ne niais pas ce fait. Les vêtements féminins me donnaient aussitôt une autre personnalité, me délivraient des tensions que je subissais, ma charge de secrétaire d'ambassade, mon cruel manque d'argent, l'indifférence aimable du nouvel ambassadeur du Châtelet qui, après l'affaire Guerchy, devait me craindre comme la peste, les articles de plus en plus nombreux me concernant. Être soumis à ce genre de curiosité m'était fort pénible.

Les paris étaient à trois contre deux en faveur de ma virilité. On disait que les bookmakers avaient engrangé soixante mille livres.

Le pire était que certains me soupçonnaient d'être de mèche avec eux pour empocher ma part. J'étais le principal responsable des rumeurs qui couraient sur moi par intérêt financier. Je fus si outragé que je revêtis mon uniforme de dragon et allai provoquer en duel un financier qui relançait les paris d'une façon provocante. Il se déroba. Tout le monde savait à Londres que j'étais un redoutable bretteur et nul n'avait l'audace de m'affronter. On tenta de me raisonner. Les Anglais adoraient parier, si ce n'était pas sur moi, ce serait sur une course de chevaux ou le sexe du prochain enfant de la reine.

Parce que l'intérêt s'épuisait, une nouvelle question se posa. Étais-je hermaphrodite ? Je commençais à avoir peur. On pouvait aller jusqu'à m'enlever, m'enfermer dans un endroit secret et vérifier mon intimité. C'était ignoble. Je m'affirmais homme, mais peu me croyaient. Ces joueurs dénués de tout scrupule me dégoûtaient de plus en plus.

Je ne prévins personne, pas même mes proches amis, passai un vêtement sobre, gilet et veste de drap sur laquelle j'avais épinglé ma croix de Saint-Louis, pris mon épée et décidai de disparaître pour un temps. Les curieux scrutant ma culotte me levaient le cœur. On me crut enlevé ou même assassiné. Certains osèrent prétendre que, enceinte, j'étais partie accoucher en secret.

Je gagnai Hambourg. Là, nul ne me connaissait, je pouvais arpenter les rues, visiter les musées, me rendre au spectacle sans autre inconvénient que le regard parfois appuyé de quelques jolies Allemandes. Je n'y restai que quelques jours avant de revenir en Angleterre. Je n'avais plus un sou et écrivis à ma mère pour lui demander de me faire parvenir deux cents livres. Ne pouvant tout de suite regagner ma demeure, je fus hébergé par un de mes amis qui m'accueillit à bras ouverts. Mais la rage momentanément apaisée revint en force, et je fus obligé de me rendre à la mairie de Londres afin de jurer sur l'honneur que je ne touchais pas un penny sur les paris faits à mon sujet et n'avais jamais répandu moi-même aucune rumeur afin d'en profiter.

L'enfer reprit. Des hommes me suivaient en ricanant,

des enfants couraient derrière moi, des femmes s'écartaient avec dégoût. C'était intenable, insupportable.

Un des seuls vrais amis que je comptais dans la haute aristocratie anglaise, le comte de Ferrers, le comprit et m'invita dans son château du Leicestershire. J'acceptai aussitôt et allai y demeurer quatre mois. La solitude, la liberté, la beauté de la nature, la vie des multiples animaux, qu'ils soient domestiqués ou sauvages, me distrayaient de moi-même. Ferrers devint un proche ami, nous chassions ensemble ou allions voir ses métayers. Comme le comte était un ancien officier, nous évoquions souvent la vie des camps, les tactiques choisies avant les batailles, les erreurs commises par tel ou tel général, tant anglais que français.

Veuf, le comte avait un fils qui occupait un cottage sur la propriété lorsqu'il n'était pas à Londres. Il pensait créer une filature et avait besoin de ses banquiers. La noblesse anglaise n'était pas entravée comme la nôtre par la notion du déshonneur lié au travail. Gagner de l'argent n'était pas un péché mortel et cette particularité me permettait de mesurer avec une acuité encore plus vive l'immobilisme de nos aristocrates, qui à force de se tenir loin du peuple allaient un jour ou l'autre voir celui-ci fondre sur eux.

Avec mon beau-frère le chevalier O'Gorman, irlandais, jacobite[1] et libre-penseur, j'aimais évoquer par lettre mon pessimisme. Je l'avais présenté au Comité du Secret et il avait été accepté. Il était mon œil et mon oreille à Versailles

1. Partisan des Stuarts.

lorsqu'il s'y rendait, mais en temps ordinaire, il préférait de beaucoup vivre à Tonnerre et s'occuper des vignobles de ma sœur. Il falsifiait un peu les comptes, mais ne laissait pas sa belle-mère dans le besoin. Dieu merci, il n'évoquait jamais les rumeurs me concernant ni les affaires du Secret, et à mon grand contentement, appréciait la vie quotidienne en Bourgogne. Quant à ma sœur, elle ne cessait de se plaindre de l'avarice de son mari. Je la soupçonnais de faire des dettes.

De monsieur de Broglie je reçus une lettre alarmante. Il avait appris que je quittais souvent Londres pour me rendre à la campagne. Qu'advenait-il du reste des papiers qui m'avaient été confiés ?

« Il faudrait détruire ma maison pour les découvrir », lui répondis-je.

Je n'avais pu m'empêcher d'ajouter à ma lettre :

« Ce n'est pas ma faute si la fureur des paris sur toutes sortes d'objets est une maladie naturelle chez les Anglais. Je me moque de leurs discours, de leurs gazettes, de leurs estampes et d'eux aussi. Je leur ai prouvé et prouverai tant qu'ils voudront que je suis non seulement un homme, mais aussi un capitaine de dragons qui n'est pas un régiment de femmelettes. »

Les armes, je les pratiquais avec rage pour soulager ma colère et fus touché par la pointe d'un fleuret en pleine poitrine. La plaie s'infecta et un vilain abcès apparut qu'on ne pouvait pas drainer. Pour mon malheur, j'avais maintenant un kyste que le barbier renonça à extirper. Ce petit inconvénient n'était rien en regard de mon manque d'argent. Les douze mille livres de rente annuelle promises par le roi ne me parvenaient qu'en partie et épisodiquement. Mes amis, Dieu soit loué, m'invitaient suffisamment souvent pour que la crainte de mourir de faim fût inexistante. Et j'avais mes longues escapades dans le Leicestershire où le comte menait un train de maison presque royal.

De Broglie me répondit qu'il n'avait pas le pouvoir de demander de plus fréquents versements à l'abbé Terray, désormais contrôleur général des finances. La bourse royale elle-même était asséchée par les caprices de madame du Barry à laquelle le roi ne savait rien refuser. Elle dépensait jusqu'à trois cent mille livres par mois. Que restait-il pour des serviteurs comme moi ? Et le peuple commençait à répandre d'infâmes libelles sur la favorite et sur le roi. Rien n'était plus sacré en France. Il allait jusqu'à craindre des émeutes sanglantes. On se déchirait entre les amis de madame du Barry comme le duc d'Aiguillon, ministre des Affaires étrangères, monsieur de Maupeou et ses ennemis, en particulier le dauphin, son clan et tous les amis inféodés à Choiseul.

« *Je m'y rends le moins possible,* précisait-il, *et vous envie d'être en Angleterre.*

*Auriez-vous lu les deux derniers volumes de l'*Encyclopédie *? Ils viennent de paraître. Procurez-les-vous. Vous ne le regretterez pas.* »

13

Tout changeait et rien ne changeait. Le duc d'Aiguillon détestait le comte de Broglie qui méprisait madame du Barry. On tournait en rond et de Broglie ne pouvait plus imposer grand-chose pour moi. Quels ne furent pas mon étonnement et ma fureur quand j'appris par l'ambassade que la Pologne allait être partagée entre l'Autriche, la Prusse et la Russie ! La Pologne ? Mais ce pays était au centre du Secret. Nous œuvrions tous pour la donner à Stanislas Poniatowski dont je m'étais senti assez proche lors de mon séjour à Saint-Pétersbourg. Et l'Angleterre se frottait les mains face à la lâcheté française. Bouillant comme je l'étais, je me tournai alors vers la Suède où Vergennes, notre ambassadeur, aidait le roi Gustave III à mettre une dernière main à la Constitution et asseyait en même temps l'influence française en Suède, pression inadmissible pour la Prusse et la Russie qui étaient prêtes à intervenir militairement. La guerre était inévitable, je le sus très vite, car on me chargea de négocier la neutralité de l'Angleterre. Ainsi, on se souvenait de moi à Versailles ! On me reconnaissait quelques talents !

À nouveau j'étais le maître à l'ambassade : monsieur du Châtelet, plutôt que de subir les brumes londoniennes, préférait faire sa cour à la jolie du Barry à Versailles. Étant le plus ancien, nul ne me disputa cette responsabilité.

J'obtins un vrai succès grâce à mes amis proches de la cour, et surtout au comte de Ferrers qui avait l'oreille du roi. Par ailleurs, l'Angleterre n'avait signé aucun traité d'assistance avec la Russie, l'Autriche ou la Prusse.

De Broglie m'écrivit une lettre chaleureuse, mais je le sentais las. Il parlait de plus en plus souvent de quitter le Secret et la Cour, et de se retirer sur ses terres. Avec le dauphin, une jeunesse bruyante, insolente occupait Versailles. On dansait, jouait la comédie, on se parait d'atours charmants, on se promenait en barque sur la vaste pièce d'eau en ridiculisant la favorite, ce qui mettait ce petit monde en joie. Un livre intolérable intitulé *Les Mémoires secrets d'une femme publique* allait paraître. Ce n'était rien d'autre qu'un ramassis d'ordures érotiques rédigées par un certain Théveneau de Morande. Je fus chargé d'interdire cet ignoble ouvrage en Angleterre, où l'auteur résidait. Il avait mis au point une méthode de chantage particulièrement efficace. Le pamphlet avait été tiré à trois mille exemplaires dont deux mille déjà encaissés prêts à être expédiés en France. Par ordre du roi, de Broglie était chargé de me faire encore une fois intervenir.

Je connaissais Morande. Comme moi originaire de

Bourgogne, il m'avait contacté dès son arrivée à Londres, recommandé par des amis communs. Je l'avais reçu de temps à autre par politesse et parce que je ne pouvais me mettre à dos cet amateur de scandales qu'aucune loi morale ou règle de simple savoir-vivre n'arrêtait. Marié, il avait deux jeunes enfants, et une offre d'indemnité assez substantielle pour détruire les exemplaires de son ouvrage me semblait appropriée. Huit cents guinées devraient le satisfaire. Mais il était hors de question de me confier cette somme pour la lui donner. Je me mettrais alors dans le rôle d'intermédiaire ouvertement rémunéré. Ce fut un succès. Morande signa une lettre promettant de donner l'ordre à l'imprimeur. Les huit cents guinées l'avaient alléché. Visiblement, sa famille et lui ne vivaient pas dans l'opulence : intérieur modeste, enfants débraillés, épouse vêtue davantage en servante qu'en dame de qualité. Il m'assura d'une amitié éternelle dont je ne voulais point. L'argent lui serait versé par le trésorier de l'ambassade au reçu de la lettre signée par lui.

Ces missions tombaient à point pour me donner meilleur moral. On ne m'oubliait pas, finalement. En ce qui concernait la Pologne, on reconnaissait mes compétences et on avait besoin de moi pour des renseignements confidentiels sur les intentions anglaises.

Marcher dans la rue m'effrayait moins et j'ignorais désormais les regards plus ou moins discrets jetés sur mon entrejambe. Ces braves gens se lasseraient avant moi.

Quelle ne fut pas ma surprise d'entendre un soir

tambouriner à ma porte. Mon valet alla ouvrir et je vis Morande surgir en trombe dans mon salon où je dégustais un verre de sherry en lisant Rousseau.

– Mon ami, me lança-t-il aussitôt la voix tremblante, le sieur du Barry, beau-frère de la comtesse, a lancé à mes trousses des assassins. J'en ai vu un tantôt me guetter au coin de ma rue.

Je ne pus m'empêcher de rire.

– Comment savoir que cet individu voulait vous tuer ?

– J'ai reçu une lettre de menaces, avoua mon Bourguignon d'une voix blanche. La Du Barry, cette putain, désire récupérer le manuscrit, sinon elle me fera poignarder et ses sbires, leur mission accomplie, menaceront ma femme et mes enfants.

Cet être, par ailleurs peu sympathique, me fit pitié. Au lieu d'un libertin assoiffé d'érotisme, je découvrais un pauvre homme au teint pâlot et tremblant de peur.

– Que pourrais-je pour vous ! soupirai-je. Allez donc vous plaindre à la police. On vous fera surveiller et on appréhendera toute personne soupçonnée de vous suivre.

Je lui tendis un verre de sherry qu'il but d'un trait.

– C'est en effet un sage conseil, me dit-il, et je vais dès ce pas déposer une plainte.

Je sus plus tard que Morande était en effet espionné. Le suspect avait été arrêté et menacé de la potence. Il ne se fit pas prier pour retraverser la Manche. Cet ignoble bonhomme n'avait pu récupérer le manuscrit, mais ce n'était plus de mon ressort puisque j'avais obtenu la mise au pilon des livres imprimés. Quelques exemplaires de ce recueil de ragots empoisonnés, de médisances, de calomnies et de gravelures demeuraient certes chez les Morande, mais l'homme désormais se tenait à carreau. Les ordures écrites contre la favorite et le roi lui-même, le ridicule de la relation d'une jeune femme à l'érotisme savant et d'un vieil homme libidineux seraient enterrés. Louis XV lui-même avait décidé de ne point poursuivre leur auteur et faisait la sourde oreille aux vives protestations de l'ambassadeur d'Angleterre à Paris qui reprochait à la France de lancer ses tueurs sur le sol anglais. La riposte finale de Louis XV me cloua de surprise. Il expédiait à Londres deux hommes pour récupérer le fameux manuscrit et détruire les quelques livres qui subsistaient : le duc de Brancas et Pierre Caron de Beaumarchais, agent secret lui aussi de modeste origine. Cet aventurier, dramaturge à ses heures, était comme un boulet jeté entre mes jambes. Mes négociations n'avaient pas été jugées satisfaisantes. Et, comble de surprise, Beaumarchais s'installa chez Morande qui, se croyant lui-même un grand homme de lettres, nourrissait pour ce dernier la plus vive admiration. Ne lui vint pas à l'esprit que ce n'était pas l'écrivain que son hôte flattait, mais l'auteur du pamphlet que le roi lui avait ordonné de récupérer et de détruire. Morande tint à me faire rencontrer Beaumarchais et organisa un souper. Je fus surpris de voir cette fois-ci sa femme très proprement vêtue, un intérieur soigneusement mis en ordre, des fleurs, des candélabres et une petite servante joufflue coiffée d'un bonnet de coton empesé. Morande s'était fait grand bourgeois.

Beaumarchais n'apparut point. Claquemuré dans sa chambre, il prétendait avoir trop de travail pour se joindre à nous. Je m'étonnai de cette impolitesse, mais ne savais rien alors de l'affaire et encore moins que j'en étais la dupe. Morande et Beaumarchais s'étaient entendus pour la remise du manuscrit contre mille cinq cents louis comptant et quatre mille livres de pension annuelle à vie, deux mille pour sa femme si elle se trouvait veuve. Dès que tout fut clair, j'accourus chez Morande qui me reçut tout sourire.

– Quel dommage, me dit-il. Monsieur de Beaumarchais vient de partir pour la France. Vous vous êtes manqués de peu.

Je coupai net à ses amabilités et le félicitai pour son joli coup.

– Vous auriez pu obtenir aussi, lui lançai-je aigrement, une pension pour votre chien et votre chat. Je vous salue, monsieur.

– Monsieur le duc de Brancas a lui aussi quitté Londres, m'apprit Morande d'une voix suave en me tendant mon chapeau et ma canne. Puisque nous étions tous d'accord, les exemplaires de mon livre ont été brûlés sur ses ordres dans un four à briques.

Il eut un ricanement.

– Auparavant, ce bon duc avait voulu réduire mes œuvres en fumée dans une cour bien tranquille près de la

Tamise, mais le brasier menaçant les maisons voisines, il fallut de toute urgence l'éteindre.

En rentrant chez moi, je ruminai ma colère. Avoir dépêché un grand seigneur à Londres escorté d'un aventurier, qui avait été condamné par le parlement de Paris pour des mémoires contenant des expressions scandaleuses et injurieuses à l'égard de la magistrature, mémoires jetés au feu au pied même du grand escalier du palais ! Je me jurai de savoir ce qui avait poussé le roi à le choisir. En réalité, Beaumarchais avait ouï que le roi s'inquiétait de la survie du manuscrit et avait eu l'audace de proposer un plan. Tout était une question d'argent. Si le roi était prêt à payer, il n'aurait plus de souci à se faire. Louis XV accepta. J'en venais presque à le mépriser. Avait-il perdu ce sens de la diplomatie qui lui avait fait créer le Secret ? Avec l'âge, son intelligence déclinait-elle ? Sa maîtresse l'anéantissait-elle ?

Moi aussi je vieillissais, j'avais presque quarante-quatre ans. La plupart de ceux avec qui j'avais travaillé au Secret pour la plus grande gloire du roi étaient morts ou avaient quitté Versailles pour laisser leur place à une nouvelle génération.

Depuis l'été 1773, lors de mes ultimes contacts avec la diplomatie anglaise, je n'avais reçu aucun ordre de mission du comte de Broglie exilé, tout comme le duc de Choiseul, sur ses terres par le duc d'Aiguillon. Le Secret était à l'agonie. En mai de l'année suivante, Louis XV mourut, rongé par la petite vérole.

Pour Versailles, pour les ministres, pour les agents secrets, c'était la fin d'une époque.

Dans son château de Ruffec, de Broglie rédigea pour le nouveau monarque un mémorandum lui relatant l'histoire du Secret créé avec le prince de Conti, évoquant ceux qui avaient travaillé comme espions, détaillant les qualités et les faiblesses de chacun. Il me fit parvenir le passage me concernant :

« Le chevalier d'Éon, Sire, a toujours joui de la confiance de Sa Majesté votre grand-père. Il a travaillé pour le Secret depuis 1756 et s'est rendu à Saint-Pétersbourg en tant qu'espionne, c'est-à-dire sous l'identité d'une femme, Lia de Beaumont. Il est maintenant à Londres, où il a remplacé à plusieurs reprises les ambassadeurs et je dois dire à Votre Majesté avec succès, mis à part la déplorable affaire qui l'opposa au comte de Guerchy. Il touche un revenu de douze mille livres annuel qu'il mérite de conserver. »

Il m'avouait à la fin de cette missive qu'il avait demandé une entrevue avec le roi pour parler de moi, et des quelques documents que je possédais encore.

Il ne me cacha rien de cet entretien. Louis XVI avait été frappé d'étonnement en apprenant l'existence du Secret. Il désirait le clore et que l'on brûlât tous les documents le concernant. Je trouvais cette décision trop rapide. Certains papiers pouvaient encore nous être utiles et je priai le roi de remettre l'affaire entre les mains du comte de Vergennes qui, ayant travaillé secrètement pour nous en Suède, serait apte à me comprendre. Le roi accepta et Vergennes réussit à le convaincre de trier les documents et de garder ceux qui avaient de l'importance. Mais les agents secrets seraient révoqués avec une pension confortable.

En ce qui me concernait, la question était plus délicate : je possédais encore des documents intéressants et j'étais bien introduit en Angleterre d'où certainement je ne partirais pas sans des promesses faites quant à mon avenir.

Nous négociâmes, Vergennes et moi, avant de présenter au roi ce projet nous regardant.

– Vous rentreriez en France où nul ne vous inquiéterait.

– Vous remettriez au roi le reste des documents en votre possession.

– Vous n'écririez pas une ligne, pas un mot sur feu le comte de Guerchy afin de laisser en paix sa famille.

– Ces engagements pris par vous, vous conserveriez votre pension de douze mille livres par an.

Le roi lut ce mémorandum et l'approuva. Les documents concernant l'invasion de l'Angleterre seraient tous détruits. Il envisageait contre nos voisins d'autres formes d'hostilités : la France aiderait les colons américains à se débarrasser de George III.

« *Dans ce contexte vous n'avez plus votre place à Londres, mon cher ami,* concluait de Broglie. *Regagnez la France avec tous les papiers que vous détenez encore. Retirez-vous à Tonnerre. Faites-vous oublier et, comme le duc de Choiseul et moi-même, cultivez votre jardin.* »

Je lus, relus cette lettre. Accorder ma confiance était hors de question. J'avais bien vu avec l'affaire Morande que toute proposition pouvait être modifiée à mon désavantage. Si Morande avait pu obtenir une somme dix fois supérieure à celle que j'avais négociée, je n'allais pas me faire siffler comme un chien.

Mes vingt-cinq années de service méritaient une indemnité. Je ne renoncerais pas à l'obtenir. J'avais aussi des dettes à Londres qui devaient être réglées avant mon départ afin de ne pas déshonorer le nom de la France que j'avais représentée. Il me fallait 318 477 livres.

Vergennes, m'apprit-on, fut outré par mes exigences, mais ne souhaitait pas rompre avec moi. On me verserait douze mille livres comptant en dehors de ma pension, pas un sou de plus.

Mon beau-frère, qui se rendait à la cour de temps à autre, m'apprit que de Broglie lui-même me lâchait. À son avis, j'étais devenu dément.

J'écrivis à de Broglie pour me justifier. Il me répondit par retour de courrier une lettre dénuée de tout terme d'affection ou même d'amitié, dans laquelle il me conjurait d'accepter l'ordre de notre jeune roi. Mon devoir, mon intérêt aussi était d'obtempérer, de contacter le roi afin de me ménager des perspectives d'avenir. Louis XVI par ailleurs ne me voyait pas en ennemi. Il envoyait à Londres monsieur de Beaumarchais en qui il avait grande confiance pour me convaincre. Le succès du *Barbier de Séville* avait effacé tout ce qu'il y avait de louche dans son passé. Je devais non seulement le recevoir avec honneur, mais l'écouter avec grande attention.

Je vis s'installer à la résidence de l'ambassade de France, où heureusement je ne logeais pas, cet homme indéfinissable que je n'avais pu rencontrer lors de son précédent passage à Londres. Quel ne fut pas mon étonnement quand, lors de notre premier entretien, je le vis escorté par Morande ! Quant à moi, j'avais pris pour m'assister mon ami Jean-Joseph de Vignoles qui était un expert en droit. Il avait reçu la prêtrise à dix-huit ans, puis s'était amouraché d'une jeune fille qu'il avait mise enceinte. Le couple avait fui en Hollande pour se marier avant de s'installer à Londres où il vivait chichement grâce à de petites occupations à l'ambassade que je lui avais procurées.

J'avais retenu la leçon. Pour tenir la dragée haute à un monarque, il fallait projeter de publier quelque chose qui le contrarierait. Je pouvais faire procéder à une réimpression de mes *Lettres, mémoires et négociations* qui avaient paru en 1764. Je suggérais seulement que je pouvais compléter cette réimpression en ajoutant une copie des documents que je possédais sur nos plans secrets d'envahir l'Angleterre. Beaumarchais se révéla un redoutable négociateur : nous devions régler les questions financières, politiques et, me dit-il à mon grand ahurissement, mettre un terme définitif aux doutes qui concernaient mon sexe.

Ainsi, on en revenait là ! Pour mieux me déconsidérer, on débattait à ma place du genre auquel j'appartenais. Femme, j'importunerais beaucoup moins, je rentrerais dans les rangs. On me respecterait et on ne me craindrait pas.

Beaumarchais semblait n'avoir aucun scrupule à régler une fois pour toutes ce qui en quarante-trois ans restait à demi flou pour moi, à faire intrusion dans ce que l'être humain possède de plus personnel et de plus sacré. Il m'expliqua avec une franchise qui me blessa profondément que peu lui importait que je sois homme ou femme. Il n'exerçait sa plume que contre les hommes puissants et nantis. Molière avait fort bien dépeint les femmes et il n'oserait se mesurer à ce grand génie. De plus, ajouta-t-il du même ton badin, solliciter du roi d'être reconnu en tant que femme n'avait rien d'étrange. C'était bien le roi Louis XV qui m'avait envoyé en jupons chez les Russes ? Jamais il n'aurait osé vous faire cette requête s'il n'avait pas été persuadé que vous étiez femme. Pour un homme, prétendre être femme est contre la loi. Vous n'appartenez donc pas au genre féminin de votre fait mais de celui du roi Louis XV qui souhaitait vous voir lié à la tsarine Élisabeth.

Semblable à une statue, je l'écoutais.

– Enfin, poursuivit-il, la Pompadour vous détestait car

vous étiez le protégé de Conti, son pire ennemi. Elle voulut, sans le pouvoir, interrompre votre carrière.

Je le savais.

– Vous regagnerez la France en chevalière d'Éon. Qui alors pourrait vous chercher des poux dans la tête ? Vous serez vu en héroïne, en nouvelle Jeanne d'Arc, une femme assez audacieuse pour avoir été incorporée dans le corps des dragons, puis pour avoir mené en Angleterre une carrière diplomatique des plus importantes pour notre pays. Vos douze mille livres de rente annuelle sembleront à tous parfaitement méritées. Versailles ne parlera plus de vous et Westminster croira que vous vous êtes volatilisée pour vivre ailleurs des jours paisibles.

J'admirais et haïssais Beaumarchais tout à la fois. Certes il était un grand écrivain et je ne pouvais que m'incliner devant lui, mais son arrogance, sa suffisance, sa certitude d'être un homme providentiel me déplaisaient infiniment.

Ainsi, le moment de choisir mon avenir était venu. On me mettait l'épée dans le dos pour que ce choix soit rapide et définitif. Moi, l'écuyer, l'ancien capitaine de dragons, le chevalier de l'ordre royal et militaire de Saint-Louis, l'aide de camp du maréchal duc de Broglie, le ministre plénipotentiaire de France auprès de la Grande-Bretagne, l'envoyé en Russie pour la réunion des deux cours, le secrétaire des ambassades du marquis de L'Hôpital et du duc de Nivernais, moi le docteur en droit civil et canon avocat au parlement de Paris, moi Charles, Geneviève, Louis, Auguste, Timothée d'Éon de

Beaumont allais rejoindre un monde qui me fascinait, me rendait heureux depuis toujours, sans que j'eusse à faire un choix définitif.

Beaumarchais sentait qu'il était sur le point de l'emporter et avait grande hâte que je signe ce papier, lui remette les documents afin qu'il puisse regagner au plus vite Paris où l'ambiance était plus joyeuse qu'à Londres. On se rassemblait dans les cafés, les parcs pour parler Constitution, droits du peuple, États généraux, Assemblée nationale, égalité devant l'impôt, des songes qui échauffaient les esprits.

Quant au fils du comte de Guerchy, qui avait juré de venger son père, précisa-t-il tout aussi hypocritement, en me provoquant en duel, il n'aurait qu'à ravaler son agressivité. Se bat-on contre une femme ? Je n'aurais plus rien à craindre de lui.

Mais ma décision n'était pas prise. Lorsque la maison est en feu, on reste hésitant à se défenestrer. Caron de Beaumarchais m'insupportait. Lui qui croyait être mon sauveur commençait à sentir mon animosité. Il fit alors intervenir son grand ami Morande pour me déshonorer. Je lui répondis par écrit aussitôt :

« Jean-foutre, ne m'envoie plus de papiers barbouillés de ta patte cornue, garde-les pour en bourrer ton pistolet. Que j'aie une queue ou que je n'en aie pas, qu'est-ce que cela te fait ? On ne te demande pas de faire assaut contre une queue. »

Morande riposta. Dans la fange, il était dans son élément comme un canard sur un étang. Moi, j'en avais assez de ces bagarres de fonds d'égouts. J'allais obtempérer et convoquai Beaumarchais.

Les termes que l'on me proposait étaient acceptables. Je trouvais bien chiches les cent mille livres que l'on m'attribuait pour rembourser mes dettes, mais Lord Ferrers m'ayant donné aussi cent mille livres pour me tirer d'embarras, je pouvais négocier avec mes créditeurs.

– Je remettrais à monsieur Caron de Beaumarchais tous les documents secrets remis par le feu roi.

– Je n'écrirais plus d'ouvrages qui pourraient outrager les Guerchy ou s'attaquer à l'honneur de tout homme de cour.

– Je m'engageais à ne poursuivre personne devant la justice.

– J'exigeais que la question de mon sexe ne fût plus jamais abordée car les ragots et ordures qu'elle avait soulevés, vu la fierté de mon caractère, m'étaient insupportables. Le fantôme du chevalier d'Éon devait disparaître.

– Je déclarais que la plus grande preuve possible de mon respect pour Sa Majesté était de me soumettre à ses volontés et ordres.

Je vécus une semaine d'agonies. Bien que m'étant senti fille dès mon plus jeune âge, ayant souffert de ne point pouvoir user de ma féminité, m'étant interdit tout rapport sexuel tant avec un homme qu'avec une femme, l'état d'homme faisait autant partie de moi-même que celui de femme, et il me fallait soit me rebeller, renoncer à la France, à mes honneurs et pensions et demeurer en Angleterre, soit accepter de réaliser enfin ce que je disais souhaiter depuis longtemps – regagner Tonnerre, revoir ma famille, m'occuper de mes vignes, et surtout rester en termes gracieux avec Vergennes, de Broglie et le nouveau roi.

Avec les jours, la torture s'apaisait. J'allais vivre en paix avec moi-même, j'allais échapper au jugement de personnes que je méprisais, j'allais poser le fardeau de mes soucis diplomatiques et financiers, être un gentilhomme campagnard vivant au sein de sa famille. À Tonnerre, je n'irais certes pas discuter en jupons avec des vignerons qui m'avaient toujours considéré comme un homme. Pour la première fois, je ferais exactement ce que je souhaitais faire. Femme à Paris, homme en Bourgogne.

Enfin, je pleurai. La plaie se refermait. J'allais parcourir le sens inverse, le chemin menant à mon enfance, quand j'aimais jouer à la poupée avec ma sœur ou renouer ses rubans, menacé du fouet par mon père. Finalement je rentrai chez moi avec une croix prestigieuse et une rente acceptable.

Il pleuvait sur Londres, une pluie douce de début d'automne. J'allais me promener dans Hyde Park, j'observais les oiseaux, les passants. Je pris le thé dans une des nombreuses échoppes où quelques sièges paillés entouraient des tables de pin. Ici, j'avais trop de souvenirs.

Je convoquai Beaumarchais, l'amenai dans un cagibi attenant à ma bibliothèque, tirai de dessous le plancher cinq cartons cachetés et étiquetés « Papier secrets à remettre au roi seul ». Ensemble nous dressâmes un inventaire du contenu de ces boîtes, lettres, papiers, parchemins. Nous les paraphâmes tous un par un. Je certifiai que tout ce que le roi m'avait remis était désormais entre les mains de monsieur de Beaumarchais qui signa un récépissé.

J'émargeai tous les papiers tendus par Beaumarchais les yeux presque clos, sans une pensée en tête, avec une vague envie de vomir. Il les plia, les serra dans un portefeuille de maroquin.

– Ce moment vaut bien une bonne bouteille de vin de Tonnerre ! s'exclama-t-il.

Enfin je souris.

– Ne m'enivrez pas, monsieur, plaisantai-je. Les femmes quand elles ont bu peuvent perdre la tête.

Je crus alors pouvoir m'entendre avec le drôle d'oiseau qu'il était, pouvoir nouer avec lui des liens moins hostiles. Nous avions des points communs. L'un comme l'autre nous moquions de nous et de tous, nous aimions l'argent, ne tenions aucun compte des idées reçues, haïssions le conformisme et avions approché d'assez près les rois et grands seigneurs pour avoir perdu toutes nos illusions. Parce que nous avions de l'esprit et de la culture, nos pamphlets les avaient effrayés. Quand Morande écrivait des ordures à jeter au caniveau, nous allions droit au cœur pour y planter nos stylets.

Il décida de tourner en bouffonnerie l'ordre du roi de me condamner aux jupons. Encore une fois, il me dupait. Nous nous amusâmes, il est vrai, de cette parenthèse cocasse. Enfin on sortait des drames, des menaces, des trahisons pour se rire des despotes, et je dois reconnaître le grand talent de Beaumarchais dans ce domaine.

D'abord, nous fîmes courir le bruit que la chevalière d'Éon était amoureuse de l'auteur du *Barbier de Séville.* Beaumarchais narra ici et là, c'est-à-dire dans l'oreille du Tout-Londres, que je lui écrivais des billets enflammés signés « Ton amazone » ou « Ta chevalière ». Lorsqu'il nous arrivait de marcher dans la rue, je lui prenais le bras en faisant mille petites grâces. « Vous auriez pu être comédien », me chuchotait mon « fiancé ». Pour moi c'était un jeu, pour lui une fourberie.

Dans un salon, je lui déclarai d'une voix cajolante comme Rosine dans *Le Barbier de Séville* qu'il « était fait pour être aimé ». Une lettre écrite de ma main resta ouverte sur son bureau, afin que chacun puisse la lire.

« Mon cœur ne peut se battre contre ce que j'aime le plus, contre celui qui se dit mon libérateur et que ce libérateur ne voudrait jamais se battre contre sa petite dragonne. »

Aussitôt les domestiques puis tout le quartier commentèrent ce billet, d'abord sidérés, puis hilares.

« *Tout le monde prétend que cette dame est folle de moi,* écrivit Beaumarchais à Vergennes. *Mais comment aurais-je pu imaginer que pour bien servir mon roi dans cette affaire équivoque, il me fallût devenir le galant chevalier d'un capitaine de dragons ?* »

Je me tenais derrière lui lorsque mon complice était en train d'écrire. Nous riions de bon cœur. Je ne me doutais pas que j'étais le dindon de la farce. Nous décidâmes même un coup final : Beaumarchais et moi allions nous marier. Le jeu l'emportait sur la réalité, car si Beaumarchais était tenu pour un facétieux, moi je risquais gros.

Ces « noces », non seulement ne convaincraient pas Vergennes ni le roi, mais pourraient leur faire penser que nous nous moquions d'eux.

La nouvelle franchit la Manche et le comte de Broglie faillit avoir un arrêt cardiaque tant il trouvait la plaisanterie de mauvais goût. Son frère le maréchal duc aurait eu un aide de camp travesti !

Une femme de Tonnerre, qui avait été un tantinet amoureuse de moi dans ma jeunesse, m'écrivit une lettre outragée. Ma mère et ma sœur gardèrent le silence.

Il y eut à Londres maintes bouffonneries où l'on voyait deux hommes se promettre en mariage – l'un vêtu en mâle, l'autre en femelle qui minaudait, jouant des cils et de l'éventail – et parader en habit de noces, la promise couronnée de fleurs. La plaisanterie descendit jusque dans les cabarets les plus louches des quais de la Tamise où une jeune mariée barbue se vautrait sur les genoux de son époux. Aviné, celui-ci glissait sa main sous la jupe de sa désormais moitié puis poussait un cri d'horreur.

La farce était finie. Beaumarchais allait regagner Paris et je préparerais mes propres bagages quand je compris enfin que j'avais été dupé. Morande et Beaumarchais avaient relancé les paris sur mon sexe, misant gros sur ma féminité. Il y avait beaucoup d'argent à gagner, tout cela légalement, même si le procédé était ignoble.

Rageusement, je rédigeai une note à l'intention du *Morning Post*. J'y dénonçais celui qui avait relancé les paris, un soi-disant grand seigneur poussé par la cupidité et cherchant à me nuire alors qu'il m'avait affirmé son amitié et avait gagné ma confiance. J'allais quitter ce pays que je considérais comme ma seconde patrie avec un chagrin augmenté par la perfidie de cet homme et de son associé bien connu pour ses libelles orduriers, où il insinuait que j'étais celui qui tirait le plus de profit des paris.

L'article fut publié deux jours de suite et Morande accourut chez moi. Il avait écrit à Beaumarchais qui se sentait outragé par cette annonce et ferait certainement en sorte que je ne puisse plus compter sur les bienfaits que l'on m'avait promis à Versailles. Ce chantage me laissa froid. J'étais au-delà de toute nouvelle pression.

Mais les hostilités, les mesquineries ne voulaient décidément pas me lâcher. Alors que je l'accusais de cupidité et de malhonnêteté, le sieur de Beaumarchais revint à Londres. Morande se chargea de nous réunir tout en sachant que l'entrevue serait orageuse. Mon ancien ami prit un air et un ton ulcérés qui lui allaient au plus mal. Quand nous nous retrouvâmes seuls, grâce sans doute à ses instructions, il perdit son air grave pour me chanter une chanson composée par lui à mon intention dans laquelle il jouait le rôle de l'homme et moi de la femme. Puis soudain de nouveau sérieux, il m'attaqua sur l'article du *Morning Post*. Il me déclara tout de go que mon article était mal écrit, sans esprit, sans tournure, bête et impertinent depuis le commencement jusqu'à la fin, et que j'avais dégradé ce qui avait été une vraie amitié.

Pâle de colère, je me levai aussitôt, pris mon chapeau et déclarai en bon français à cet individu que des négociateurs comme lui pouvaient aller se faire foutre. Je lui demandai en outre s'il avait quelque chose à répondre. Stupéfait, Caron me débita des sottises, je ne le saluai pas, m'en retournai chez moi et dès le lendemain matin, partis chez Lord Ferrers dans le Leicestershire.

Beaumarchais m'avait écrit aussitôt une lettre que je ne trouvai qu'à mon retour, deux semaines plus tard. Il se disait ému par ma féminine colère et heureux du mâle compliment dont je l'avais gratifié, celui de se faire foutre. Néanmoins, il me reprochait mon emportement, et me traitait d'ingrat. Il désirait me revoir.

Comme depuis quinze jours il n'avait reçu aucune réponse à son aimable billet, Beaumarchais s'était énervé et avait commis à mon intention une autre lettre où le ton était fort différent. Il m'accusait de ne pas lui avoir remis tous les documents que je possédais et en exigeait la restitution.

« En quelque endroit de l'Angleterre que vous soyez, vous avez eu plus de temps qu'il n'en fallait pour répondre à ma lettre du 31 décembre. Puisque vous ne l'avez pas fait, je juge qu'il convient que nous redevenions des étrangers l'un pour l'autre, comme par le passé. Je n'ai ni le temps ni la volonté de vous flagorner. Seulement je vous invite à vous conduire sagement si vous voulez être heureuse. La clémence, la bonté, la générosité du roi, grâce à mes soins, ont des limites. Que votre ingratitude pour moi, mon enfant, ne s'étende pas jusqu'à ce bon maître. C'est le meilleur avis que je puisse vous donner.

Et surtout ne manquez à aucune des conditions auxquelles vous vous êtes soumise sous serment. Vous seriez inexcusable aujourd'hui. Ce tort affreux répandrait sur votre passé les plus tristes lumières, et de ce moment votre bonheur et votre honneur seraient détruits.

Ne manquez pas de me faire parvenir le plus rapidement possible les pièces suivantes qui à la vérification des papiers entre les pièces et les inventaires se sont trouvées absentes. Monsieur de Vergennes me soutient.

Je vous salue. »

J'étais exaspéré. Je pris une pile de feuilles, une plume, de l'encre et rédigeai une lettre de trente-huit pages.

« Il y a longtemps, monsieur, que je connais la supériorité de votre esprit et de vos talents, et vous m'avez donné en France auprès du roi et de monsieur de Vergennes trop de preuves de l'excellence de votre cœur pour que vous n'ayez pas un droit acquis sur ma sensibilité et ma reconnaissance pendant tout le reste de mes jours. Mais vous me permettrez de vous dire que le ton de despotisme que vous affectez dans vos jugements, depuis la signature de notre transaction préparatoire jusqu'à votre dernier retour de Paris, est trop révoltant pour moi et vous rend aussi impraticable que l'était monsieur Pitt en 1761 lors de la négociation de la dernière paix…

Vous parlez de générosité et cependant lorsqu'il s'agit de solder avec l'argent du roi le compte d'une infortunée victime du Secret du Roi, depuis vingt ans, vous employez le même esprit, les mêmes tracasseries, les mêmes ruses et dextérités que s'il s'agissait de solder le mémoire du comte de La Blache avec l'argent de Beaumarchais…

Quant aux fonds que j'ai sollicités pour mes nouveaux vêtements, ce n'est pas moi qui ai demandé cette métamorphose, c'est le feu roi et monsieur le duc d'Aiguillon, c'est le jeune roi et monsieur le comte de Vergennes, c'est vous-même en vertu de vos pouvoirs, c'est la famille Guerchy qui trembla en lisant les prénoms d'homme figurant sur mon acte de baptême.

Que l'on me rende le poste politique que l'on m'a injustement enlevé aux yeux de l'Europe, ou qu'on me laisse poursuivre ma carrière militaire, je ne demande rien d'autre, je serai content. Je me crois plus en sûreté sous un habit de capitaine de dragons qu'avec une jupe parce que je ne serai pas exposé à tous les discours sucrés que l'on tient d'ordinaire aux femmes…

Je pense que ce bon roi Louis XV aurait été cent fois plus prodigue que le généreux Beaumarchais envers une personne qui a été fille, homme, femme, soldat, politique, secrétaire, ministre, auteur et qui, sous diverses formes, a toujours réussi dans ses commissions, et a toujours été respecté.

Si pour terminer ces malheurs il doit y avoir une perte d'argent entre le roi et moi, ce n'est pas à moi qui ne possède rien à la supporter… »

Je terminais ma lettre en demandant mes douze mille livres d'annuité non encore versées, les cent mille livres promises pour rembourser mes dettes. Je demandais aussi, dû à mon ancienneté, le grade de colonel dans les dragons. J'achevais ma missive par quelques paroles apaisantes.

Nous étions donc revenus à la case de départ ! Le chantage, la mesquinerie, le silence et les paris sur mon sexe faisaient rage. Sachant que mon sort était décidé à Versailles, Beaumarchais et cet ignoble Morande allaient se mettre des lingots d'or dans les poches.

Ma réaction à la goujaterie, la misogynie de Beaumarchais me faisaient cependant comprendre qu'attaquer les femmes, c'était me provoquer. Il me voulait femme non pour ma satisfaction, mais pour m'écraser, me jeter dans l'ombre, me clouer le bec.

J'écrivis « en femme » une nouvelle lettre à Beaumarchais, flétrissant sa vilenie, sa luxure. N'avait-il pas attrapé la vérole à Londres ? N'avait-il pas profité de mon malheur pour me rendre ridicule alors que le ridicule était sien ? Je le priai de désormais mesurer les termes qu'il employait pour s'adresser à une femme de qualité et de grand mérite.

Lorsque je sus par mon beau-frère que Beaumarchais avait répondu à Vergennes, qui l'interrogeait sur la bonne marche de sa mission : « Qu'on laisse d'Éon à ses radotages », et quand je constatai que l'argent promis n'arrivait point, je ne pus contenir davantage mon envie d'écrabouiller cet infâme théâtreux et son Morande qui, j'en étais sûr, allait chier sur moi un pamphlet aussi immonde que celui écrit sur madame du Barry.

Je devais me mettre en rapport directement avec Vergennes, mais j'avais les nerfs si ébranlés que parfois je croyais devenir fou. Je devais aller passer quelques jours dans la quiétude du domaine de Lord Ferrers, monter à cheval, marcher, entendre les oiseaux, avoir de longues discussions philosophiques avec mon vieil ami, un carafon de sherry posé à côté de nous.

J'aimais chez lui m'asseoir devant la fenêtre de ma chambre, contempler le jardin planté d'arbustes, de massifs de fleurs et au-delà les pâturages où broutaient des vaches rousses. De part et d'autre des prés, des sentiers longeaient des bois coupés de ronds-points où étaient disposés des bancs de pierre. Je songeais aux événements politiques qui se déroulaient en France sans moi. Le marquis de La Fayette voulait partir vers l'Amérique pour aider les insurgés, la France s'enthousiasmait pour le courage des colons qui allaient faire mordre la poussière au roi d'Angleterre. Et Louis XVI ne voyait rien, ne pressentait rien. Des êtres désireux d'honneurs et d'argent à l'instar de Beaumarchais tournaient autour de lui comme des guêpes : trafic d'armes, d'approvisionnement, de fourrage, le tout sous des airs patriotiques qui masquaient leur avidité.

Et surtout je songeais à moi, à ma complexité qui me rendait obscur à moi-même. Durant quarante années, j'avais envié les êtres assez chanceux pour naître du sexe féminin. J'avais leur sensibilité, leur pudeur, leur goût de la sérénité et même, oui, même leur cruauté distillée avec esprit. La plupart d'entre elles avaient pitié des faibles, des enfants abandonnés, aimaient s'entourer d'animaux familiers auxquels elles s'efforçaient d'offrir une vie heureuse. Mais elles n'étaient pas que de calmes et gentilles personnes, beaucoup avaient autant si ce n'est plus de courage que les hommes, une autorité réelle, mais moins despotique, elles supportaient mieux la souffrance, la solitude. Je leur ressemblais davantage qu'aux bravaches, aux suffisants, aux nombrilistes, à ceux que le sexe obsédait. Mais j'étais né homme, j'avais des organes reproductifs masculins, et au fil des années ce que j'avais accompli dans ma vie m'avait virilisé.

Aujourd'hui, à Versailles, on avait l'impérative exigence que je devienne une femme et le demeure pour toujours. La cruauté que l'on montrait pour se débarrasser de moi allait par ailleurs fort bien avec les mœurs de la cour. Des jupes, un exil à Tonnerre, adieu monsieur le chevalier d'Éon.

Les quelques papiers du feu roi Louis XV que Lord Ferrers conservait ne pouvaient pas grand-chose pour moi. Beaumarchais avait emporté l'essentiel. Mais j'allais quand même essayer de jouer ces cartes mineures, ne serait-ce que pour inquiéter.

À la fin de mon séjour dans le Leicestershire, prêt à regagner Londres sans joie, je restais assis sur un des bancs de pierre devant une statue de Diane chasseresse mangée par la mousse. Derrière elle s'ouvrait un étroit layon sombre où les branches ciselaient des pans de ciel bleu. Pourquoi serais-je condamné à l'obscurité quand demeurait le désir de liberté ? Mon identité ? Je l'avais acquise avec les aléas de ma vie. J'étais moi, différent.

Les pensées se bousculaient dans ma tête. Quels étaient mes meilleurs souvenirs ? Ceux où je jouais le rôle de Lia de Beaumont, ou de Charles d'Éon ? Ceux du capitaine de dragons qui chargeait sur un champ de bataille ? Je refusais d'y répondre, mais au plus profond de moi-même, je savais que j'étais et serais toujours cet officier galopant sabre au clair face à l'ennemi, grisé par le danger, la poussière, assourdi par le tonnerre des mortiers.

J'allais obéir. Mais si l'on croyait me réduire à l'état d'animal domestique, on se trompait lourdement. C'est dans mon uniforme de dragon que je poserais à nouveau le pied sur le sol de France. Puis je me rendrais à Versailles comme on se jette dans la fosse aux lions.

Auparavant, j'écrivis à monsieur de Vergennes. J'avais dépassé le stade de la courtisanerie. La chevalière d'Éon n'avait plus à avoir la gueule enfarinée.

Je quittai Lord Ferrers sans savoir si je le reverrais. Nous nous embrassâmes. Il ne m'avait jamais posé de questions intimes et savait tout de moi. Loin de me juger, il m'accordait son amitié « tel que j'étais ». Ce profond respect m'avait si bien attaché à lui que je pleurais en montant en voiture.

De nouveau il me serra dans ses bras et me chuchota à l'oreille que monsieur de Beaumarchais lui avait écrit. « Il voulait que je vous compromette, je l'ai envoyé au diable. »

J'étais devant mon bureau, chez moi. Dans mon petit jardin, les roses commençaient à éclore, les lavandes, la sauge embaumaient. Ma fenêtre était grande ouverte, je voyais le même ciel que monsieur de Vergennes, et cependant nous n'avions plus rien à partager. Cette lettre était définitive.

Je jetai un coup d'œil par la fenêtre ; certes j'étais en fureur, mais paradoxalement si déterminé que je me contrôlais parfaitement. Ma main était ferme, mon esprit clair.

« Londres, le 27 mai 1775

Monsieur le Ministre,

Je pense n'avoir donné une plus grande preuve de ma modération et de la reconnaissance dont je me croyais redevable envers monsieur de Beaumarchais qu'en ayant différé depuis le mois d'octobre à vous rendre un compte fidèle de la conduite bizarre et déshonnête que cette espèce d'envoyé extraordinaire a tenu tant envers moi qu'envers Milord Ferrers. Comme la plupart des faits sont consignés dans la correspondance que j'ai l'honneur de vous envoyer ci-jointe, et bien que le style des lettres de monsieur de Beaumarchais ne soit que le diminutif de l'insolence de ses discours et de sa conduite, de peur d'abuser de votre patience et d'un temps que vous savez mieux employer aux besoins de l'État, je me contenterai de vous faire observer ici, Monseigneur, que la véritable raison secrète de monsieur de Beaumarchais envers moi dans cette affaire provient du refus constant que je lui ai fait, ainsi qu'à son ami intime le sieur Morande, de les laisser avec leurs associés gagner tout l'argent des paris scandaleux qui se sont faits sur mon sexe, sans qu'ils aient pu même m'ébranler par leur promesse de mettre dans ma poche sept ou huit mille louis si je voulais avoir pour eux l'infâme complaisance d'y participer.

Ceux qui ont bien connu la trempe de mon caractère en France, en Russie, à l'armée, en Allemagne et les Anglais qui m'ont vu refuser constamment quinze mille guinées en 1771 pour une pareille occupation n'auront pas de peine à concevoir qu'en cette circonstance mon indignation ait été cent fois plus grande que mon humiliation.

Si ce refus obstiné de ma part a eu le malheur de m'aliéner le cœur de monsieur de Beaumarchais, mon esprit s'est encore plus aliéné de lui par les actes d'infidélité, de manque de parole d'honneur et d'une impertinence aussi incroyable que son libertinage. Ce sont tous ces faits contenus dans cette correspondance et les notes jointes qui ont empêché la conclusion d'une affaire malheureuse qui dure depuis tant d'années et qui, sous la justice de votre ministère, devait être heureusement terminée sans l'avarice sordide et la conduite impudique, malhonnête et insolente du sieur Caron de Beaumarchais.

La célébrité qu'ont donnée au sieur Caron ses Mémoires contre Goëzman, *son* Barbier de Séville *et sa facilité à être l'instrument ou le jouet de la faction de quelques grands en France, tout cela joint à son impudence naturelle lui a donné l'insolence d'un laquais parvenu ou d'un garçon horloger qui, par hasard, aurait trouvé le mouvement perpétuel. Déjà il se croit grand seigneur, il lui faut un lever, un cou-*

cher, des compagnons de voyage et des compagnes obligeantes dans ses plaisirs journaliers et nocturnes.

Trop grand seigneur pour traiter lui-même avec moi qui ai eu l'honneur de m'entretenir avec les rois, l'impératrice de Russie et leurs premiers ministres, ce Caron avait subdélégué son ami Morande pour négocier à sa place auprès de moi tandis que lui, enveloppé dans sa robe de chambre, ne la quittait que pour courir à ses plaisirs.

J'ai envoyé paître ce Caron et ai mis à la porte son conseiller, un certain Bonneau qui, non content de lui avoir procuré une bonne vérole au mois d'octobre dernier, le mène régulièrement trois fois par semaine dans les bordels de Covent Garden où ils font ramasser plusieurs groupes de filles des rues pour les faire danser nues pendant leurs orgies. La connaissance de ces honteux débordements est publique et on y sait que le sieur Caron de Beaumarchais est l'organisateur de ces ballets obscènes.

Quel ne fut pas mon étonnement lorsque je me suis vu invité à négocier avec Morande, son favori, un homme qui n'a ni mœurs, ni fortune, ni réputation à perdre. Ce n'est qu'avec répugnance que je prononce le nom de cet associé : il est au-dessous de mon mépris. Un homme qui après avoir été enfermé à Bicêtre, après avoir fait mourir de chagrin son père, vint à Londres pour y faire imprimer, outre son Gazetier cuirassé, *amas confus de sottises contre le feu roi et toute sa cour, un pamphlet odieux intitulé* Les Mémoires secrets d'une femme publique, *c'est-à-dire de la comtesse du Barry. Il peut bien être l'ami et le confident du sieur*

Caron et de ses pareils, mais n'est pas fait pour être celui du chevalier d'Éon, ni pour négocier, même en sous-ordre avec lui.

Je vous supplie donc, Monseigneur, de ne pas prendre comme un manque de respect envers vous, ni une mauvaise volonté de ma part, le résultat sage et constant où je suis de n'avoir plus aucun contact avec deux pareils sujets...

Savez-vous le risque qu'a couru la cassette que je lui avais remise concernant ma correspondance secrète avec le feu roi et monsieur de Broglie lorsque, la nuit du 9 novembre dernier, monsieur Caron embarqua à Douvres pour Calais ? Il était si accablé sous le triste poids d'un cruel mal vénérien qu'il oublia à l'auberge son manteau et sur un vaisseau voisin la cassette de la correspondance. Les matelots anglais plus attentifs la jetèrent d'un bord à l'autre et elle manqua de tomber à la mer. Le sieur Caron dans sa barque n'avait d'yeux que pour une petite cassette qu'il traîne partout avec lui contenant les vieux diamants de ses femmes et de ses maîtresses ainsi que mille ducats.

Monsieur de Beaumarchais a la tête tournée par les caresses de quelques-uns de nos princes, mais est toujours le même, c'est-à-dire plein d'esprit et d'ignorance des affaires de ce monde, rempli d'orgueil et d'impertinence. Il ne voit pas, cet homme qui se croit illuminé, que les grands se servent de lui comme un singe se sert de la patte du chat pour tirer les marrons du feu.

Sa Majesté le roi Louis XV m'avait promis de m'accorder un poste militaire ou politique dont les appointements seraient plus considérables que ma pension de douze mille livres qu'il avait la bonté de me faire.

Notre nouveau roi, moins timide, veut me rendre justice. N'est-il donc pas cruel pour moi de me trouver arrêté par les trahisons et les ruses du sieur Caron ?

Au point où en sont mes affaires, il ne faut plus qu'un honnête homme pour les terminer. Choisissez-en un, Monseigneur, digne du roi, digne de vous et digne de moi. Mon beau-frère le chevalier O'Gorman, porteur d'une lettre avec vos pouvoirs, peut tout finir sans dépense. Monsieur de Beaumarchais n'en a rien à faire, il semble avoir sur les bras toutes les négociations de l'Europe, cependant il n'a que la mienne, les trafics qu'il médite sur mon sexe, sur le commerce des bois pour la marine, bois courbes, tortueux et impropres comme son esprit. Si vous ajoutez à cela son projet de commerce sur les chiffons, ses malices avec Morande pour inquiéter avec leur imprimerie secrète des personnages à Londres et à Paris comme à Versailles, vous saurez tout ce que contiennent sa tête et son portefeuille.

Quels que soient mon sort et la décision de mon affaire, Monseigneur, je vous supplie d'être persuadé d'être avec une parfaite reconnaissance et un profond respect votre dévoué serviteur. »

Je décidai d'escorter mon beau-frère, détenteur de ma missive, à Douvres. Arrivé en France, il se rendrait aussitôt à Versailles pour remettre mon pli en mains propres à Vergennes et plaider ma cause. Des yeux indiscrets nous aperçurent, bien sûr, le long du quai, et Beaumarchais ne tarda pas à être prévenu de la prochaine arrivée de mon beau-frère à la cour.

Je revins à Londres en proie à la plus vive anxiété, conscient que mon avenir se jouerait avant la fin de l'année. Vergennes était-il vraiment sous l'influence de Beaumarchais ou prêterait-il l'oreille aux arguments sensés de mon beau-frère, aux preuves qu'il détenait de la friponnerie de monsieur Caron ? O'Gorman m'avait promis un compte rendu détaillé de cette entrevue, capitale pour moi.

Le mot fut bref, mon beau-frère devait avoir une autre rencontre avec le ministre dix jours plus tard. Ce qu'il pouvait me dire était que Vergennes comme le roi ne céderaient pas sur l'exigence de me voir porter des vêtements féminins pour plusieurs raisons, la plus importante concernant ma sécurité. En homme, je devrais affronter la colère des Guerchy, des Choiseul, des Nivernais. Si je refusais de me soumettre à leur volonté, je pouvais vivre « en homme » dans le pays qui me plaisait. Ni le roi ni lui-même n'y voyaient d'inconvénient. Quant à mes exigences financières, je devrais me contenter des douze mille livres promises. C'était une somme des plus raisonnables. Nous nous quittâmes avec ce nouveau rendez-vous.

« Quand vous recevrez cette lettre, je serai de retour de Tonnerre où je me rends aujourd'hui même et peut-être aurai-je quitté l'antichambre de monsieur de Vergennes. »

Hélas, Beaumarchais avait juré de m'anéantir. Il fut évidemment au courant de l'entrevue avec Vergennes. Morande lui-même vint me dire, l'air goguenard, que son ami Beaumarchais avait vu le ministre le lendemain du départ de mon beau-frère pour Tonnerre et s'était entièrement disculpé. Il venait de recevoir un pli dans lequel le génial auteur s'enorgueillissait d'avoir retourné Vergennes comme une crêpe. Le ministre allait recevoir beaucoup plus fraîchement le sieur O'Gorman, mon beau-frère. Je mis Morande à la porte en me retenant de ne pas lui botter le cul.

La lettre d'O'Gorman ne fit que confirmer mes alarmes. Vergennes et le roi s'étaient entretenus à mon sujet. La pension de douze mille livres m'était acquise si mademoiselle, et non monsieur, d'Éon regagnait la France.

Il avait de plus une mauvaise nouvelle à m'apprendre. Beaumarchais à nouveau se mettrait en relation avec moi pour clore définitivement des tractations qui n'avaient duré que trop longtemps. Dès qu'il serait en possession des derniers papiers conservés par moi, si peu importants qu'ils fussent, et de la promesse formelle que je devenais la chevalière d'Éon, il me ferait parvenir un sauf-conduit afin que personne ne puisse m'importuner avant mon arrivée à Versailles.

Cette lettre me pétrifia. Comment une abomination pareille était-elle possible ! Vergennes me refourrait dans les pattes de mon ennemi, lui qui savait le mépris que je portais à ce misérable !

Il ne se passa pas trois jours avant que je reçoive une longue missive de Beaumarchais. Il me fallut le silence de ma bibliothèque pour avoir le courage de la lire.

« J'aurais voulu, ma chère d'Éon, n'avoir jamais eu que des choses agréables à vous écrire. En ce moment même, oubliant tout ce que votre conduite a d'injuste et d'outrageant pour moi, je voudrais que monsieur le comte de Vergennes eût choisi pour vous répondre quelqu'un dont le ministère vous fût moins odieux.

Le roi de France, me dit ce ministre, peut-il accorder à une fille un sauf-conduit qui se rapporte à l'état d'un officier ? Qui donc a servi le roi ? Est-ce mademoiselle ou monsieur d'Éon ? Il serait indécent de prétendre que ce fut le feu roi qui se rendit coupable du ridicule de son indécent travestissement. Par la suite, jamais le service du roi n'a exigé qu'une fille usurpât un nom d'homme et l'uniforme d'un officier, la fonction d'un émissaire. C'est en multipliant ces prétentions absurdes que cette dame d'Éon est parvenue à lasser la patience du roi, la mienne et la bonne volonté de tous ses partisans. Qu'elle reste en Angleterre ou qu'elle aille ailleurs, vous savez bien que nous ne mettons pas à cela le moindre intérêt. Sur son extrême désir de repasser en France, je lui ai fait dire par un émissaire que l'intention du roi était qu'elle n'y rentrât que sous les habits de son sexe et qu'elle menât la vie silencieuse, modeste et réservée qu'elle n'eût jamais dû abandonner. Je n'ajouterai pas un mot à cela.

De ma part, ma très chère, j'y ai bien réfléchi. Si votre retour en France vous est indifférent, que ne vivez-vous tranquille où vous êtes avec ce que le roi vous a donné, sans revenir incessamment sur des choses faites et sans renouveler toujours des demandes inaccordables ? Si votre dessein est réellement d'y rentrer, que veut dire tout ce pointillage ? Espérez-vous un temps plus convenable, un roi plus magnanime, un ministre plus équitable ? La vie s'use et vous languissez expatriée.

Bonjour, ma chérie. »

Je poussai une série de jurons que mes dragons n'auraient point reniés. J'avais bel et bien le dos au mur car, grâce à Morande, commençait à circuler à Londres la rumeur que le diplomate que je prétendais être était un espion du roi Louis XV. Que j'avais trompé le roi, ses ministres et même mes amis whigs qui me prenaient pour un de leurs plus chaleureux sympathisants. Un article parut. Beaumarchais et Morande avaient fourni la matière ! Le vrai et le faux y étaient si intimement mêlés que tout paraissait incontestable. On retenait surtout que le chevalier-chevalière trompait son monde depuis des années, à commencer par l'impératrice de toutes les Russies. Elle n'était qu'une misérable espionne à la solde du roi Louis XV. On lui prêtait toutes sortes d'aventures.

Je n'étais pas au bout de mon calvaire. L'article avait emballé les paris qui, de jour en jour, se faisaient plus gros. Morande concocta un affreux pamphlet dans lequel il me sommait de dévoiler publiquement mon sexe.

Fou de rage, je m'emparai de ma plume.

« Mademoiselle d'Éon a lu ce soir avec autant de dégoût que de mépris la méprisable épître que l'abject auteur du Gazetier cuirassé, *à savoir le sieur Théveneau de Morande, a pris la peine, en suant six semaines comme un bœuf, de transcrire et de lui adresser aujourd'hui après-midi. Il peut en faire l'usage qu'il voudra : mademoiselle d'Éon, comme elle l'a dit au sieur Morande lui-même, ne peut lui adresser audience qu'à Hyde Park. Elle s'y trouvera avec son frère le chevalier d'Éon qui depuis longtemps et dans tous les pays, en paix comme en guerre, s'est toujours chargé de venger l'honneur de sa sœur. En attendant elle se joint au chevalier pour prier monsieur Morande ou de se tenir tranquille ou d'aller se faire f… en bon français. »*

« Je vous répondrai, mademoiselle, au creux d'un lit », me répondit Morande.

Son billet arriva en même temps que mon beau-frère. Ce fut sa présence qui m'empêcha de courir chez cet abject personnage pour l'étrangler. O'Gorman me calma et m'assura que je tenais là le motif, non pas d'un meurtre mais d'un duel. Il savait le redoutable bretteur que j'étais et ne donnait pas cher de la peau de Morande.

Dès qu'il sut qu'on le priait d'envoyer ses témoins, Morande paniqua et courut au tribunal pour demander protection. Il portait en outre plainte contre moi qui contrevenais à la loi en le provoquant en duel. Je lui répliquai en portant plainte contre lui pour diffamation. Le procès tourna court mais je fus condamné à ne plus approcher Morande.

Les journaux se déchaînèrent. Une centaine d'articles parurent, certains destinés à m'avilir, d'autres à se moquer de moi. Deux seulement me déclarèrent « une femme d'honneur ». Le *Morning Post* osa écrire que je prétendais être une fille naturelle de Louis XV. J'étais tout à la fois un mystificateur, un imposteur, un agent double. Le deux septembre, le *Public Ledger* narra ma mission russe en la pimentant de détails croustillants.

Je n'avais plus qu'à préparer mes bagages tandis que la fièvre montait encore d'un cran chez les parieurs. Comme ma collection de huit mille ouvrages ne pouvait être déménagée, je gardai mon appartement à Londres.

J'étais devenue officiellement une femme, et ceux qui avaient mal parié devaient payer. Il y eut des procès et Morande s'en mit encore plein les poches en jetant une grosse somme sur ma féminité, puis en produisant un faux témoin qui jura sur l'honneur avoir vu mes seins et tâté mon sexe. Les partisans du chevalier perdirent. On se battit, on s'injuria, on exigea des preuves formelles. Il fallait me capturer et me déculotter.

Je m'enfuis chez Lord Ferrers dans un état nerveux qui

m'obligea à prendre le lit. J'étais bouleversé jusqu'au plus profond de mon être. Être reconnu comme femme par un tribunal devant un public excité et glauque était une violence inacceptable et mortifiante. J'écrivis à ma mère une affectueuse lettre. Sans aucun doute elle était au courant de ce qui se passait à Londres et devait en être terriblement troublée. Je l'assurais que j'étais tel qu'elle m'avait toujours connu, que toutes ces infamies me donnaient le désir plus vif encore de retrouver auprès d'elle la paix et de rétablir l'honneur de notre famille. Je n'aspirais plus qu'à une vie paisible auprès des miens.

J'allais quitter l'Angleterre déchiré par mes propres contradictions, vulnérable, sali. Être femme jusque-là était pour moi un rêve où prévalaient les tendres sentiments. Ce désir devenait une réalité imposée par la justice. Tout était saccagé, on m'avait piétiné avant de me jeter dans un bateau qui faisait voile vers la France. Nous étions en août 1777.

14

En dépit de la promesse que m'avaient arrachée des hommes en qui je n'avais plus la moindre confiance, je voyageai en uniforme de capitaine de dragons. Le dix-sept août, j'arrivai à Paris, trouvai un logis provisoire chez mon beau-frère et redécouvris cette ville quittée quinze ans plus tôt.

Paris s'était beaucoup construit. D'élégants immeubles d'habitation en pierre avaient remplacé d'antiques maisons à pignons et pans de bois. Les boutiques s'ornaient de devantures pour allécher les clients.

Je passai devant mon ancien collège. Les souvenirs que je croyais disparus m'assaillirent ; les repas, les cours, les messes, nos petites chambres meublées d'un lit, d'une table et d'une chaise paillée. J'entendis même derrière le portail sonner la cloche du souper que l'on servait à sept heures, avant l'étude. La tête me tournait. Je revoyais les traits de notre trop sévère professeur de latin, ceux de l'aumônier, de la cuisinière. Le lendemain, je me rendis devant l'enclos du Temple où j'avais si souvent visité le prince de Conti, ce grand seigneur qui m'avait ouvert les portes du monde. Le portail de ce charmant palais était toujours aussi majestueux avec son fronton triangulaire et sa balustrade ornée de colonnettes. Moi qui avais voyagé de par le monde, je retrouvais un univers familier, immobile, nostalgique. La tour me sembla encore plus imposante avec sa ceinture de quatre tourelles aux toits pointus. Je pénétrai dans l'église avec ses hautes voûtes en ogive, ses précieux vitraux. On disait qu'elle avait été construite sur le modèle de l'église Saint-Jean de Jérusalem.

Dans mes errances parisiennes, on me regardait comme un homme tout à fait ordinaire, un provincial peut-être qui flânait. J'étais habillé sobrement avec chapeau et canne et devais ressembler à l'avocat que j'aurais pu devenir. Je passais devant les étals des écrivains publics, croisais des repasseurs de couteaux, des vitriers, des marchands de peaux, des épiciers, des dentistes vantant leur savoir-faire, beaucoup de mendiants aussi. La France semblait s'être encore appauvrie. Des enfants pataugeaient pieds nus dans des caniveaux où flottaient des détritus. Je vis des femmes en haillons affalées au pied d'un mur, hagardes, échevelées, des hommes estropiés, des ivrognes vautrés dans la boue. D'anciens soldats probablement, le visage coupé de cicatrices, mendiaient. Le roi oubliait-il ceux qui avaient risqué leur vie pour lui ? J'étais curieux de connaître ce jeune souverain gouverné, disait-on, par sa femme. Il n'avait point de maîtresses et était fort pieux. Louis XV avait bel et bien disparu.

Alors que, le troisième jour, je m'apprêtais à sortir, on me remit un billet de dom Bourdier, prieur du carmel de Saint-Denis. Il me priait de venir le voir. Même en fouillant ma mémoire, le nom de Bourdier ne me disait rien, mais je savais qu'une des filles du feu roi Louis XV, madame Louise, était religieuse dans ce couvent.

Je suivis le prieur jusqu'au parloir où se trouvait la princesse, dissimulée derrière une grille. Après que je l'eus saluée avec respect, elle me considéra assez longtemps, mais je ne la voyais pas assez clairement pour découvrir l'expression de son visage.

Enfin elle se tourna vers le prieur.

– Comment est habillée mademoiselle d'Éon ? demanda-t-elle d'un ton doux mais altier.

– Elle est encore en habit de voyage, c'est-à-dire en gentilhomme, répondit-il.

La voix de madame Louise se chargea aussitôt d'une sourde violence.

– Hélas, est-ce qu'elle a oublié qu'elle se nomme Charlotte, Geneviève, Louise d'Éon ? Quand elle aura repris sa robe, qu'elle revienne, je l'accueillerai avec plaisir.

– Mademoiselle d'Éon sera bien empressée à vous plaire, balbutia le pauvre prêtre.

À ce moment, frustré, je ne pus retenir mon agacement.

– Madame, lançai-je avec respect mais détermination, ne m'imputez point ce péché. Votre auguste père s'est servi de moi selon son bon plaisir, mais maintenant qu'il est mort, je suis sans utilité, une servante ou un serviteur.

J'irai chez ma mère et lui dirai que je ne suis plus digne d'être son fils, qu'elle doit me considérer désormais en chère fille, puisque le roi le veut ainsi.

La princesse me pria alors de passer dans la salle où patientaient les visiteurs. Elle voulait s'entretenir seule avec dom Bourdier. Plutôt que de faire banquette, j'allai me promener dans le jardin du cloître, fort agréable, ombragé et propice à la méditation. L'entretien dura longtemps et lorsque le bon prêtre me rejoignit, il avait perdu son air jovial.

– Madame Louise, m'apprit-il tout de go, va écrire aujourd'hui même au roi, son petit-neveu, pour lui demander de mettre fin au scandale de ce travesti. Elle vous interdit en outre de vous rendre chez monsieur de Voltaire qui, dit-on, a demandé à vous rencontrer. Elle sait qu'il vous pervertira. L'Église seule doit devenir votre refuge. Point de salut pour vous sans elle.

– Vous me portez là, mon père, un coup mortel, éclatai-je, en m'ôtant toute liberté, même celle de choisir mes amis !

– Ne parlez pas ainsi, mademoiselle, rétorqua mon interlocuteur, un peu gêné. Ce que vous a dit madame Louise est extrêmement sage. Entrons dans l'église et prions ensemble afin d'éclairer vos pas dans le nouveau chemin qui s'ouvre devant vous.

Après avoir passé un long moment, lui à prier, moi à rouler toutes sortes de pensées dans ma tête, il voulut me mener au réfectoire des femmes pour dîner.

Cette nouvelle violence me fit bondir.

– Mon père, dis-je en tentant de réprimer ma colère, je suis comblé par vos politesses et vos bontés, mais je suis bien tenté de faire préparer les chevaux de poste pour retourner à Londres, car d'après ce que je vois ici, je n'ai pas envie de découvrir Versailles. J'ai peur, voyez-vous, qu'on m'expédie à l'abbaye de la Trappe pour me faire expier d'avoir obéi aux ordres du feu roi qui m'ordonna d'aller en Russie vêtue en femme.

– Dieu vous garde d'un tel projet, mon fils ! Vous êtes suivi depuis Calais et seriez arrêté si vous rebroussiez chemin. Reprenez votre robe, elle vous fera trouver grâce devant Dieu, le roi et la reine. Vous redeviendrez une sainte fille de l'Église, et le Seigneur vous comblera de tous ses bienfaits.

J'étais atterré. Ainsi, mon sort était décidé depuis mon départ de Londres, et les trois jours passés à Paris en habit d'homme avaient poussé à bout la patience de mes « protecteurs ».

Jamais de ma vie je n'avais tourné le dos à l'ennemi. J'irais donc à Versailles, décidé à les braver tous dans mes robes et fichus.

Je quittai le couvent dans le plus total abattement. Le vin était tiré, il me fallait le boire jusqu'à la lie.

De retour chez moi, il fallut plusieurs jours pour que mon esprit s'apaise. Pourquoi haïssais-je tant l'ordre du roi alors que petit garçon, adolescent puis homme mûr, j'avais souvent souhaité être une femme ? Mais quand le rêve se faisait brutalement et par ordre réalité, je ne voyais plus le même aspect des choses. Oui, être femme était pour moi un état enviable, mais pas une femme condamnée à l'être. Femme, j'existerais comme celle que j'étais en Russie où j'avais été heureuse. Une femme détentrice de pouvoirs. Pour me rendre inoffensif, il faudrait me limer les dents.

Puisque je devais me rendre à Versailles, je décidai d'y aller le plus vite possible. Marauder en jupes dans Paris était saugrenu. Un de mes amis, l'avocat Falconel que j'avais connu au collège, m'offrit l'hospitalité. Le retrouver devant le palais de justice avait été pour moi un quasi-miracle. Non seulement il me logeait, mais il pouvait aussi me défendre.

Je fis porter un mot à Vergennes, lui disant que j'étais à ses ordres. Il me convoqua pour le lendemain. J'avais expliqué que, ne possédant aucun vêtement de femme, et mon hôte étant célibataire, je me présenterais en habit d'homme mais sans aucune provocation.

Vergennes me reçut fort aimablement et m'embrassa sur les deux joues. Il m'avoua qu'il était heureux d'accueillir un membre du Secret et évoqua le maréchal de Belle-Isle et le cardinal de Bernis, mes anciens protecteurs. Puis il me pria à dîner en compagnie de sa femme après l'entretien « de pure formalité » avec messieurs de Lieutaud et de Lassone, médecins du roi et de la reine qu'il avait chargés de m'examiner. Lorsque je fus seul avec ces messieurs, je leur donnai l'ordre de ne point me toucher avec ma parole d'honneur que j'allais faire partie désormais de la condition féminine. Pour mon repos et presque ma survie, je les implorai de déclarer qu'ils avaient bien procédé à l'examen requis. Celui-ci leur avait donné toute satisfaction : j'appartenais bien au beau sexe.

Vergennes courut chez Maurepas lui annoncer l'excellente nouvelle, puis sollicita une entrevue avec le roi et la reine. J'ignorais que cette dernière s'était entichée de mon cas. Une femme de mon renom quasiment à l'abandon, sans la moindre nippe, lui semblait une inacceptable injustice.

Nous dînâmes dans une ambiance que les Vergennes voulaient légère et joyeuse. J'en compris la raison au dessert quand madame de Vergennes m'annonça que, dans sa bonté, la reine me remettait entre les mains de sa couturière mademoiselle Bertin, qui serait à mes ordres. Je pouvais lui faire exécuter tout ce qui me semblait indispensable à ma nouvelle condition. J'exprimai mon extrême gratitude et leur demandai la permission, tandis que mademoiselle Bertin travaillerait à me parer de ses splendeurs, d'aller voir ma mère à Tonnerre. Que je m'y rendrais en habits d'homme était sous-entendu. Le ministre n'aborda pas ce point délicat et me donna sa bénédiction.

Mon retour « chez moi » me brisa tout à fait pendant plusieurs jours. C'en était trop, et les émotions qui me terrassaient en venaient presque à me tuer. Ma mère me serra entre ses bras ; elle savait par son gendre mes déboires, les camouflets que j'avais dû digérer. Elle m'admirait.

Nous eûmes tout notre temps pour parler. Je lui avouai la vérité : enfant, j'avais peur de mon père et désirais être fille. Le monde féminin m'attirait, je me sentais particulièrement bien au milieu des femmes, mais désirais aujourd'hui rester homme, et non me parer des soies, des mousselines et des satins de mademoiselle Bertin, mon « ministre de la mode » comme la surnommait la reine. Je ne pouvais m'imaginer être présenté à la cour sur des talons hauts, frisé, enrubanné, sous le regard goguenard des courtisans.

– Comment avez-vous encore la folie de croire que vous pourrez vous en dispenser ! s'inquiéta-t-elle.

Je soupirai.

– L'idée, ma mère, de n'avoir plus que quelques jours à vivre en habits d'homme m'étouffe. J'étais capitaine de dragons, ai reçu de nombreuses blessures au combat, je suis aujourd'hui diplomate, et dois rejoindre ces écervelées qui peuplent Versailles.

– Tu resteras qui tu es, mon fils, me consola ma mère en me serrant la main. Tu es grand diplomate, prouve-le. Qu'as-tu à faire du regard des courtisans ? Bien peu parmi eux ont fait ce que tu as accompli. Et ici, à Tonnerre, pour aller voir nos vignerons, remets tes habits de gentilhomme fermier. Quant à ce séjour-là, tu as tous les droits puisque monsieur de Vergennes te les a accordés.

Un matin, tout Tonnerre fut devant notre porte pour me fêter : le maire, les échevins, les greffiers, le curé et ses vicaires, les chanoines, et tous les soldats de la ville me donnèrent l'aubade. J'avais revêtu avec célérité mon uniforme avant de sortir. Je fus applaudi, embrassé, complimenté. On me tendit un verre de vin de Bourgogne que je levai à leur santé. Mon bonheur d'être au milieu d'eux était sans limite, et j'appréciais hautement la présence des militaires mes frères. Ma mère offrit une tournée générale dans notre jardin, les servantes firent circuler des assiettes de biscuits et de brioches. L'ambiance très libre me rappelant sans doute celle des dragons me fit parler en dragon, avec les jurons et paroles osées de rigueur.

Le soir, on me le reprocha.

– Comment, mon fils, pouvez-vous entrer dans la peau d'une femme distinguée si vous vous comportez en soudard ! Maîtrisez-vous, je vous en supplie. Soyez femme, et femme à l'irréprochable éducation dès votre retour à Paris, je vous en conjure. Je crains trop la Bastille et de vous perdre à jamais.

Je me mis à genoux devant elle.

– Ma mère, le jeune homme qui vous a quitté depuis bien longtemps n'est plus, je le sais. Voyez comme j'ai changé. Ne doutez donc point qu'un autre personnage puisse réussir à surgir de ce capitaine un peu usé et terriblement amer. Accompagnez-moi à Versailles, votre présence me donnera du courage. Ce carnaval, je le ferai pour vous.

Elle refusa, prétendant qu'elle était trop âgée pour quitter Tonnerre. À Versailles, elle serait désorientée et malheureuse.

– Mais soyez sûr, mon enfant, qu'avec le secours de Dieu, la grâce du Christ et la protection du roi et de la reine, vous n'aurez rien à craindre.

Elle me caressa les cheveux.

– Gardez-les comme vous les avez, murmura-t-elle. Je ne pourrais vous voir avec une chevelure poudrée, gonflée comme une meringue.

Septembre arrivait, les vendanges allaient commencer. Vergennes s'impatientait. Je savais devoir gagner Versailles, essayer les robes confectionnées par mademoiselle Bertin, être présenté au roi et à la reine.

Je fis mes adieux à mes amis bourguignons. Les officiers me parlèrent franchement : « Mais que diable, mon capitaine, laissez jacasser les perruches, portez votre uniforme et regagnez l'armée ! » Mais les femmes dites convenables me saluèrent avec gêne. Et si j'étais réellement une des leurs portant culotte ? Quel péché inexpiable avais-je alors sur la conscience !

Le curé suggéra une confession. J'obtiendrais le pardon de Dieu et ma conscience serait tranquille.

– Quel pardon, mon père ? Croyez-vous que Dieu se préoccupe de me voir en jupe ou en culotte ? C'est m'accorder trop d'importance ou trop d'honneur. Il sait tout de moi, et cela suffit à ma conscience. Et si, sous le secret de la confession, je vous disais que j'étais un homme ? Vous ne pourriez rien faire n'est-ce pas, et je troublerais votre esprit qui doit rester serein pour votre ministère.

Il n'insista pas.

Le dernier jour passé chez moi, il me fallut encore subir les visites des commères qui louaient la courageuse fille que j'étais.

Dieu merci, mes vrais amis me soutenaient : les seigneurs des environs vivant modestement, les vignerons, les paysans. Je ne pouvais passer à pied ou à cheval dans les environs sans qu'on me tendît une gourde de vin ou d'alcool, avec d'amicales tapes dans le dos.

J'eus l'heureuse surprise de recevoir une lettre de madame Tercier, une vieille et respectable amie de la famille, cultivée et ouverte aux idées nouvelles.

« *Je ne suis pas étonnée*, me disait-elle, *que vous ayez tant de peine à vous faire au nouveau déguisement que vous allez endosser, qu'il vous gêne et vous embarrasse. Il est bien fait pour cela. Aux yeux de vos amis, vous serez toujours un brave homme et un bon Français. Ils vous aimeront également et chériront votre amitié dans n'importe quelle tenue.* »

Je quittai Tonnerre à trois heures du matin, n'ayant prévenu personne, sauf ma mère qui me serra dans ses bras.

J'ignorais alors que les mailles du filet se resserraient

sur moi. Maurepas avait reçu de Londres le jugement qui me déclarait femme et mettait ainsi fin aux paris insensés, aux algarades dont j'étais responsable. Le roi George III tenait à être obéi et souhaitait vivement que ma « prise de robe » se fasse dans les plus brefs délais. Louis XVI, que sa bonté naturelle poussait à l'indulgence, ne pouvait plus tergiverser sans créer un incident diplomatique.

À Paris, je m'installai de nouveau chez mon beau-frère et ma sœur qui, notre mère ne pouvant plus courir les routes, tenaient à me soutenir. L'atelier de mademoiselle Bertin était tout proche. Que je le veuille ou non, je devais m'y rendre dès le lendemain.

Elle me fit mille grâces. La reine lui avait remis vingt-cinq mille écus (plus du double de ma pension annuelle) pour qu'elle me confectionne une robe de cour, deux robes du matin, deux robes d'après-midi, deux robes de soirée, une robe de chambre et une cape doublée de loutre.

Convoquée, la modiste vint me présenter ses chapeaux – de ridicules échafaudages. Je les exigeai plus modestes : coiffes de dentelle ou de linon, petits ornements de plumes ou de fleurs de soie. Je la prévins que j'avais l'intention de garder mes cheveux libres simplement bouclés tombant à la hauteur des épaules. « Comme les petits garçons ! » s'exclama-t-elle.

Les robes étaient prêtes, ravissantes il faut bien l'avouer, infiniment plus belles que celles que j'avais portées à Saint-Pétersbourg. Mais j'étais jeune alors, n'avais pas la carrure d'un soldat ni des poils blonds sur les bras et les jambes.

On laissa mes jambes tranquilles, mais on épila mes bras à la cire d'abeille, ce qui fut un supplice. Quant à la barbe, trois rasages par semaine accomplis dans la plus grande discrétion suffiraient. Il y avait à la cour pléthore de femmes qui avaient de la moustache et des poils follets au menton. Après tout, j'avais cinquante ans, l'âge des douairières.

Octobre étant la période de la chasse, la cour s'était transportée à Fontainebleau. De là-bas, Maurepas me fit parvenir un billet pour m'apprendre que l'on m'attendait, mais uniquement en vêtements de femme. Il était sinon inutile de me présenter, toutes les portes resteraient fermées devant moi.

Ma sœur m'obligea à sourire de ce qu'elle nommait « les caprices de despotes vivant à l'écart du monde réel ». Si je voulais survivre, il me fallait retrouver ce caustique sens de l'humour que j'avais enfant, puis jeune homme, et qui l'avait tant fait enrager.

Je demandai à mademoiselle Bertin, à la modiste, au bottier de me livrer « mon trousseau » chez mon beau-frère. D'énormes cartons arrivèrent que nous ne savions pas où caser.

Mais en découvrant la beauté des créations de mademoiselle Bertin, ma sœur resta bouche bée, sans doute un peu jalouse. Une à une je passai les robes, jupes, mantelets, corsages. La mode comprimait les seins, on ne s'apercevait point que j'en étais démuni.

Devant la psyché de sa chambre, elle me fit tourner sur

moi-même. J'étais abasourdi. En Russie, nul ne me voulait en grande dame, et la mission secrète confiée par le prince de Conti m'honorait tant que comptaient peu les sacrifices. J'avais un brillant avenir devant moi et si je devais faire les premiers pas en robe, que m'importait ! L'hiver à Saint-Pétersbourg, les femmes portaient des jupes tombant aux chevilles et des bottes, l'été des robes légères et des chaussures plates. Lectrice de la tsarine, je me présentais toujours au palais en jupe à l'ampleur modeste et en corsage de soie ou de velours selon la saison. Quelquefois un nœud de ruban ornait mes cheveux, mais la plupart du temps je portais un bonnet de linon ourlé de dentelle. Auprès du roi de France, cette simplicité n'était pas de mise.

Comme j'avais pris un peu de ventre, mademoiselle Bertin m'envoya une corsetière. Je crus étouffer. Mais il fallait se soumettre. Je n'avais plus que trois semaines pour apprendre les bonnes manières avant d'être initié à la cour. Je me sentais ridicule, comme un chat sans queue. Je trébuchais sur mes talons et chutai à maintes reprises. Je m'empêtrais dans les jupons, accrochais les revers de mes corsages ou de mes surjupes dans les poignées de porte. Avec détermination, je refusai les caleçons de coton décorés de broderies anglaises. Comme le roi n'irait pas jusqu'à soulever mes jupes, je gardais mes culottes et bas d'homme. Bien vite, j'abandonnai les inconfortables mules ou bottines à talons pour circuler en chaussures plates qui ne différaient de celles des hommes que par l'absence de boucles d'argent.

À la salle d'armes, j'obtins de tirer non en culotte, mais en jupe de peau. On s'esclaffa de voir une dame dans ce lieu habituellement réservé aux hommes, mais quand on me vit l'épée à la main, les rires cessèrent et chacun se bouscula pour être l'adversaire de cette étrange chevalière.

Avec fierté, j'exhibais ma croix de Saint-Louis que l'on m'avait autorisé à conserver. Femme peut-être, mais femme d'assez haut mérite pour avoir reçu cette récompense.

La reine, me dit-on, enthousiasmée, émue aussi par les récits de mademoiselle Bertin, offrit de me recevoir dans ses petits appartements. Vergennes l'en avait dissuadée. Je restais une personne équivoque qui n'avait rien à faire chez une souveraine. Ce bon Vergennes me rendit grand service car je ne m'imaginais guère assis sur une causeuse, entretenant la conversation d'une personne qui était la frivolité même.

Il me fallait passer au Grand Moghol, royaume de mademoiselle Bertin rue Saint-Honoré, pour prendre livraison de deux manchons, un de petit-gris et l'autre de velours matelassé. Elle s'extasia sur mon allure, mon chic. J'avais cependant revêtu ce jour-là la plus simple de ses robes, un corsage et une jupe du matin en tussor gris tourterelle, une veste courte de satin lilas avec fichu de dentelle, de bonnes chaussures basses de veau, bien souples et confortables.

J'interdisais à cette reine des modes l'accès à ma demeure, de peur qu'elle ne confisque mon épée, mes bottes, mes éperons, mon pistolet et mes deux carabines que je contemplais lorsque le découragement me prenait.

Afin de me porter secours, ma sœur fit venir chaque jour un maître de danse qui m'enseigna comment marcher sur la pointe des pieds, bien droite, la tête haute, m'apprit le maniement d'un éventail, la façon de paraître réservée ou cordiale. Un coiffeur venait boucler ma chevelure et y jeter quelques pincées de poudre. Nous rîmes à en perdre le souffle lorsqu'elle tenta de m'apprendre l'art des œillades. Je lui déclarai enfin tout net qu'à près de cinquante ans, cette science ne me serait d'aucune utilité et que j'en remerciais le Ciel. J'avais assez d'épreuves à surmonter sans avoir à me soucier de séduire de vieux gentilshommes salaces.

J'attendis sans impatience que la cour eût regagné Versailles, où j'allais officiellement être présentée. J'imaginais les sourires, les chuchotements des femmes derrière les éventails.

Tout se déroula exactement comme dans mes plus sombres prévisions. D'abord sautant du carrosse comme j'en avais l'habitude, sans attendre que l'on déroule le marchepied, je faillis tomber en m'empêtrant dans la jupe de ma robe de cour à l'élégance parachevée par un manteau à traîne orné d'une cascade de roses en soie. Je dus faire effort pour avancer à pas comptés, comme l'exigeait le protocole, au bras de monsieur de Vergennes. Je fis ma révérence, la grande, puis, souriante, la reine me fit signe de m'approcher. Je la remerciai pour le bon soin qu'elle avait pris de moi et dont elle pouvait contempler l'éclatante réussite. Elle s'en dit ravie. Le roi me salua de la tête et me souhaita la bienvenue à Versailles.

Il était clair qu'en dépit du talent de mademoiselle Bertin, les souverains étaient sidérés par mon apparence. Avec ma démarche gauche, ma voix trop grave, les poils que la cire n'avait pas tout à fait réussi à ôter de mes mains, mon appartenance au sexe masculin était vraisemblable. La perruque à la mode que l'on m'avait imposée s'était mise un peu de travers quand j'avais failli chuter du carrosse avant d'être empoignée par deux solides laquais. En réalité, les belles fanfreluches de madame la ministre de la mode ne me seyaient guère.

Les gazettes se firent une joie de me moquer.

De ce jour, ma résolution fut prise de garder entières mes habitudes de soldat. Robe oui mais noire, à col montant, bonnet noir, chaussures plates et noires. J'étais en deuil du Secret de Louis XV. Un certain sieur Leblanc, chevalier de Malte, proposa de se faire mon chaperon. Il était gros, avait la peau rouge et luisante et courait les dîners mondains pour s'empiffrer gratuitement. Je ne sais pas ce qui poussait les gens à nous inviter. Quel honneur faisais-je à leur repas ? C'était en réalité une curiosité malsaine qui les poussait à avoir à leur table la fameuse chevalière d'Éon. Rien du comportement que j'avais eu dans le passé ne changea. Je sautais hors des voitures, montais quatre à quatre les escaliers, m'asseyais les jambes écartées, riais fort, ne m'offusquais point devant un juron. Je provoquais et étais ravi.

Des habitudes galantes perduraient elles aussi. Je ne passais jamais une porte devant une dame, fût-elle femme de chambre, je refusais qu'on me présentât un plat si toutes les invitées n'étaient pas déjà servies. Je fis l'erreur dans les premiers temps d'ôter mon bonnet devant une interlocutrice. Mais rien ne m'abusait, ni les amabilités ni les compliments laborieux. Un soir, n'en pouvant plus des palabres suffisants d'un jeune marquis qui me demandait si je savais coudre et filer, je répondis : « Non, monsieur, je ne sais que découdre et enfiler. » Il rougit violemment et je me pinçai les lèvres pour ne point rire. On m'applaudit.

Je recevais des paquets de lettres, des poèmes, des esquisses de mon visage faites par quelques grandes dames, des homélies de religieuses aussi qui m'exhortaient à entrer en religion pour expier mes péchés.

Voltaire m'envoya un billet me priant de lui rendre visite mais monsieur de Vergennes me l'avait interdit. Je le regrettais, ayant la plus grande admiration pour cet homme hors du commun.

Le petit Guerchy voulut me provoquer en duel pour venger son père. Je n'attendais que cela, mais on lui déconseilla fortement de croiser le fer avec une dame. En réalité, personne n'était dupe, et Vergennes comprit qu'il fallait me policer s'il m'exigeait en femme. Il me confia à mesdames Campan et Auguié, l'une comme l'autre proches de Marie-Antoinette. Elles baissèrent vite les bras. J'étais un cas désespéré.

Ces pitreries et exhibitions de foire me donnaient par leur ridicule le rôle que je recherchais : celui de quelqu'un que nul ne peut dominer. Mon beau-frère et ma sœur ayant regagné Tonnerre, je fus invité par monsieur Genet, père de madame Campan, homme cultivé et bienveillant. Nous devînmes amis et je m'installai chez lui. J'avais en outre un petit logis à Versailles, rue de Noailles, que l'on m'enviait, car vivre près du roi était un grand honneur.

Mais je me lassais vite des parades mondaines et restais la plupart du temps chez moi ou chez monsieur Genet dans ma vieille robe de chambre confectionnée à Londres, un livre à la main. Je commençai la lecture de *L'Hypocrite* de l'Arétin qui réglait leur compte à la plupart des mérites d'autrui et dénonçait l'hypocrisie de la vie sociale. Je me régalai.

De temps à autre, je commandais quelques babioles que la reine réglait. Une petite vengeance supplémentaire.

Mon valet continuait à recevoir pour moi des invitations, les plus grands noms – les Polignac, les La Rochefoucauld, la duchesse de Montmorency – me priaient à leur table. Je refusais quasiment tout, sauf les réceptions où monsieur Genet était convié.

Je pus enfin rencontrer Voltaire chez lui. Il me reçut, hélas peu de temps, et me laissa partir en me disant : « Mon ami, le rire a toujours le dernier mot. »

Quelle ne fut pas ma surprise lors d'un thé chez madame de Villaine de tomber sur un Beaumarchais qui, l'air gourmand, me baisa la main. Je l'écartai d'un coup d'éventail et ne lui adressai pas la parole jusqu'à mon prompt départ.

C'était plus fort que moi, la rage me reprenait et il fallait que je lui écrive à nouveau pour drainer de mon esprit ce qui lui restait de venin. Ma plume courait rageusement sur le papier.

« Au très puissant seigneur Monseigneur Pierre Augustin Caron ou Carillon, dit Beaumarchais baron de Ronac en Franche Coquinerie, premier lieutenant des chasses de la Garenne du Fort l'Évêque et du Palais, seigneur utile des forêts d'agios, de primes, d'escomptes, de change, rechange et autres rotures, de la part de Charlotte Geneviève d'Éon de Beaumont (connue jusqu'à ce jour sous le nom de chevalier d'Éon). Docteur consulté, Censeur écouté, Négociateur éprouvé, Plénipotentiaire accrédité, Ministre respecté aujourd'hui pauvre fille majeure n'ayant pour toute fortune que les Louis qu'elle porte sur et dans son cœur… »

Je n'écrivis que quelques feuilles, en réalité recrachai tous les reproches mille fois adressés qui me pourrissaient le cœur. Je ne m'admirais pas, mais j'avais subi tant d'humiliations que je ne pouvais toujours me dominer. Et puis j'étais anxieux, intransigeant, toujours mortifié.

La nouvelle que le Parlement anglais avait déclaré illégal tout pari sur mon sexe m'apporta une satisfaction intense qui enfin me vengeait. L'Angleterre avait écouté la voix de l'honneur et reconnu que l'identité de mon sexe n'appartenait à nul autre qu'à moi-même.

Poussé par cet arrêt, je suppliai monsieur de Maurepas, président du Conseil des ministres, de m'engager dans la lutte qui se préparait contre l'Angleterre. On utilisait *mes* plans pour l'invasion de l'île. Trente-deux vaisseaux étaient armés à Brest, quarante mille hommes réunis à Saint-Malo.

Je jetai ma robe de chambre aux orties et m'agitai comme un diable. Le comte d'Orvilliers qui commandait la flotte devait faire appel à mes services. Nul mieux que moi ne connaissait le terrain. Maurepas ne daigna point répondre et il fallut toute la force de persuasion de Genet pour m'empêcher de retrousser mes jupes et de courir au château. Ne comprenais-je pas que je pouvais perdre tout ce que j'avais obtenu ? Me redonner la permission d'être homme serait un terrible camouflet pour le roi et Vergennes. Je devais continuer à leur obéir. J'invoquai le Parlement anglais, mes forces encore vives malgré mes cinquante ans et mon existence sédentaire. Rien n'y fit, et je dus une fois encore plier, la rage au cœur, maudissant Maurepas, d'Orvilliers et tous leurs subalternes.

Mes imprécations durent exercer leur effet car une terrible épidémie de scorbut obligea la flotte française à quitter Brest pour Gibraltar.

Les événements m'avaient tellement mis hors de moi que la sorte de quiétude qui m'avait enfin fait accepter mon sort disparut aussitôt.

Je harcelais Vergennes pour qu'il m'autorise à reprendre mon habit d'homme, je le suppliais de me permettre d'aller rejoindre les insurgés américains, je lui avouais que me battre pour mon pays demeurait ma seule raison de vivre.
Je ne reçus que de courts billets de refus.

« *Eh bien, monseigneur,* lui répondis-je, *puisque vos dispositions à mon égard restent aussi impitoyables, je vais retourner en Angleterre où je compte de nombreux amis. La décision du Parlement anglais, plus clémente que la vôtre, me permettra de reprendre mes habits d'homme et une existence conforme à mes souhaits.* »

Vergennes me fit répondre par un trésorier secrétaire que mon départ en Angleterre était exclu. N'étions-nous pas en guerre contre ce pays ? Ne voulais-je pas m'engager dans l'armée française pour combattre un ennemi chez lequel je cherchais aujourd'hui à trouver refuge ?

« *Vous vous contredisez, mon amie, vous vous agitez sans cesse et importunez tout le monde. Cela ne peut durer et ne durera pas.* »

Le vingt mars, je vis entrer chez moi, accompagné de six hommes d'armes, monsieur de Vierville, major de la Prévôté de l'Hôtel du roi. J'étais encore au lit. Mes déconvenues, mes constantes irritations me rendaient malade et on avait dû me saigner la veille.

Je sautai hors de ma couche, cherchai en vain mon pistolet, envoyai un coup de poing dans la figure du premier soldat qui s'approcha de moi. On me saisit à bras-le-corps. Je me démenai en vain. C'était la fin.

On me fourra dans une voiture attelée de quatre chevaux, signe que nous nous rendions hors de Versailles ou de Paris. Deux soldats m'encadraient, j'étais à demi-conscient, accablé par la rage et les coups reçus.

Enfin, alors que nous roulions dans la campagne, j'interrogeai un des soldats sur notre destination.

– Dijon, me répondit-il laconiquement.

– En prison ?

– Chez monsieur le comte de Changey, gouverneur de la ville.

Cet aveu m'apaisa. J'avais rencontré brièvement en Bourgogne cet homme affable, excellent gestionnaire, aimé et respecté par tous les Dijonnais. Il ne pouvait que me traiter honorablement.

15

Le comte de Changey me reçut en effet avec la plus grande bienveillance. Il connaissait ma famille et l'estimait. Mon beau-frère et ma sœur étaient venus à maintes reprises à Dijon, et il entretenait avec eux de cordiales relations. Le voyage, les étapes dans des relais plus ou moins propres, l'accueil de cet homme de grande qualité m'avaient mis sens dessus dessous. On m'avait fait savoir que mes effets personnels me suivraient dans la première diligence en partance pour Dijon, mais durant les trois jours de voyage je dus vivre et dormir dans ma robe de lainage noire, un fichu sur les épaules.

Le comte me mena dans le logement qu'avait occupé la duchesse du Maine au lendemain de la conspiration de Cellamare en 1718. Là, je jouissais de tout le confort que je pouvais souhaiter. La comtesse me prêta une jupe, un caraco, un mantelet et une robe de fin lainage car la fin de ce mois de mars était humide et froide. Je trouvai en outre sur mon lit de la lingerie et tous les objets dont une femme a besoin pour sa toilette. J'étais prisonnier certes, mais ma prison ne pouvait être plus douillette.

Ma malle enfin arrivée, je m'installai tout à fait et fis ma première visite à la comtesse pour la remercier de sa complaisance envers moi. Je n'évoquai pas son hospitalité, mon état de prisonnier me l'interdisait.

Dès que l'on me sut à Dijon, on accourut de tous côtés pour me voir et le malheureux comte devait traiter une vingtaine de convives chaque jour, tous issus de la noblesse ou de la haute administration de Bourgogne. Il lui fallut acheter des barriques de vin, des centaines de volailles, des moutons, des bœufs, passer des marchés avec les meuniers, les maraîchers, les pêcheurs des environs, engager un pâtissier, un rôtisseur et un saucier. La comtesse ne savait plus où donner de la tête et par ma fenêtre je la voyais filer dans son potager ou vers une des fermes environnantes afin de compléter ce qui manquait pour le souper.

Le pire, pour ces malheureux geôliers malgré eux, était les dimanches où le peuple, les soldats de la garnison accouraient au château, se pressant dans la cour d'honneur pour me voir. J'entendais des « Vive la chevalière ! » qui me laissaient indifférent, mais aussi des « Salut à vous, mon capitaine » qui me remplissaient de joie et de fierté. Ainsi, on n'oubliait pas le vieux militaire…

J'avais quantité de livres à ma disposition, mais l'exercice physique me manquait. À mon hôte, je demandai l'autorisation de faire des randonnées à cheval dans les environs, mais il m'expliqua d'un air navré que cela lui était impossible. En revanche, je pouvais faire quelques pas dans le parc si je donnais ma parole d'honneur de ne pas franchir la grille.

Peu à peu je m'apaisais, le nœud de serpents qu'était Versailles s'estompait dans le lointain, devenait presque irréel. Comment pouvait-on survivre dans cet ancien marécage ? L'ambition, la peur de perdre la faveur du roi ou de la reine, l'obsession d'être toujours le point de mire de la cour, les dépenses ruineuses pour n'apparaître que paré des plumes du paon dégradaient des personnes qui, par ailleurs, auraient pu être des hommes d'honneur.

Entre l'austère entourage du roi et les frivoles admirateurs de la reine, le fossé se creusait. La sécheresse de cœur que les ministres avaient montrée à mon égard me prouvait combien, arrivés au sommet du pouvoir, ils se prenaient pour Dieu lui-même, décidant ce qui était permis et ce qui était interdit.

Je profitais de la permission du comte pour arpenter en bottes souples et jupe à la cheville, coiffé d'un chapeau de feutre, les allées du parc bordées d'arbres ou de massifs.

Ainsi, ce que j'avais tant souhaité était devenu ma réalité. J'étais femme. Et la question « Qu'est-ce qu'être femme ? » qui me taraudait depuis si longtemps n'avait pas encore trouvé de vraie réponse. J'étais juste un homme harassé qui trouvait refuge dans le monde féminin. Le mot « féminin » toutefois n'était-il pas un poncif ? Il y avait toutes sortes de femmes très différentes les unes des autres, mais un point commun les liait, non pas celui de la sexualité, mais celui de la vie. J'étais sûr désormais que le premier être humain avait été femme. L'homme fut créé après elle et la chassa du paradis terrestre.

Étant né homme, on exigeait de moi une métamorphose pour regagner mon identité première comme la chenille devient papillon. Un papillon asexué sans vie amoureuse. Longtemps j'avais mis mon abstinence sur le compte de l'orgueil, je devais admettre aujourd'hui, à plus de cinquante ans, que je n'avais jamais eu de forts désirs sexuels. Homme, j'étais avant tout un homme d'action et d'intrigues ; femme, j'avais le handicap d'avoir un sexe mâle. Je n'étais pas un séducteur, un père de famille ou un patriarche, je ne pouvais non plus être une amante, une épouse et une mère.

Les rides venaient, acceptables pour un homme, mais ennemies de la femme. L'homme se transformait en beau vieillard, la femme en fleur fanée.

En devenant femme à mon âge, je n'étais plus censée être admirée. Je devenais une douairière, un être asexué, presque invisible.

Je regagnais mon appartement, songeur et troublé. Et les soupers se succédaient, on me posait mille questions auxquelles je tentais de répondre avec esprit. L'esprit français piquant, rapide, mordant avait-il un sexe ?

Mais ces incessantes réceptions devinrent financièrement inacceptables pour les Changey. Leur fortune allait être écornée par ma présence et ils ne comprenaient pas pourquoi, ayant une famille à Tonnerre, je n'allais pas la rejoindre.

Le comte écrivit à Maurepas pour lui faire part des soucis que causait ma présence. Il réclamait une indemnité de cinq cents livres pour les dépenses occasionnées par ma célébrité et demandait la permission de m'expédier à Tonnerre.

Maurepas accepta ses requêtes à la condition d'obtenir ma promesse que je ne quitterais Tonnerre qu'avec sa permission écrite.

Cette liberté enfin retrouvée m'apportait plus de joie que toutes les certitudes concernant mon sexe. J'allais pouvoir monter à cheval, chasser, me rendre à la salle d'armes, déambuler dans les rues, m'occuper des vignes familiales, être auprès de ma mère fort âgée, peu éloigné d'une sœur et d'un beau-frère qui m'avaient maintes fois prouvé leur dévouement et leur affection.

Avec mes douze mille livres de rente, j'allais pouvoir vivre largement, tenter de nouvelles méthodes de viticulture, gérer la vente du vin familial.

Jour après jour, ma nouvelle vie s'organisait. Je me vêtais de robes simples taillées dans des tissus peu coûteux, gardais aux épaules mes cheveux qui commençaient à grisonner. Un coiffeur venait chaque jour les boucler tandis qu'un barbier me rasait de près, toujours quatre fois par semaine.

Avec des culottes d'homme sous ma robe et de solides chaussures, je me déplaçais avec célérité. J'avais à régler de multiples problèmes : nos maisons, nos terres, nos vignes avaient été mal entretenues, les métayers de notre seule ferme ne payaient pas leurs fermages ou avec de considérables retards. De plus, ils ne fournissaient que chichement le lait, les œufs, le beurre, les volailles qui nous étaient dus. Il fallait aussi de toute urgence remplacer les anciens pieds de vigne plantés par mon arrière-grand-père.

Je m'arrêtais parfois à l'église, sa paix effaçait les peurs qui subsistaient en moi. Je n'avais pas toujours été pratiquant, mais je me considérais comme un catholique attaché à sa foi. La prière commençait à donner un sens à mon étrange destinée, m'aidait à accepter ce que j'avais jugé jusque-là intolérable. Si Jésus avait subi le terrible supplice de la Croix, je pouvais bien porter une jupe. Les hommes prêtaient trop d'importance aux marques extérieures de leur virilité. Nous ne vivions sur cette terre que quelques années, l'essentiel était ailleurs. La liberté était de s'accepter tel qu'on était, la jupe après tout n'était qu'un symbole sans importance. En dehors des définitions « masculin » et « féminin », tout était possible.

Ma mère, mon beau-frère et ma sœur m'aidaient beaucoup en ne changeant en rien leur attitude, n'usant envers moi d'aucune prévenance particulière.

Mes deux neveux atteignaient l'âge d'homme. L'aîné, Guillaume, avait dix-huit ans, le cadet, Dominique, seize. Guillaume et moi commentions avec passion la guerre d'Amérique, approuvant les colons qui voulaient, en s'administrant seuls, se débarrasser d'un roi. J'avais servi deux souverains, Louis XV puis Louis XVI. Le premier m'avait utilisé, le second humilié. Vue de Tonnerre, la cour de Versailles avait un éclat maléfique.

Le rêve de Guillaume était de se joindre en Amérique, non à l'armée française mais, comme le marquis de La Fayette, aux insurgés.

J'avais quelques économies et appris qu'à Granville une vieille frégate était à vendre. Il fallait la radouber, la gréer de neuf pour qu'elle puisse traverser l'Atlantique. L'équipage serait facile à recruter et peu exigeant tant les jeunes gens rêvaient d'Amérique.

J'achetai la frégate et ouvris une souscription pour les travaux nécessaires. On trouverait bien parmi nos compatriotes bourguignons quelques âmes modernes et généreuses qui fourniraient la somme convenue. Mon neveu exultait et au fond de moi-même j'étais souvent tenté de l'accompagner. Avec étonnement cependant, je constatais que mon enthousiasme à me battre s'était émoussé. Était-ce la conséquence de ma féminité, ou bien celle de la vieillesse dans laquelle j'entrais ?

Hélas, mon entreprise alla à l'échec. Les Bourguignons étaient très lourdement taxés par le roi et l'insécurité liée à l'avenir des États généraux était palpable. On voulait une Constitution, la suppression de la Ferme générale.

Une ultime tentative était possible, mais je devais me rendre à Paris pour contacter monsieur Genet et quelques amis qui m'étaient restés fidèles. L'autorisation de Vergennes m'étant nécessaire, je lui écrivis, brièvement cette fois. Je promettais d'être vêtu en femme et de ne causer aucun trouble. Il accepta.

Je ne ressentis pas la joie que j'espérais à Paris. Les habitants étaient maussades, l'impolitesse régnait. Je renonçai à flâner dans les rues, d'abord parce qu'une femme seule ne s'y sentait pas en sécurité, ensuite parce que tout ce qui me rappelait mon passé était déplaisir.

À Paris comme en Bourgogne, je subis le même échec pour lever des fonds. Il faudrait revendre à perte la frégate. Mais Guillaume partirait en Amérique. Je lui fis don de sept cents livres pour son équipement et lui conseillai de s'engager dans la Marine royale. La réputation de son père à Versailles ferait recevoir favorablement sa requête.

Ma joie de voir mon neveu quand il sut que sa demande était acceptée fut de courte durée. De Londres, je reçus un pli du propriétaire de mon appartement dans Brewer Street. Il me réclamait quatre cents livres sterling d'arriérés. Si je n'obtempérais pas, il se verrait dans l'obligation de vendre ma bibliothèque. Mes cinq mille ouvrages étaient le bien qui m'était le plus cher. Disperser ma collection serait une sorte d'assassinat. J'avais aussi dans un tiroir secret de mon bureau quelques papiers appartenant à mon oncle qui avait été secrétaire du duc d'Orléans, à savoir des lettres originales de Louis XIII, du cardinal de Mazarin et de Louis XV.

De nouveau, j'écrivis à Vergennes pour lui faire part de mes soucis. Il offrit deux cents louis pour récupérer cette correspondance. Mon propriétaire refusa. Il me donnait trois mois pour mettre ma situation en ordre ou tout serait vendu à l'encan.

Je versai cent louis pour compléter les deux cents de Vergennes et priai mon propriétaire de patienter quelques mois de plus. Il accepta enfin.

Je repris ma vie quotidienne à Tonnerre, travaux sur nos terres, chasses et soupers chez tous les aristocrates des environs, les Lespinasse, les d'Ally, les Louvois. J'eus le plaisir d'y rencontrer le prince Henri de Prusse, frère du Grand Frédéric, et le naturaliste Buffon qui passionna toute la compagnie par ses connaissances de botanique et de zoologie. Âgé, il avait abandonné ses fonctions d'intendant du Jardin du roi, mais continuait à écrire dans son domaine de Montbéliard où il s'était retiré.

Tous, bien sûr, savaient qu'ils avaient affaire à une fausse chevalière d'Éon, mais comme il n'était pas question de se mettre mal en cour, je n'entendis jamais la moindre critique de l'attitude du roi ou de son ministre envers moi.

À Tonnerre, nul ne me tenait pour femme. Ma nourrice y vivait encore, ainsi que mon précepteur qui m'avait souvent déculotté pour m'administrer le martinet quand je refusais d'obéir. Mes camarades se souvenaient d'escapades chez un vieux bourgeois qui vivait au-delà des murs et ne cessait de nous menacer parce que nous lui avions volé quelques pommes. Pour le narguer, nous ouvrions nos braguettes et pissions sur ses rosiers.

J'étais reconnaissant à tous les Tonnerrois pour leur discrétion et leur respect. Jamais je n'ai vu quiconque sourire ou même me lancer un regard ironique.

Notre maison avait repris sa fière allure d'autrefois et ma mère y vieillissait en paix, ne sortant plus guère que pour se rendre à mes côtés à la messe. Les fermiers se montraient plus raisonnables et les nouveaux plans de vigne se développaient.

Pour améliorer l'image de ma ville, je voulus élever un monument funéraire à la mémoire de mes concitoyens victimes de la peste de 1632, et à celle des condamnés à mort dont les dépouilles étaient entassées dans la fosse commune. À l'entrée du nouveau cimetière acheté avec mes deniers, je fis construire une petite chapelle dédiée aux martyrs de la nature comme de la justice humaine. Ce cimetière fut inauguré avec tambours et trompettes. Le curé me bénit et embrassa ma mère. J'avais composé en latin une épitaphe qui, inscrite sur le marbre, allait être scellée à côté de la grille d'entrée :

« Ici sont rassemblés les restes des victimes de la colère divine et de la justice humaine par les soins de CGLAT d'Éon de Beaumont, chevalier de l'ordre royal et militaire de Saint-Louis qui, ayant acheté en 1779 cet enclos, l'a consacré à l'humanité souffrante en 1780. Les corps de ceux qui y périrent de la peste en 1632 furent inhumés à gauche dans cet enclos. On y enterra à droite les criminels condamnés à mort jusqu'en 1750. En ne plaignant que les premiers, en

détestant les seconds, les hommes ont montré leur indifférence, mais Dieu les a tous reçus dans le sein de sa miséricorde. »

Bref, le galopin que pissait sur les fleurs de monsieur Dubreuil devenait « la bonne dame de Tonnerre » et sous peu on me choisirait comme rosière.

Le temps passait, les heureuses nouvelles se succédaient. Après la victoire de Yorktown, les Anglais avaient dû reconnaître l'indépendance des colons américains. Guillaume allait rentrer avec mille récits à nous faire. Ce renouveau était le bienvenu dans notre vie somnolente de provinciaux. La presse nous apprenait que les frères Montgolfier s'étaient élevés dans les airs dans la nacelle d'un ballon. Ils avaient obtenu un triomphe.

La cour toutefois était frappée de plein fouet par une sinistre affaire d'escroquerie dans laquelle était compromis le cardinal de Rohan, soupçonné d'avoir acheté au nom de la reine un collier de diamants d'un prix exorbitant. Le prélat avait été arrêté alors qu'il se rendait à la chapelle royale dans ses habits sacerdotaux pour célébrer la messe. Le scandale était énorme et à Tonnerre fournissait le sujet de toutes les conversations. Qui était coupable ? La reine, Rohan ou une tierce personne, une femme qui se faisait nommer La Motte-Valois et aurait négocié l'achat au nom du cardinal avant de s'évaporer avec le précieux bijou ?

J'allais avoir cinquante-six ans. Les affaires de la cour ne m'intéressaient plus guère. Après avoir lu et relu les philosophes, je rêvais désormais qu'aucun despote ne puisse contraindre ses sujets, les taxer selon son bon plaisir, les chasser de l'armée sans qu'ils aient commis aucune faute, les bannir s'il en avait la fantaisie.

L'Angleterre réinvestissait mon esprit. J'y avais vécu des moments heureux et des heures sombres, mais son système politique me semblait toujours bien supérieur au nôtre. Désormais, nos deux pays étaient en paix. Je devais revoir mon propriétaire, l'apaiser, lui verser un complément d'argent pour conserver mon appartement de Brewer Street. Il m'était impossible d'envisager la vente de ma bibliothèque. Pouvais-je repasser la Manche ?

Ma mère s'éteignait doucement et ne quittait plus sa chambre, ma sœur passait plusieurs mois à Paris avec son mari, Guillaume était fiancé, son frère faisait des études de droit, comme moi. Ni l'un ni l'autre n'avaient accepté de me nommer « tante », et rien ne les y obligeait.

La situation politique en France se détériorait à une vitesse vertigineuse. Le roi n'était point aimé, pas même respecté car on le soupçonnait d'une inqualifiable faiblesse envers le clan tout-puissant de la reine. Différant la réunion des États généraux, Louis XVI consentit cependant à convoquer une assemblée de notables pour évaluer la situation financière et sociale du pays. Les intérêts de la dette française absorbaient plus de la moitié du budget. C'était intenable.

J'envisageais donc sans grand état d'âme de quitter mon pays. Que représentait-il pour moi aujourd'hui ? La ville de Tonnerre et ses environs, rien de plus sans l'autorisation signée du lieutenant de police.

J'appris à la fin du mois de mai la mort du duc de Choiseul. Le décès de Louis XV lui avait permis de repasser la grille de son domaine de Chanteloup. On prétendait qu'il s'était réconcilié avec la comtesse du Barry qui, avec le duc d'Aiguillon, avait été une des responsables de son bannissement.

J'avais connu le duc de Choiseul, nous nous étions entretenus à plusieurs reprises. Il m'avait protégé puis tourné le dos quand le roi était mort, fâché d'avoir été tenu à l'écart du Secret dont le prince de Conti, qui ne l'appréciait guère, avait été l'instigateur.

Dans mes vignes qui mûrissaient sous le soleil de juillet, je songeais que la vie ressemblait à un théâtre d'ombres. Des silhouettes passaient, majestueuses, d'autres fragiles, mais toutes s'effaçaient, les imposantes comme les ténues. J'avais été une personnalité considérée, importante, aujourd'hui j'arpentais mes terres en jupe et caraco de toile, un bonnet sur la tête. Bien qu'ayant regagné une certaine sérénité, ma disgrâce me troublait toujours. Devenir femme, paradoxalement et fort malheureusement, était lié à cette disgrâce.

Ce fut une époque difficile. J'écrivis à Vergennes pour lui demander conseil sur mon avenir. Il penchait pour Londres où je comptais encore des amis et où l'ambassadeur de France, le comte d'Adhémar, m'accueillerait avec bienveillance. Les termes hostiles de ses dernières lettres avaient fait place à un ton modéré, presque cordial. Je profitai de son changement d'humeur à mon égard pour lui faire savoir que depuis deux ans, ma pension ne m'avait été versée que partiellement. Il me promit d'y remédier. Cette décision favorable fit pencher la balance en faveur d'un retour à Londres. Restait une question qui me hantait jour et nuit. Regagnerais-je l'Angleterre en chevalier ou en chevalière ?

À Tonnerre, on faisait les vendanges. Je savais qu'elles étaient pour moi les dernières. Ma mère allait s'éteindre, à peine nous reconnaissait-elle, ma sœur et moi. Et à cinquante-sept ans, le nid familial se fait bien lointain.

Je pris mon billet de diligence et de bateau pour Calais et Douvres, préparai mes bagages. Pourquoi joignis-je à mes quelques robes et jupons mon uniforme de dragon, une veste, un gilet, une culotte d'homme, mes bottes, mon épée, mes pistolets ? On n'efface pas en un instant des années de sa vie. Les renier serait une amputation qui eût été trop douloureuse.

J'attendis mon passeport et écrivis une nouvelle fois à Vergennes. Sa réponse me combla. Il me nommait à nouveau son cher chevalier et à mon passeport pour l'Angleterre était jointe une bourse contenant six mille livres et la promesse que ma pension me parviendrait désormais régulièrement à Londres. Avait-il des remords pour ses brimades ? Se réjouissait-il d'être enfin débarrassé de moi ? Le décès du duc de Choiseul devait peut-être l'adoucir en lui faisant prendre conscience de la fragilité de sa propre vie.

16

Le décès de mon cher Lord Ferrers m'avait bouleversé. Il ne me verrait pas en douairière et c'était peut-être mieux ainsi. Mais je lui avais prêté de l'argent que ses héritiers renâclaient à me rembourser. Lorsque Beaumarchais lui avait fait parvenir cinq mille livres afin de payer mes dettes, il en avait conservé trois mille pour son usage personnel, des travaux immédiats étant nécessaires afin de sauvegarder son château. Ce qui restait de sa dette, plus les intérêts qui y étaient attachés, se montait à presque mille cinq cents livres et j'avais le plus grand besoin de les récupérer.

Je pris la diligence début novembre après avoir fait mes adieux à ma mère et à des serviteurs que je connaissais depuis mon enfance. Elle me tendit un front distrait et se rendormit.

J'avais revêtu un élégant costume de voyage, une jupe gris tourterelle, un caraco lilas de la couleur de la légère cape à capuchon qui m'enveloppait. J'avais choisi de bons souliers de cuir fin sans les talons que je haïssais, tout comme le corset que j'avais jeté aux orties depuis ma présentation à Versailles.

Par égard pour mes cheveux blancs qu'un bonnet de basin dissimulait en partie, on m'offrit la meilleure place de la diligence. Les autres voyageurs, deux commerçants, deux industriels alléchés par le traité de libre-échange que la France venait de signer avec l'Angleterre, et une jeune femme qui elle aussi gagnait Londres pour occuper un poste de préceptrice étaient discrets, et leurs bonnes manières rendirent le voyage presque agréable.

J'arrivai à Londres le dix-sept novembre, déclinai l'invitation de monsieur de Barthélemy, le chargé d'affaires de France, qui m'avait réservé un appartement à l'ambassade, et gagnai aussitôt ma demeure de Brewer Street.

Retrouver Lexington Street toute proche, le petit parc de Golden Square, me remplissait d'émotion ; me tenir au centre de ma bibliothèque, encore en habit de voyage, me noua la gorge. J'étais une dame d'un certain âge qui rentrait chez elle après avoir dompté ses ambitions, ses passions, ses aigreurs.

Mes amis apprirent vite mon retour. Nous nous retrouvâmes avec joie et comme les Anglais, contrairement aux Français, n'ont aucun à priori contre les excentriques et les farfelus, ils m'acceptèrent telle que j'étais devenue. L'absence des moqueurs, des hommes et des femmes hantés par la crainte du ridicule dont j'avais tant pâti, donna à ma vie quotidienne, à mes relations sociales une gaieté et une légèreté qui, chaque jour passant, me faisait de moins en moins regretter la France. Les whigs, parti auquel appartenaient la plupart de mes amis, affirmaient de plus en plus fort la suprématie des Chambres sur la volonté d'un roi dont la santé mentale ne cessait de se détériorer.

La bataille qui précéda les élections avait été féroce, inimaginable en France. On défilait en brandissant des calicots, on placardait des affiches sur les murs, on déclamait ses opinions chaque dimanche dans Hyde Park. Fox, l'homme du peuple, fut battu, et le jeune Pitt triompha.

Cette liberté d'expression et d'action m'enthousiasmait, je devenais de plus en plus britannique, et quand Vergennes me contacta pour me proposer la mission de retrouver le sieur de la Motte, époux réfugié à Londres de la scélérate qui avait escroqué le cardinal de Rohan, je fis la sourde oreille. J'en avais assez de ces promesses trompeuses, d'une lâcheté qui dévoilait sa face à la première difficulté. Jamais je n'avais trahi un roi de France et n'y consentirais jamais, mais le cercle de Versailles n'était plus le mien.

À cette époque, je menais une brillante vie mondaine. On se disputait ma présence. Je dînais avec Horace Walpole, chez le fameux portraitiste Cosway, et enfin fus accueilli par le prince de Galles lui-même à Carlton House. George était un jeune homme rebelle, brillant, provocateur, amateur d'art et franc-maçon. Il me fit initier dans sa loge sœur où je retrouvai les plus grands noms d'Angleterre. Ces réunions me plaisaient. J'avais toujours prisé l'étude des symboles. Féminine, ma loge n'avait cependant rien à envier à celles où seuls les hommes étaient acceptés. Je la fréquentais régulièrement, ce qui me fit pardonner par mes belles amies anglaises mon habitude, le dîner achevé, de rester dans la compagnie des hommes à boire et à fumer au lieu d'aller parler chiffons avec les dames au salon. La femme que j'étais ne se complaisait nullement dans la frivolité et les petites médisances. Certes, les hommes étaient grossiers, n'avaient point d'imagination, buvaient à outrance, aimaient parler politique, chiens et chevaux, mais ce monde que j'avais pourtant laissé derrière moi restait envers et contre tout une partie de moi-même. Une éducation forme l'être humain, nous sommes ce que l'on a fait de nous.

J'intéressais le prince de Galles que tous les abus avaient blasé. Homme avec les hommes, femme avec les femmes, j'étais toujours vêtu sobrement, de gris ou de noir, portais des fichus de dentelle ou de mousseline autour des épaules, et sur mes cheveux un bonnet en fin coton ou de basin. Il m'appelait « la veuve du chevalier d'Éon ». C'était bien trouvé, j'étais veuf de moi-même, un homme demeuré vierge.

J'occupais mes loisirs à parcourir les rues et les parcs de Londres, et surtout à lire en latin ou en grec les grands penseurs de l'Antiquité. Vite, je sus assez d'hébreu pour aborder la Bible et surtout la Kabbale qui me passionna. L'homme de mystère que j'étais ne pouvait que s'y plonger avec délice. Cet ésotérisme mystique qui tentait d'expliquer l'éternel, le non-créé, ses liens avec notre existence humaine me distançait de mes problèmes personnels jusqu'à les rendre insignifiants. Homme, femme, qu'importait ! Nous étions tous une parcelle de l'éternité première.

Le prince de Galles que j'amusais me priait de temps à autre à un souper. Sur le ton de la plaisanterie, il me demanda si je chassais. Quand je lui affirmai que j'étais un très honnête fusil, il me convia à la chasse au faisan, puis à une chasse à courre au renard où je parus en culotte de cavalier. Monter en amazone était toujours pour moi une épreuve difficile.

Je dus le séduire par mes talents, car il me retint le soir dans le petit château où il réunissait ses amis intimes. Il ne faisait aucun mystère du profond ennui qui régnait à la cour de ses parents, en dépit des efforts de la reine Charlotte, sa mère, qui s'efforçait de créer une atmosphère cultivée sous l'influence de Horace Walpole. Bien que battu aux élections, celui-ci conservait de l'influence.

Avec le prince et ses amis, nous parlions art bien sûr, mais aussi politique. La bonne santé financière du pays les vengeait de leur défaite dans les colonies américaines. Des erreurs de stratégie, la lenteur de l'arrivée de leurs troupes à Yorktown avaient permis aux rebelles alliés aux Français de l'emporter. Mais loin de glorifier Louis XVI, cette victoire l'avait rendu encore plus impopulaire en mettant à sec les finances de l'État. J'avais encore la chance de recevoir une partie des douze mille livres de ma rente annuelle, mais pour combien de temps ?

Mon propriétaire eut le bon goût de décéder et, étant encore passablement à l'aise, j'entrepris de grands travaux qui allaient donner à ma demeure de Brewer Street l'éclat nécessaire pour recevoir à mon tour. Je m'octroyai le rez-de-chaussée, conservai le premier étage où je logeais déjà et mis en location le deuxième, ce qui me permettait de faire face à l'entretien de ma demeure. Mes deux domestiques logeaient au-dessus de la remise. J'équipai la cave de trois armoires de fer afin de conserver mes livres les plus précieux si j'avais à m'absenter.

Tapissé, meublé à la française, mon salon avait du panache, et comme je m'étais attaché un valet parisien, je ne craignais plus les bourdes de mon excellent mais maladroit valet du Yorkshire.

J'allais pouvoir montrer à mes amis anglais qu'en dépit de la « décadence » française, il était toujours plaisant de fréquenter nos salons, en particulier pour y boire du vin de Champagne dont ils raffolaient, et déguster des huîtres.

Outre des hommes politiques whigs ou tories, j'ouvrais mes portes à des artistes, le peintre Richard Cosway, le graveur William Blake, l'écrivain Ruspini, tous des « frères » de la loge.

Puis surgit à Londres le célèbre Cagliostro. La chevalière vêtue de noir, aux mains et à la tenue viriles, accueillit l'excentrique Italien. Cagliostro était venu à Londres pour fonder une loge égyptienne où seraient partagés les secrets d'Isis et d'Osiris. Il portait d'amples manteaux, des chapeaux à vaste bord, des vestes longues tombant sur des culottes de velours aux couleurs de pierres précieuses.

Dans les salons parisiens, il avait obtenu un grand succès, et on en était presque venu à oublier Mesmer, qui avait magnétisé tous les puissants de ce monde. Spasmes, gémissements, évanouissements suivaient la séance du grand homme, qui les assurait salutaires pour l'équilibre mental et physique du patient. Nous l'attendions à Londres, où il allait tenter de soulever le même enthousiasme.

Mais l'homme qui s'imposa alors bien davantage que Cagliostro ou Mesmer fut le Suédois Swedenborg. Sa philosophie mystique me troublait : deux mondes coïncidaient l'un avec l'autre, tout être humain avait son double dans l'univers. Dans son ouvrage, *La Nouvelle Jérusalem*, cette théorie unie à celles que j'avais découvertes dans la Kabbale m'incita à écrire de nouveau. Je n'avais pas composé d'ouvrage depuis longtemps, une autre vie… Je ne regrettais rien cependant.

Mon traité, *Découvertes, secrets, remèdes*, avançait à grands pas, et je passais parfois plusieurs heures à mon bureau. Quand la fatigue d'écrire se faisait sentir, je me rendais chez mon maître d'armes Angelo avec lequel je m'entraînais quasi quotidiennement en jupe de gros coton passée sur un pantalon de peau. Jamais Angelo ne me posa la moindre question, ou ne fit devant moi le plus petit commentaire. Unis par la passion de l'escrime, nous ne portions aucun intérêt à nos vies privées. En avais-je une ?

En dehors de mes coûteuses réceptions si prisées du Tout-Londres, j'étais seul. Seul en homme, seul en femme.

Un matin où, après avoir posé la plume plus tôt que d'habitude, je me présentai à la salle d'armes, je trouvai mon maître surexcité. Sans même me laisser passer mon gilet et mon gant, il me débita d'un trait :

– On a présenté au prince de Galles un escrimeur qui proclame n'avoir jamais perdu un combat. Sa Seigneurie connaît vos talents, et il lui semble intéressant de voir s'affronter un géant mulâtre et une dame d'âge mûr. Il veut que l'assaut ait lieu dans sa propre salle d'armes à Carlton Home dès le début d'avril, dans une dizaine de jours, donc.

Je me laissai tomber sur la banquette où se reposaient les escrimeurs entre deux passes d'armes.

– Dites-m'en davantage, suppliai-je, déjà enthousiaste. Qui est mon futur adversaire ? Un mulâtre, dites-vous ?

– Il est le bâtard d'un planteur de la Guadeloupe. Ce dernier a vite deviné les possibilités de cet enfant qui, dès l'âge de dix ans, dépassait en taille et en muscles tous les garçons des alentours. Il lui a appris à ferrailler, mais aussi à courir, à tirer au pistolet et à monter les chevaux les plus rétifs de l'île. On le nomme le chevalier de Saint-Georges.

– Que diable fait-il à Londres ?

– Il n'y est que depuis peu. Auparavant, il avait déjà été engagé comme lieutenant de chasse par le duc d'Orléans. Ayant hérité à la mort de son père d'une somme confortable, il a décidé de gagner l'Angleterre, où depuis quelques mois il s'exhibe comme escrimeur et cavalier. Il tire aussi sur cible au pistolet. C'est un athlète hors du commun qui, ayant su se faire distinguer par Sa Seigneurie, est fort demandé dans tout le pays.

Je restai cloué à mon banc par la surprise.

– Qui lui a parlé de moi ?

– Son Altesse, parbleu, et moi-même également...

– Sait-il que je suis une femme ?

– Cela l'a poussé d'abord à refuser tout assaut contre vous. Puis, comme on lui parlait en termes de plus en plus élogieux de votre art à tirer l'épée ou le fleuret, la curiosité, la vanité peut-être, l'ont amené à accepter de vous rencontrer. Comme je l'ai souvent vu à l'œuvre, je vous donnerai quelques conseils.

– Je n'en veux point. Ce chevalier de Saint-Georges m'affrontera au fleuret non moucheté. Je n'ai pas besoin de la moindre faveur pour l'embrocher comme un poulet.

Je me rappelle avoir été calme le matin de ce fameux assaut. Cet Hercule beaucoup plus grand que moi ne me faisait pas peur. Je lui laissais bien volontiers sa royauté dans le tir au pistolet et la natation, mais dans l'art de l'escrime, il allait trouver son maître. Je revêtis mon habituelle culotte de peau cachée par une jupe de lainage noir, passai mon caraco sans capiton et, par défi, plantai sur ma tête un chapeau noir de mousquetaire orné d'une vaporeuse plume rose. J'allais montrer à ce bellâtre comment une dame de près de soixante ans pouvait le faire danser.

Avant la rencontre, on me mena au prince de Galles qui me baisa la main en riant.

– Chevalière, me dit-il, j'ai parié sur vous, ne me décevez pas.

– L'ai-je jamais fait, monseigneur ? rétorquai-je en riant moi aussi.

La salle d'armes du prince était vaste et fort bien éclairée. Le long des murs lambrissés, couraient les banquettes tapissées de velours rouge qui permettaient de se reposer ou de causer, car bien souvent, dans les salles d'armes, on échangeait plus de propos que de coups d'épée. Quand le chevalier de Saint-Georges avait proposé cette arme, j'avais fait savoir que pour une dame, le fleuret s'imposait. Il nécessitait beaucoup d'agilité et de réflexion. Ni l'une ni l'autre ne me faisaient défaut.

Le prince s'entretenait avec deux amis lorsque Saint-Georges fit son entrée. Je vis dans l'encadrement de la porte un grand mulâtre portant une veste courte étroitement boutonnée et des culottes de veau retourné. Il portait une cape blanche qu'il ôta en s'avançant vers le prince de Galles et fit voltiger jusqu'à la banquette la plus proche. Puis il s'approcha du prince et le salua profondément.

L'assistance anglaise, pourtant habituée aux plus folles excentricités, applaudit à tout rompre ce grand diable qui allait tirer contre une vieille dame de cinq pieds et six pouces, à l'accoutrement des plus singuliers. Je me découvris et à mon tour saluai le prince de Galles, la plume rose balayant le sol en bois de palissandre.

– En garde ! ordonna le prince.

Je savais qu'on avait fait sur l'un et l'autre des paris extravagants, mais cet enjeu n'entamait en rien ma sérénité.

Nos armes levées contre nos visages, nous nous saluâmes, mon adversaire et moi. Je n'aimais pas son air satisfait de renard prêt à saigner une poule.

J'utilisai les premières minutes de combat à le jauger. Il était servi par une grande force physique et une extrême agilité, mais manquait de stratégie et ne semblait guère anticiper les ruses de son rival.

Mon défi était de ménager mes forces face à ce colosse. Je savais maintenant où et quand l'attaquer, et me contenterais de parer ses assauts en attendant le moment propice. Il se présenta au bout de quelques minutes. Soudain, il se fendit pour me toucher. J'enveloppai aussitôt son fleuret du mien et le boutonnai en pleine poitrine. Il y eut aussitôt des hourras montant du groupe des spectateurs. Le chevalier de Saint-Georges semblait partagé entre l'incrédulité et la fureur.

– En garde, madame ! lança-t-il d'une voix tonitruante.

Je sentais, je savais que sa colère lui ferait perdre ses moyens. Il para avec une grande habileté, mais sans plus dominer notre duel. C'est moi qui lui imposai attaques et parades. Les miennes étaient si serrées qu'il ne parvenait pas à me toucher. J'allais le leurrer, venir à l'assaut, lui faire croire un moment que je n'avais d'autre choix que de me tenir sur la défensive, avant de me fendre promptement et de le toucher à l'épaule. Il poussa un cri de rage. Le duel était terminé.

Le prince George accourut pour me serrer la main tandis que le chevalier outragé se retirait. Se remettrait-il de l'humiliation d'avoir été dominé par une femme devant le prince de Galles ?

Je fus convié à un dîner privé durant lequel le prince me remit une bourse contenant quatre cent vingt-cinq livres et une magnifique paire de pistolets guillochés. Combien avait-il empoché pour avoir parié sur moi ? Jamais je ne le sus.

Avant que je me retire, Son Altesse me demanda si je voulais participer aux nombreux tournois d'escrime qui avaient lieu dans tout le pays. Ma présence attirerait un abondant public.

Je doutais que le prince Georges me prît pour une femme. Il m'avait connu en culottes à l'ambassade de France et me classait parmi les excentriques qui pullulaient en Angleterre. N'avait-on pas vu, lors d'un souper offert au palais, le duc de Kent arriver en chef indien, clamant qu'il était le dernier sujet de Sa Majesté à soutenir la colonie américaine ? Le roi, quant à lui, père de treize enfants, gardait une parfaite dignité en toute circonstance, mais on le disait atteint du mal héréditaire des Stuarts, la porphyrie, qui pouvait dans un proche avenir créer de graves crises nerveuses allant des convulsions à la démence. Son entente avec le prince de Galles était médiocre, celui-ci se consacrant davantage aux femmes et au jeu qu'à ses devoirs.

J'avais de l'admiration pour cet homme encore jeune qui n'avait jamais été un enfant aimé. Il recevrait la couronne sans la bénédiction de son père.

Mais j'avais alors mes propres soucis. De Tonnerre, je recevais régulièrement des nouvelles de ma famille. Ma mère étant impotente, il lui fallait une servante attachée à sa seule personne. La dernière missive m'était tombée des mains : ma sœur venait d'être emprisonnée « par ordre du roi ». On l'avait arrêtée à l'aube alors qu'elle portait à ma mère son chocolat du matin. On apprit vite que c'était son propre mari, mon cher beau-frère O'Gorman, qui avait requis son incarcération pour dettes, ma sœur ayant fait des dépenses inconsidérées aussi bien à Paris qu'à Tonnerre. La colère d'O'Gorman était telle qu'il menaçait de vendre nos vignes, ce qui bouleversait ma mère. La ville entière était en émoi. On me suppliait d'intervenir auprès du baron de Breteuil pour obtenir l'élargissement de ma sœur. Que pouvais-je en réalité ? Mes anciens protecteurs de la cour n'étaient eux-mêmes plus en faveur, et je ne connaissais point Breteuil. Si je m'étais établi à Londres et avais choisi de vieillir en femme, c'était pour n'avoir plus de rapports avec un monde qui m'avait d'abord ébloui, puis cruellement déçu.

Je répondis à mon beau-frère que j'étais prêt à lui avancer une petite somme d'argent d'un montant bien moindre que celui réclamé par les créanciers. Je n'avais comme ressources que ma pension et avais une maison à entretenir, un train de vie à assurer, non point royal mais digne de la lady que j'étais devenue. Néanmoins, en tant que chef de famille, je m'opposerais fermement et définitivement à la vente de nos terres. Dépouillée de leurs revenus, ma mère, au terme de sa vie, se trouverait sans ressources.

Avec le recul, j'avoue avoir fait preuve d'un certain égoïsme, car au même moment je procédais à la réfection du toit de ma chère maison de Brewer Street et entreprenais de creuser deux caves voûtées pour entreposer mes vins. Ces travaux étant décidés depuis longtemps, et les ouvriers à l'ouvrage, il m'était difficile de me dédire.

Je reçus bientôt une lettre de mon beau-frère dans laquelle il m'assurait en termes laconiques que ma mère resterait dans ses terres et sa femme en prison à Provins. Ses deux fils s'étaient démenés en vain pour la faire élargir. Il ne reçut point de réponse de ma part, je n'avais plus rien à lui dire.

À Londres, on ne s'entretenait que de l'aggravement du mal dont souffrait le roi George. Ses moments de lucidité se faisaient plus rares, et lorsque William Pitt était venu lui soumettre le discours qu'il devait prononcer lors de l'ouverture du Parlement, le roi l'avait déclaré inacceptable parce que les cygnes de la pièce d'eau de Windsor n'y étaient pas mentionnés…

La reine Charlotte se désespérait. On avait tenté divers remèdes sur son époux, qui n'avaient eu pour effet que de le faire souffrir physiquement et d'aigrir son caractère jusque-là amène. Le prince de Galles semblait se désintéresser de l'avenir de la couronne, mais je savais qu'en réalité il était fort au courant des progrès du déséquilibre mental de son père, et se tenait prêt à assurer la régence.

Avec surprise, la société londonienne apprit qu'en France le roi s'apprêter à convoquer les États généraux. La situation financière était désastreuse et les Bourbons n'avaient jamais été autant déconsidérés. La reine en particulier était la proie de la désaffection populaire. Marie-Antoinette luttait cependant pour combattre la tuberculose osseuse dont souffrait le dauphin, et n'avait plus guère le cœur à la fête.

Je fus fort satisfait de la décision du roi. Vivant depuis plusieurs années en Angleterre, la notion de « droit divin » me semblait absurde, et l'absence d'une Constitution déplorable. À Londres, depuis les prises de position de la duchesse de Devonshire, les femmes elles aussi redressaient la tête. J'en discutais souvent avec mes amies les plus engagées. Il me semblait qu'ayant choisi d'être femme, je devais me battre avec courage à leurs côtés, comme j'avais rempli sans faillir mes devoirs de capitaine de dragons en France. Le temps des mariages forcés, du célibat imposé par la famille si aucun prétendant de qualité ne se présentait, ou faute de dot, était révolu. Les femmes devaient pouvoir participer à la vie publique de leur ville, de leur bourgade, ne plus se contenter de visites de charité ou d'attribution de prix de vertu. Si parfois je m'éveillais en me croyant un homme, c'est toujours en femme que je trouvais la paix du sommeil. Mon initiation dans la loge maçonnique féminine de l'Immortalité me donnait l'occasion de plaider avec virulence notre cause et j'entrepris la rédaction d'un catéchisme de franc-maçon.

L'hiver arrivait. À cause d'un froid précoce, le prix du bois de chauffage avait doublé en moins d'un mois. Dieu merci, ma pension m'était versée avec régularité.

Une lettre inattendue de France m'apprit deux événements fort affligeants, le décès de ma mère dans sa maison de Tonnerre et celui de ma sœur dans sa prison. Je les pleurai toutes deux. Elles étaient le dernier lien qui me reliait à la France, à mon passé. Ma pauvre maman avait eu une fin de vie très éprouvante, un fils devenu femme et une fille emprisonnée. Elle, dont l'existence s'était déroulée jusqu'alors dans la sérénité provinciale et la plus grande piété, n'avait pas mérité ces malheurs.

Je crus de mon devoir d'avertir mon beau-frère qu'il était veuf. Depuis mon refus de secourir pécuniairement ma sœur et mon interdiction qu'il touchât à une seule parcelle de nos terres, nous avions coupé les ponts. Je l'avais beaucoup estimé autrefois, nous nous étions entraidés à plusieurs reprises. Le temps de la brouille était révolu. Je pris du papier et une plume.

« Malgré la mésintelligence qui s'est élevée, mon cher beau-frère, entre nous et ma famille, je crois devoir vous faire parvenir une copie de la lettre de monsieur de Charnoy pour vous annoncer un événement aussi important que la mort de votre femme. Je ne pense pas que ce malheur vous afflige infiniment et vous direz volontiers :

Ci-gît ma femme, ah ! Qu'elle est bien
Pour son repos et pour le mien.

À présent vous voilà libre et la paix rétablie dans votre mariage. Vous n'aurez pas de peine à trouver une autre femme plus riche, mais vous en aurez sûrement à en trouver une meilleure ! Je dois lui rendre la justice que sa tête était mauvaise, mais l'intérieur de son cœur n'était pas méchant. Sa trop grande vivacité et sa trop vive jalousie étaient ses deux maladies mortelles. Si elle avait été plus riche et si elle vous eût moins aimé, vous auriez été tous les deux plus heureux.

Je vous souhaite tout le bonheur possible à l'avenir. Si vous passez par Londres, vous pouvez venir m'y voir. »

Je le pensais sincèrement, car revoir O'Gorman après toutes ces années serait pour moi un réel plaisir.

17

Tous les mercredis, je recevais quelques amies pour le thé, dont la femme de l'amiral Cole pour laquelle j'éprouvais une vive sympathie. Nantie d'un époux autoritaire et mal portant, elle ne se plaignait jamais et profitait de ses moments de liberté pour se livrer aux joies de l'amitié. Cultivée, l'esprit libre, elle savait donner aux conversations un ton tout à la fois léger, spirituel et sage. Elle était exactement l'image de la femme à laquelle je m'identifiais. Ni la frivolité, ni les médisances, ni la coquetterie ne me séduisaient. Les hommes n'étaient que des hommes, les femmes pouvaient tendre à être universelles.

Dès l'âge de six ans, la nuit, j'ouvrais la fenêtre, contemplais le ciel. Je voulais m'envoler, m'échapper d'un moule trop étroit. Par chance ou par la force du destin, j'avais eu la possibilité étonnante de pouvoir choisir mon sexe, mon pays, ma foi, mes convictions politiques. J'étais le chevalier d'Éon de Beaumont, l'ami de William Pitt et des whigs, franc-maçonne, et anglaise. Le regard que je portais sur les hommes et les femmes était donc original.

Certes, j'avais vu des hommes fardés, minaudant derrière leurs mains baguées, et de rudes femmes qui chassaient le sanglier en bottes et veste cirée, ennemies des parfums et des fers à friser. Je ne m'identifiais à aucun de ces genres.

Mon vieil ami Turquet de Mayenne m'écrivait encore de temps à autre. Marié, il était père de trois enfants et grand-père de deux fillettes. L'atmosphère à Paris, me disait-il, était lourde, incertaine en ce début de 1789. La réunion des États généraux suscitait des espoirs trop grands pour être satisfaits. Je lui répondais en lui faisant part de mes soucis en ce qui concernait l'Angleterre : la folie du roi, les hésitations des whigs sur la régence. Le prince de Galles serait-il capable de diriger un gouvernement ? On le disait marié secrètement à une catholique, madame Fitzherbert, ce qui causait un immense mécontentement. La reine devait être anglicane, aucune autre religion ne serait tolérée.

L'hiver n'en finissait pas. Le bois manquait et ma maison de Brewer Street était impossible à chauffer convenablement. J'y vivais en pantoufles et robe de chambre ouatinée. J'écrivais une *Épître aux Anglais dans leurs tristes circonstances présentes*. Je lisais, j'allais parfois à la salle d'armes, mais l'âge venant, mon corps avait perdu beaucoup d'agilité. Cette constatation me rendait morose. Que me réservait le grand âge ? La solitude ? Si on montre plus d'indulgence envers les douairières, les personnes âgées ne sont guère prisées dans les élégantes compagnies et on le leur fait vite savoir.

Seul, parfois j'avais peur. Les doutes me revenaient : homme, femme ? Je n'y pouvais donner réponse et me tournais vers le Seigneur qui, seul, connaissait les raisons de toutes choses. J'eus des accès de piété, de mysticisme presque, comme au temps du collège des Quatre-Nations. Dieu me comprenait et m'ouvrait les bras.

Mais dès la fin du printemps, je repris force et courage. Les nouvelles qui me parvenaient de France m'enthousiasmaient. On parlait désormais ouvertement de Constitution, de droits du peuple. Des frères francs-maçons qui arrivaient à Londres partageaient avec nous leurs plus folles espérances. Notre devise Liberté, Égalité, Fraternité allait souffler sur la France, décoiffer les emperruqués et faire se redresser les opprimés. Certes, j'étais gentilhomme et donc privilégié, mais on m'avait utilisé avant de m'humilier. On m'avait contraint à être femme ! Et pour garder la tête haute, j'avais fait le choix définitif de le devenir.

Les nouvelles se précipitaient. À Versailles, les États généraux s'étaient réunis dans la plus grande effervescence, et mes vœux semblaient sur le point de se réaliser. Comme mon pays d'adoption, la France allait devenir une monarchie constitutionnelle. Je connaissais cependant assez bien Versailles et ses arcanes pour pressentir que cette marche en avant serait pesante.

Bien qu'une partie de la noblesse anglaise se détournât du prince de Galles, je gardais intacte ma foi en lui et acceptais toutes ses invitations. Débauché ? Corrompu ? Je le savais libre de mœurs, mais il montrait envers ses amis une loyauté sans faille et, à l'inverse de son père, était curieux des autres, libéré des entraves de la foi.

Fin juillet, je reçus une lettre de mon beau-frère. La Bastille avait été prise d'assaut, son gouverneur monsieur de Launay massacré. La Constituante travaillait, sous la direction de l'abbé Sieyès, un nouveau Platon, à rédiger une première ébauche de Constitution qui serait soumise au roi. Comme il n'espérait pas mon retour en France, il me pressait de mettre en vente maison et terres bourguignonnes. Puisque j'étais le seul héritier, il me ferait parvenir les trois quarts de la somme et garderait le reste, en prix de ses bons services.

J'acceptai. Jamais en effet je ne reviendrais à Tonnerre. Qu'y ferais-je ? J'étais devenu un Anglais d'adoption. La suite des événements vint, hélas trop tôt, me donner raison. Le tumulte politique que vivait la France avait mis sens dessus dessous l'administration, et les pensions n'étaient plus versées. Qu'allais-je devenir sans mes douze mille livres de rente annuelle avec ma maison de Brewer Street, ma vie sociale ? Était-ce la pauvreté qui à long terme m'attendait ? Je n'avais plus ni voiture ni chevaux depuis longtemps, me vêtais avec une extrême simplicité, mais mener une vie décente à Londres nécessitait une certaine fortune. À soixante et un ans, que ferais-je quand l'argent versé par mon beau-frère se serait envolé ? J'avais certes la possibilité de donner des cours d'escrime et de participer à quelques exhibitions rémunérées, mais à soixante-cinq ans, à soixante-dix ans ? Tout cela serait hors de mes forces.

Déjà, je ne montais plus à cheval, des douleurs lombaires me l'interdisaient. À Londres, je marchais à petits pas. Bientôt j'aurais besoin du secours d'une canne.

Dieu merci, ma tête fonctionnait parfaitement, et tout en me tenant au courant jour après jour de la situation en France, je poursuivais l'écriture d'une *Lettre sur la culture du mûrier et sur l'éducation des vers à soie en France.* Je m'initiais également aux échecs, jeu pour lequel je montrais des dispositions qui étonnèrent mon professeur. Cette activité occuperait mes vieux jours, si Dieu me les accordait.

« *Necker,* écrivait O'Gorman, *est revenu aux finances et lance un emprunt de trente millions. Je n'y souscrirai certainement pas car l'avenir ici me semble des plus sombres en dépit de la générosité de l'aristocratie qui a aboli les privilèges. Déjà la tribu Polignac, les Artois ont quitté la France. L'incertitude ruine les affaires et je n'ai pas obtenu un bon prix de vos terres et de votre manoir. Vous recevrez bientôt trente mille livres en lettres de change, ce n'est certainement pas ce que vous espériez…* »

Trente mille livres ! En économisant sou par sou, cette somme m'accordait deux ans de subsistance. Il me faudrait désormais recevoir avec parcimonie et compter les bûches de mon âtre. Et la majorité de mes amis me tourneraient le dos. Qu'avaient-ils à faire d'une vieille dame impécunieuse, qui traînait derrière elle une odeur de scandale ? Les attitudes provocantes affichées par la haute noblesse ou les nantis amusaient, sinon elles n'étaient que ridicules.

Me resteraient les tournois d'escrime où les parieurs misaient gros sur le chevalier d'Éon. Mais il fallait prendre des risques, se battre sans protection. Jusqu'à quand serais-je capable de m'imposer ? Lorsque le temps était trop humide, je souffrais des blessures reçues sur le champ de bataille, et à Londres le ciel pouvait rester à la pluie des semaines.

Mais les nouvelles venues de France me redonnaient courage. J'aurais voulu embarquer, me battre aux côtés de La Fayette, supplier le roi de faire hâter la rédaction d'une Constitution. Je bouillais intérieurement de deviner ses tergiversations, la faiblesse qu'il montrait face aux pires conseillers. Necker ayant jeté l'éponge, personne n'avait plus la stature de s'imposer. J'avais trop souffert du despotisme pour ne pas souhaiter ardemment la fin du pouvoir arbitraire.

Le quatorze juillet 1790, en l'honneur de la fête de la Fédération, je donnai un grand dîner, une folie à laquelle mon caractère trop entier devait céder. Tous mes amis anglais et français résidents à Londres y étaient conviés. Au dessert, je me levai et proposai un toast à la Révolution française. On m'applaudit. J'avais préparé un discours que je prononçai avec flamme. Comme au temps de mes conflits avec Guerchy, mon énergie combative était revenue :

– Frères, amis, compagnons, compatriotes, Français libres, tous membres d'une même famille, soldats, citoyens voués à la défense de la patrie régénérée, nous devons comme Français dans une terre étrangère être jaloux de donner à notre chère patrie de nouvelles preuves d'un zèle qui ne s'éteindra qu'avec nos jours.

« Nous jurons avec allégresse sur l'honneur et sur l'autel de la patrie, en présence du Dieu des armées, de rester fidèles à la Nation, à la loi et au roi des Français, de maintenir de tout notre pouvoir la Constitution décrétée par l'Assemblée nationale et acceptée par S.M. Que périsse l'infracteur de ce pacte sacré.

« Oui, mes braves compatriotes, nous devons au péril de notre vie maintenir les décrets émanés de la sagesse du tribunal auguste de l'Assemblée nationale qui vient d'élever sur des bases inébranlables l'édifice de notre félicité. »

Le tonnerre des applaudissements m'obligea à m'interrompre quelques instants.

– Nous devons renouveler l'hommage respectueux de notre amour au père tendre, repris-je, au monarque citoyen qui met toute sa gloire et son bonheur dans celui de ses peuples...

D'un geste de la main, je fis cesser la nouvelle vague d'applaudissements.

– Et puisque l'Éternel l'a naturellement gravé dans le cœur de tous les hommes, puissent les Français ne jamais perdre de vue la sublimité de leur Constitution, la considérer comme un dogme national et y demeurer toujours fidèles. Ce sont les vœux ardents de mon cœur au nom de la liberté pour laquelle il serait beau de mourir et sans laquelle il serait affreux de vivre.

Mon petit discours fut un triomphe. De nouveau nous portâmes tous des toasts au roi, à la Constitution, à l'Assemblée nationale.

Je n'ignorais pas que Lord Stanhope, un enthousiaste de la Révolution française, un ardent défenseur de la liberté pour les colons d'Amérique comme de celle de leurs esclaves noirs, membre de la Chambre des Lords, tenait non loin de chez moi une assemblée de francs-maçons, tous acquis aux Lumières françaises. J'avais acheté une pierre de la Bastille, symbole de l'oppression dont j'avais souffert, et la lui avais offerte. Il m'avait fait porter une lettre des plus chaleureuses et m'avait promis que lors des agapes suivant la prochaine tenue maçonnique, on porterait un toast à ma santé.

« *Vous le méritez, chère amie,* concluait-il, *par le prestige de votre personnalité, votre originalité et vos convictions. Vous faites l'admiration de tous et, croyez-moi, pas seulement en Angleterre.* »

Cette marque d'amitié d'un si haut personnage atténua l'anxiété provoquée par mes excessives dépenses. Je me trouvais en dette sans grand espoir de pouvoir désormais engranger une fortune à la hauteur de mes aspirations.

J'avais encore sur le dos les notes que m'envoyaient mes avocats qui essayaient de contraindre les héritiers de mon cher Lord Ferrers à me rembourser. Ils gardaient encore bon espoir de réussir, car le nouveau Lord Ferrers était fort riche.

Finalement, en février 1791, le tribunal des plaidoyers communs de la cour de Westminster me donna gain de cause, et je me vis délivré du spectre de la ruine.

Mais la chance désormais me tournait le dos, car deux mois plus tard, mon débiteur décédait, et il me fallait désormais plaider contre son fils. Une remise à zéro qui me désespérait.

Que me restait-il ? Mon habileté à l'épée, ma bibliothèque et ma maison qui me coûtait fort cher en entretien. J'acceptai donc de me produire dans les duels où ma présence obtenait un succès qui faisait la fortune des bookmakers. Ces rencontres n'étaient pas sans danger, car les duellistes ne devaient pas se protéger : ni casque ni veste molletonnée. Au premier sang versé, le combat était arrêté, et le vainqueur empochait une somme qui pouvait être assez importante, une nécessité vitale pour moi.

Mais quand je me présentai au début de l'été dans la salle d'armes de Lord Canning, un proche du prince de Galles devenu régent depuis que les troubles mentaux de son père rendaient celui-ci inapte à gouverner, je sentis pour la première fois le poids des ans. J'allais avoir soixante-quatre ans, souffrais de rhumatismes et ne me déplaçais plus avec la même vivacité. J'aurais dû jeter l'éponge mais ne pouvais matériellement le faire. Sans revenus, serais-je contraint à vendre ma bibliothèque ? Cette perspective m'accablait.

Je fis d'abord face à mon adversaire avec dextérité, mais, beaucoup plus jeune que moi, celui-ci attaquait sans relâche, me forçant à parer de plus en plus serré. J'étais mené, et cette défaillance m'exaspérait. Et puisqu'il ne me restait plus que de l'audace, j'observai une légère faute de mon adversaire pour me fendre et l'attaquer. Il para, et en un instant m'atteignit au bras droit. On arrêta le combat pour me panser. La blessure était légère. Consternée, l'assistance me fit quand même une ovation, mais je pressentais que cette dernière était le salut adressé au gladiateur mourant.

De chagrin, de dépit, du fait aussi de la douleur causée par ma blessure, je pris le lit et n'en bougeai durant trois jours. Ma vie sans cesse me revenait en mémoire, le collège des Quatre-Nations, Saint-Pétersbourg, mon régiment de dragons, la cour de Versailles, Marie Liesse que j'avais sans doute aimée et qui aujourd'hui devait être grand-mère, Londres, Guerchy, mon exil à Tonnerre accompagné de l'ordre formel de me vêtir en femme, ma famille, mon départ à Londres, mon choix définitif de me vêtir en femme. Cette existence avait-elle été aussi glorieuse que beaucoup le prétendaient ? Ou ne m'étais-je pas laissé berner par plus puissants que moi ? Après avoir été trahi par la nature, l'avais-je été par le destin ? Le quatrième jour, je réagis enfin. Il me fallait lutter ? Je lutterais. Sans doute je reprendrais l'escrime et vengerais ma défaite. Je me séparerais aussi de ma bibliothèque puisqu'il le fallait absolument.

Rédiger un catalogue que je remettrais à Christie's me prit plusieurs semaines. Mes amis me suppliaient de renoncer à ce projet. Vendre mes livres, n'était-ce pas vendre mes propres enfants ? Ils organisèrent une collecte pour récolter les fonds permettant d'éviter cette extrémité. Hélas, elle se révéla insuffisante.

Du matin au soir, je remplissais des caisses en classant mes livres par ordre : romans, philosophie, manuscrits, les œuvres de Plutarque, Platon, Démosthène, Cicéron, César, Sophocle, Virgile et bien d'autres, d'antiques bibles. Je me vêtais de hardes, négligeais de me coiffer, de mettre un bonnet sur ma tête. J'étais comme folle, épuisée, hallucinée par le chagrin. Depuis ma jeunesse j'avais réuni ces œuvres rares et précieuses. À Tonnerre, exilé, je ne pensais qu'à mes livres à Londres. Ma décision de regagner l'Angleterre, de tout laisser derrière moi avait été grandement motivée par le bonheur de les revoir, de les tenir, de les feuilleter. Et aujourd'hui, privé de ma pension, je devais disperser ma bibliothèque, la laisser entre des mains étrangères qui ne lui porteraient pas le même amour.

Dans cette débâcle, un rayon de soleil me fut accordé. La veuve de l'amiral Cole, un vieil ami mort de la tuberculose après une longue agonie, proposa de m'aider. J'avais éprouvé tout de suite pour cette femme intelligente une grande attirance amicale. Nous partagions les mêmes goûts pour la littérature, la politique, les voyages, l'ésotérisme. Comme moi elle avait étudié le latin, le grec et avait montré quelque curiosité pour la Kabbale qui m'avait tant enthousiasmé. De taille moyenne, menue, elle portait sans poudre ses cheveux gris et se vêtait avec une sobre élégance.

Je tentai d'intéresser le comte de Montmorin, ministre des Affaires étrangères et proche de Necker, à mes lettres manuscrites françaises. Hélas, les temps étaient on ne peut plus défavorables à ce genre de transaction. Montmorin déclina mon offre, avec élégance je dois le reconnaître.

La vente était arrêtée pour le dix mai 1791. Christie en personne recevrait les enchères. À mes livres j'avais joint ma belle bibliothèque en acajou, quelques meubles, ce que j'avais gardé de mon élégante garde-robe masculine alors un peu démodée, mes armes à l'exception de mon épée et de mes deux pistolets. Je gardais pieusement mon uniforme de dragon que personne au monde ne me déciderait à vendre.

Mrs Cole assista à la vente alors que je restais claquemuré chez moi, la gorge nouée, l'esprit en déroute. Elle me rejoignit le soir accompagnée d'une servante qui portait un panier rempli de pain, de foie gras, de divers fromages anglais et des premières fraises venues de France. Elle me serra dans ses bras comme une sœur l'aurait fait et je sus à cet instant que nous ferions ensemble une longue route.

L'argent que je perçus de la vente me permit de rembourser mes dettes. J'étais pauvre, mais libre de tout créancier et j'avais des amis qui redoublaient d'attentions à mon égard. Fort rarement je dînais seul, et la bonne chère, une compagnie agréable me faisaient oublier pour un temps mes sombres pensées : qu'allait être mon avenir ? Serais-je capable de garder ma maison ? Il allait falloir que je loue le premier étage pour vivre au rez-de-chaussée un peu à l'étroit, mais qu'importait puisque la plupart de mes meubles étaient vendus.

Tous les jours j'achetais le journal qui m'informait de l'évolution politique en France. Les armées ennemies de notre belle Révolution se massaient aux frontières. La mort de Mirabeau, la tentative de fuite du roi arrêté à Varennes durcissaient une conjoncture politique déjà fort tendue. Le roi n'avait plus le choix, il devait prêter serment à la Constitution si ses faux amis ne lui dissimulaient pas la vérité sur la situation. Une poignée de courtisans s'évertuaient à prodiguer, à lui et à la reine, les plus mauvais conseils. Serais-je resté en France que j'aurais couru à Versailles pour supplier le roi d'écouter la voix de la raison. Les Anglais, avec leurs deux Chambres, leurs électeurs, étaient-ils plus malheureux que les Français ?

Me hantaient aussi les raisons de ma décision d'être femme. Avais-je trop laissé parler mon cœur au détriment des voix de la nature ? Si la féminité signifiait pour moi une certaine paix intérieure, une quantité de joies simples, avais-je cédé à l'utopie née du séjour à Saint-Pétersbourg de Lia de Beaumont ? J'avais alors connu la satisfaction d'être admirée, complimentée, courtisée. J'avais découvert le pouvoir des femmes, pouvoir dénué de violences et de vengeance, d'égotisme, pouvoir sans rudesse, tout en intelligence et art de la séduction. Les femmes par instinct et expérience connaissaient mieux les hommes que ceux-ci ne se comprenaient. Elles choisissaient avec art les mots qui flattaient ou affaiblissaient les défenses, les regards qui encourageaient sans qu'une seule parole soit prononcée. Les mâles quant à eux ne savaient la plupart du temps qu'exprimer leur désir. C'est ce pouvoir occulte qui m'avait charmé, moi l'agent secret, l'espion du Secret du Roi.

Mais la condition militaire avait été pour moi une contre-expérience très excitante. La vie de camp, la rude camaraderie, la fièvre qui précède les combats, les charges de cavalerie au milieu du tonnerre des canons avaient mis en lumière un autre aspect de ma personnalité. Lia de Beaumont s'était métamorphosée en capitaine de dragons sans états d'âme. Puis les brimades, l'injustice, les mesquineries m'avaient de nouveau frappé de plein fouet. Le roi m'avait voulu en femme. Je devais me retirer en femme de la carrière militaire et diplomatique. On ne discutait pas les volontés royales.

Au mois d'août, une lettre de mon beau-frère me rendit malade de chagrin. Notre belle maison de Tonnerre avait été vandalisée. Vendue depuis la mort de maman et celle de ma sœur, mais restée inoccupée, elle avait soulevé dans une population surexcitée une haine contre ceux qui s'étaient jugés d'une essence supérieure. « Guerre aux châteaux, paix aux chaumières ! »

Mon beau-frère O'Gorman allait gagner l'Angleterre. Je dois avouer que cette nouvelle me fit plaisir. Le savoir à

Londres me donnerait le réconfort d'avoir de nouveau une famille.

L'année s'acheva pour moi dans une grande mélancolie. Seule ma chère Mary Cole parvenait à me divertir par son esprit, son érudition, sa bonté. Nous nous voyions trois fois par semaine à l'heure du thé, chez elle dans New William Street ou chez moi, et nous nous retrouvions souvent lors de dîners chez des amis communs. Dans l'esprit de ma chère amie, aucun doute n'existait : j'étais une femme remarquable qui avait accompli de grandes et belles choses, mais qui refusait de vieillir avec sérénité. En avais-je le choix ? Le manque d'argent me poussa à reprendre mes exhibitions d'escrime comme on force un vieux lion malade à sauter dans un cercle de feu. Mary me désapprouvait, elle pouvait me prêter de l'argent, mais j'avais de l'orgueil et refusais d'être assisté. La défaite que j'avais essuyée lors de mon dernier assaut m'avait beaucoup appris. À mon âge, étant privé de mes forces musculaires, je devais me montrer le meilleur par la stratégie et la ruse. N'attaquer que lorsque la touche était immanquable. On me demandait à Bath, une ville de villégiature à la mode où se pressaient jusqu'en octobre l'aristocratie et les grandes fortunes industrielles. La somme qu'on me proposait n'était pas négligeable, en tout cas pour moi qui après une vie de largesses devais compter chaque shilling.

Ma clairvoyance me réussit, et je pus en septembre récupérer ma réputation de meilleure lame d'Angleterre. On me proposa alors des tournées en compagnie d'une actrice,

Mrs Bateman. Je refusai tout en laissant entendre que je pourrais revenir sur ma décision. Mais faire du chevalier d'Éon, qui avait eu l'honneur de recevoir la croix de Saint-Louis, une sorte de forain m'humiliait. Je n'y consentirais que l'épée de la misère sous la gorge.

Un soir, après avoir vidé une bouteille de vin de Tonnerre avec mon beau-frère, j'eus le désir fou, irresponsable, de remettre mon bras au service de mon pays attaqué de toutes parts. Vivoter comme je le faisais à Londres avait soudain perdu tout attrait. Je devais rentrer en France, endosser mon uniforme, me battre, mourir sur le champ de bataille et être inhumé chez moi.

En dépit des avertissements de mon beau-frère, je pris une plume et un encrier. J'allais écrire à Lazare Carnot pour lui proposer mes services. Membre de l'Assemblée législative, cet officier chargé des questions militaires ne pouvait que me comprendre et être séduit par mon offre. Ma plume courait sur le papier.

« Depuis la Révolution, je sens mon amour pour la patrie se réveiller et mon humeur guerrière se révolter contre ma cornette et mes jupons. Je demande instamment de combattre sous l'uniforme français et suis prêt à lever un bataillon dont je prendrais le commandement. Cette guerre me semble juste car menée contre le despotisme.

J'ai été, mon capitaine, le jouet de la nature, de la fortune, de la guerre et de la paix, des hommes et des femmes, de la malice et de l'intrigue des cours. J'ai passé successive-

ment, contraint par mon père et les mœurs, de l'état de fille à celui de garçon, de celui d'homme à celui de femme ; j'ai éprouvé toutes les bizarreries des événements de la vie humaine. Aujourd'hui, une plus brillante carrière s'ouvre devant moi. Bientôt, les armes à la main sur les ailes de la Liberté et de la Victoire, j'irai combattre et mourir pour la nation, la loi et le roi. »

Je tendis la lettre à mon beau-frère qui se contenta de lever les yeux au ciel et de me rappeler que j'avais soixante-trois ans.

Son attitude me poussa à expédier ma lettre dès le lendemain.

J'attendais impatiemment une réponse qui ne venait pas. J'ignorais alors que la situation politique en France était extrêmement confuse. On murmurait dès le printemps que le roi et la reine trahissaient la nation et que les défaites successives de l'armée étaient dues à leur félonie. Aveuglé, trompé par certains de ses proches, le roi, m'apprit O'Gorman, commettait erreur sur erreur. Après avoir juré son respect à la Constitution, il se séparait des populaires ministres girondins Brissot, Condorcet, Roland qui avaient courageusement déclaré la guerre à l'Autriche. Comme en juillet 1789, Paris avait la fièvre, et on préparait une journée populaire qui mettrait fin au simulacre de royauté.

J'étais abasourdi. Quel sort attendait la famille royale ? Allait-on oser porter la main sur elle ?

Les nouvelles se succédaient, certaines propagées par

des Français venant de débarquer sur le sol anglais afin de sauver leurs vies. Le roi et sa famille auraient été arrêtés et enfermés au Temple. Le Temple ? Tant de souvenirs revenaient à ma mémoire, le prince de Conti, son amitié, ses premières propositions secrètes, le rôle décisif qu'il avait joué dans mon existence, sa fidélité en dépit de l'adversité. Ainsi le roi, la reine, leurs enfants, Madame Élisabeth étaient prisonniers dans la tour ! Quelle malice de l'histoire[1]...

Nous nous réunissions de temps à autre entre Français immigrés (bien que je n'en fusse pas un, ayant quitté la France bien avant la révolution). Je rageais du fatalisme de ces aristocrates dont l'imagination ne se concentrait que sur une possible évasion du roi et de la reine. Se battre pour la France ? Quelle France ? Elle n'était plus la leur.

À la fin de l'année 1792, je reçus avec stupéfaction un pli m'annonçant la remise prochaine d'un passeport qui me permettrait de regagner la France. J'étais encore sous le choc de l'émotion quand monsieur de Barthélemy, chargé des Affaires de France à Londres, me remit une lettre de monsieur de Montmorin me suppliant de ne mettre aucune hâte à exécuter mon projet. Le roi allait être jugé incessamment. Tout était possible. On avait massacré en septembre des centaines d'innocents, de simples prêtres ainsi que des

1. L'enclos du Temple comprenait le palais de Conti et la fameuse tour où fut enfermée la famille royale. Il s'étendait sur plusieurs hectares et jouissait d'une totale autonomie.

proches de la reine comme la princesse de Lamballe. La situation était trop catastrophique pour que je m'y fasse une place. À aucun prix je ne devais quitter Londres.

La déception personnelle, les craintes que monsieur de Montmorin avait levées en moi sur le sort de la famille royale me rendirent malade. Je gardai le lit une semaine, en proie au plus grand abattement.

Dès que je fus sur pied, soigné avec une extrême amitié par Mary Cole, on m'invita de tous côtés pour me prouver que je n'étais pas oublié. Je retrouvais le prince de Galles avec joie et aussi mon ancien maître d'armes Angelo. O'Gorman et ses deux fils m'accompagnaient bien souvent ainsi que Mary. La sérénité et même ma bonne humeur me revinrent jusqu'au vingt et un janvier, jour où le roi fut guillotiné. Mon passé, mes convictions les plus profondes volèrent en éclats. La Révolution, que je soutenais jusque-là de toutes mes forces, me sembla abominable. Il n'était plus question pour moi de quitter l'Angleterre.

18

J'eus en ce début d'année 1793 la surprise de retrouver mademoiselle Bertin, la couturière de la reine, qui m'avait confectionné de nombreuses toilettes. Elle fut heureuse de me revoir et étonnée de me découvrir vêtue d'un caraco gris, d'une jupe noire et d'un bonnet de basin.

– À mon âge, lui avouai-je, on doit se fondre dans l'obscurité, et pour être franche cela m'importe peu, mais vous avez donné un éclat incomparable à une brève époque de ma vie.

Rose Bertin s'inquiétait beaucoup du sort réservé à la reine. L'espoir nourri par quelques aristocrates qu'elle soit remise à l'Autriche lui semblait dérisoire. Tout au contraire, on l'accusait de collusion avec les Habsbourg. Elle serait prête à faire envahir la France pour qu'on la sauve, elle et ses pauvres enfants.

– Je n'ai pas vu Sa Majesté depuis son emprisonnement, me confia-t-elle, mais on dit qu'elle n'est plus que l'ombre d'elle-même.

La célèbre couturière prévoyait de parcourir l'Europe

où on la réclamait. L'impératrice de Russie n'avait-elle pas souhaité qu'elle renouvelle sa garde-robe ?

Je vis moins les émigrés. Ils ne cessaient de gémir sur leur triste sort. Certains avaient pris des emplois pour survivre. On disait même qu'un marquis s'était fait maître d'hôtel. Ma situation de fortune ne m'autorisait qu'à accepter les invitations de vieux amis qui n'attendaient pas de retour. Parfois, mais de plus en plus rarement, je caressais encore l'espoir de revoir la France, d'être inhumé à Tonnerre dans le caveau familial, auprès de ma sainte mère.

Je devais regarder la situation en face. Mes dettes recommençaient à s'accumuler et je n'avais plus rien à vendre qui puisse les éponger. En dernier recours, il me restait ces tournées d'escrime, accompagné de cette comédienne qui parachevait le spectacle. Deux singes savants.

Mon premier assaut se fit contre monsieur de Sainville au Ranelagh en présence de mon fidèle ami le prince de Galles et du duc de Gloucester. Je m'en tirai fort bien et pus offrir à souper à ceux qui avaient parié sur moi.

Dès juin, la société londonienne s'éparpillait dans ses résidences campagnardes ou dans des villes d'eaux. Je la suivis, ferraillant à Ramsgate, à Margate, à Brighton, à Oxford, à Douvres, à Cantorbéry. Une vie épuisante que je ne supportais que grâce à l'inépuisable gaieté de Mrs Bateman qui prenait du bon côté tous les aléas de nos voyages : mauvaises routes, nourriture rustique, chambres d'auberge douteuses, lits infestés de puces et de punaises. Mais rendues dans les villes qui nous attendaient, nous étions reçues comme des reines : soupers, bals, fêtes champêtres. Mes adversaires étaient médiocres et je gagnais sans trop d'effort. Mrs Bateman récitait des poèmes et déclamait des tirades extraites de l'œuvre de Shakespeare.

De Londres, Mary m'écrivait, mais beaucoup de ses lettres ne me parvenaient pas. Je l'avais chargée de louer mon rez-de-chaussée en mon absence, et elle avait trouvé un gentilhomme français émigré, monsieur de Molleville, l'éphémère ministre de la Marine du défunt roi Louis XVI. Cet arrangement me rendit heureux. Chaque lien m'attachant encore à mon passé m'était important. Savoir à Brewer Street, dans mes meubles, un homme qui avait connu Versailles me donnait l'impression de rendre service à un membre de ma famille.

Je célébrai mes soixante-six ans. La reine et Madame Élisabeth avaient été exécutées. On disait que le dauphin se mourait dans la tour du Temple. Une sorte de dépit moral s'était emparé de moi, allié à une grande fatigue. Voyager trompait mes sombres pensées et, toujours en compagnie de Mrs Bateman, j'embarquai pour l'Irlande, Cork, puis Dublin, où nous passâmes l'hiver avant de gagner Liverpool. Là, Mrs Bateman me quitta pour regagner Londres et je traînai mon spleen de ville en ville.

Je n'achetais plus de journaux français, ce qui se passait outre-Manche ne m'intéressait plus, mais je n'oubliais point la fête de la reine Charlotte, et lui écrivis une lettre respectueuse l'assurant de mon indéfectible amitié.

O'Gorman me retrouva un jour à Coventry et m'apprit

que j'étais toujours sur la liste des immigrés. Tout espoir de retour en France était utopique, nous ne possédions plus rien à Tonnerre. Il ne me cacha pas qu'il me trouvait en piteux état et me pressa de regagner Londres en sa compagnie. Je restai vague. Auparavant, il me fallait honorer un assaut promis à Southampton. Je pressentais que ce serait le dernier. Ensuite je m'enfermerais chez moi et me mettrais à l'écriture d'un nouvel ouvrage. J'avais soixante-huit ans et étais désenchanté.

La journée du vingt-huit août avait été chaude et je me présentai dans la salle d'armes un peu étourdi. À première vue, je jugeai mon adversaire comme peu dangereux. Jeune, il était doué d'une agressivité un peu brouillonne, et se précipitait sur moi comme un taureau furieux. Parer ses assauts était épuisant tant ceux-ci étaient vigoureux. Il fallait que je compte sur mon expérience et la fatigue de mon adversaire.

Soudain, je sentis une douleur fulgurante. Sans avoir paré mon coup droit, il m'avait planté son épée dans la poitrine. Sous la violence du choc, celle-ci s'était enfoncée, puis cassée entre la région axillaire et le bas de mes côtes. On hua mon adversaire et se précipita sur moi pour étancher le sang qui coulait en abondance. Deux hommes me portèrent dans une pièce où m'attendait un de ces chirurgiens toujours présents lors des assauts sans protection. Il fallait sonder la plaie et me panser. Avant qu'on ne m'ôte ma chemise, je suppliai que l'assemblée qui m'entourait se retirât. Je voulais être seul avec le chirurgien. Il me déshabilla et fronça les sourcils. « Mauvaise plaie, monsieur le chevalier », puis très vite il ajouta : « Les médecins savent être discrets. » On me porta dans ma chambre. Je n'avais qu'une hâte, celle de rentrer chez moi à Brewer Street, quitte à partager mon logis avec monsieur de Molleville le temps que ce dernier puisse trouver un autre hébergement.

On me garda à Southampton. J'avais de la fièvre, des frissons nerveux, ma jambe et le pied gauche se mirent à enfler. J'étais cependant épargné par la gangrène et ma plaie se refermait bien.

Quels ne furent pas ma surprise et mon bonheur de voir Mary Cole surgir un après-midi. Elle était venue pour me ramener chez elle à Londres.

– Laissez tranquille votre locataire, me dit-elle, et remettez-vous à mes soins. Tous les soucis matériels vous seront épargnés.

Sa présence accéléra sans nul doute ma convalescence, et bien que très affaibli, je pris place dans la voiture qu'elle avait louée. J'avais accepté sa proposition. Nous voyageâmes à petite vitesse. Mary m'entourait de mille attentions et j'arrivai dans New William Street sans détérioration de ma santé.

Mary convoqua aussitôt son médecin afin qu'il examinât ma jambe et mon pied, devenu dur comme de la pierre. Mes orteils recourbés m'empêchaient de faire le moindre pas sans deux solides cannes.

– Il vous faut une alimentation légère, prescrivit-il, et beaucoup de repos. Je ne vous cache pas, madame la chevalière, que vous avez en partie perdu l'usage de votre jambe. Tentez de vous déplacer, même si vous devez endurer une certaine douleur. Supprimez de votre alimentation le gibier et la viande rouge, mangez beaucoup de légumes, de fruits, de laitages si vous en avez le goût. Buvez du vin avec modération mais beaucoup d'eau, de thé, de tisanes.

J'accusai le coup. Le vaillant dragon n'était plus qu'un vieux podagre entre les mains d'une charmante dame qui, seule, savait me réconforter. Elle me poussa même en février à accepter une invitation à dîner. Par la force de ma volonté, j'arrivai à me déplacer aidé de cannes, et surveillé de près par Mary. Ce souper me fit le plus grand bien moralement, car dès mon entrée dans le salon, on se leva pour m'applaudir. Et quand je proclamai que j'aurais mieux aimé être blessé à la guerre, la société éclata de rire. Miss d'Éon était décidément une farceuse.

Je compris néanmoins bien vite qu'une vieille dame à moitié impotente n'intéressait plus grand monde, fût-elle la chevalière d'Éon. D'autres personnalités occupaient maintenant le devant de la scène à Londres. On se passionnait pour le prince de Galles désormais régent qu'on avait marié de force à Caroline de Brunswick alors qu'il avait secrètement épousé la catholique Miss Fitzherbert. Délivré de l'autorité d'un père désormais tout à fait dément, il aimait provoquer, choquer par les mille excès de sa conduite. J'éprouvais cependant pour lui la même admirative amitié, et il ne manquait jamais de m'envoyer une caisse de champagne pour ma fête et le premier de l'an, accompagnée d'un mot de sa main.

Ma vie aux côtés de Mary s'organisa d'une manière paisible, sédentaire. Je la battais régulièrement aux échecs, nous lisions, je commençais la rédaction de mes mémoires, un œuvre que je voulais marquante tant par la personnalité de l'auteur que par le récit des événements qu'il avait vécus. Mary, qui m'appuyait sans restriction, se démena pour me trouver un éditeur et m'obtenir une avance qui rembourserait mes créditeurs les plus menaçants. Elle y parvint et nous tombâmes dans les bras l'une de l'autre.

En parallèle avec mon œuvre littéraire, je continuais à envoyer avec régularité des lettres à ceux qui maintenant détenaient en France le pouvoir : Barras entre autres, et Sieyès pour lequel j'avais toujours éprouvé une grande admiration. Je les suppliais de rétablir ma pension méritée par mes actions aussi bien diplomatiques que militaires. Je les priais aussi de faire rayer mon nom de la liste des émigrés afin de garder la possibilité de regagner la France, puis mon pays, la Bourgogne. Je vivais en Angleterre dans la plus grande pauvreté, et sans le secours d'une amie dévouée, devrais gagner une maison d'indigents, moi qui avais l'honneur de porter la croix de Saint-Louis. Aucun homme ayant quelque fierté ne pourrait le permettre.

J'attendais en vain des réponses et commençais à perdre tout espoir. Le soir, en savourant au compte-gouttes le seul verre de sherry que nous pouvions nous permettre, je lisais à Mary les quelques pages de mes mémoires rédigées dans la journée. Elle écoutait avec beaucoup d'attention et se montrait très franche : n'avais-je pas tendance à sauter d'une date à l'autre, ce qui embrouillait le lecteur ? Et pourquoi ne donnais-je pas plus de détails sur ma vie au collège ? Je devais exposer mes goûts, mes amitiés, mes rêves. Il n'y avait pas d'intéressants mémoires sans sensibilité. L'auteur devait savoir de temps à autre se mettre à nu. Je l'écoutais, décidé à ne tenir aucun compte de ses remarques puisqu'elle ignorait l'essentiel. Me mettre à nu ? Ce serait avouer bien sûr mes jeux d'enfance, ma satisfaction d'avoir brillé en jeune femme à Saint-Pétersbourg, celle d'avoir porté les robes de mademoiselle Bertin, mais aussi déclarer ma fierté d'avoir été capitaine de dragons, de m'être battu avec vaillance, d'avoir rempli en homme la charge d'ambassadeur de France suppléant, confesser mon goût pour les armes, les chevaux, le vin, les plaisanteries de corps de garde. La pauvre femme pourrait en mourir de saisissement. Délicatement, elle m'avait un soir interrogé sur ma vie amoureuse. Avais-je eu des soupirants ? Un fiancé ? Je lui avouai sans détour que les hommes ne m'avaient jamais intéressée. Pour une femme qui avait eu une éducation extrêmement conformiste, c'était une révélation aisée à comprendre. À vingt ans, Mary s'était vue unie à un officier de marine qui avait le plus bel avenir, mais possédait un caractère difficile, il était autoritaire, exigeant. Promu amiral, il avait vu toutes ses ambitions abouties, tandis qu'elle-même restait dans son ombre, solitaire et stérile.

Certes mes mémoires étaient fort difficiles à rédiger, je ne voyais pas clair en moi. Avais-je dominé mon étrange situation ? L'avais-je subie ? En réalité, je m'étais dérobé à tout choix jusqu'à l'aube de la vieillesse, car il me semblait pouvoir vivre celle-ci plus dignement en femme. J'aimais aussi la provocation, le jeu, l'ambiguïté. Quant à de possibles activités sexuelles, je ne regrettais nullement de m'en être écarté. Ma nature par ailleurs ne m'y poussait pas. Mais comment expliquer mes ambiguïtés dans un livre ?

En vieillissant, ma joliesse presque féminine avait fait place à un visage émacié, tranchant, plus mâle que femelle, mais tant de femmes se virilisaient dans le grand âge, exhibant même du poil au menton, que personne ne se posait à mon sujet la moindre question.

Mes forces me revenaient un peu, et je pouvais désormais faire à pied le tour du pâté de maisons. Je m'asseyais sur un banc et regardais les cavaliers, les équipages, une vie qui avait été la mienne. Quel spectacle devais-je donner aux passants ? Celui d'une vieillarde déchue alors que bouillait encore en moi l'envie de conversations spirituelles, celle de briller par ma culture, ma connaissance du monde. Si quelques plus jeunes personnes voulaient bien me recevoir, ils verraient qui était le chevalier d'Éon dont le sens de la répartie, les citations érudites, l'esprit avaient séduit Saint-Pétersbourg, Paris et Londres.

J'écrivis à Talleyrand, alors tout-puissant, et que je

m'entêtais à nommer « l'évêque d'Autun ». Il ne me répondit pas plus que les autres, lui qui avait pourtant connu l'exil à Philadelphie.

Un matin, me prit l'envie de revoir l'ambassade de France. J'en profiterais pour déposer une lettre chez le consul de France, monsieur Otto, comte de Mosloy, dans laquelle je lui exposerais les fonctions qui furent miennes et l'oubli dans lequel j'étais tombé.

Le jour même, il me fit déposer un pli m'invitant à souper pour le lendemain. Ma chère Mary me prêta une robe décente d'un parme flatteur et me couvrit les épaules de son plus beau châle de mousseline des Indes ourlé de dentelle. Elle boucla mes cheveux au fer et posa sur l'arrière de ma tête une résille blanche semée de plumetis de soie. Il n'était pas question, me déclara-t-elle fermement, de ressembler à une douairière de l'Ancien Régime.

De feu son mari, elle avait conservé une canne d'ébène à pommeau d'or ciselé qu'elle me tendit. La voiture commandée par ses soins attendait déjà devant notre porte. J'eus l'impression en m'y installant de rentrer chez moi.

Je fus ému en pénétrant dans la grande salle à manger où j'avais si souvent présidé de prestigieux soupers. Rien n'avait changé et tout était cependant différent. Dans un cadre où pas un meuble n'avait été remplacé, évoluaient des hôtes qui semblaient venir d'une autre planète. Les hommes portaient toujours des culottes de fin lainage, mais les gilets brodés, les longues vestes, les perruques avaient disparu au profit de vestes courtes plongeant dans le dos, leurs cheveux étaient mi-longs ou courts, parfois bouclés, les cols pointus des chemises encadraient leurs visages. Quant aux femmes, bien qu'en me promenant dans Londres j'eusse constaté le radical changement de mode, je ne les avais point encore découvertes en tenue de soirée. Aériennes, les robes moulaient le corps, soulignant la poitrine. À peine cachés par de petites manches, les bras étaient joliment décorés de bracelets et couverts d'un nuage de poudre qui sentait la rose ou l'iris. Sur les cheveux souvent courts et toujours bouclés étaient juste noués des rubans ou piquées des plumes légères que le moindre souffle faisait frissonner. Il semblait qu'elles se soient débarrassées des petites manières, des innocentes coquetteries et minauderies de l'Ancien Régime pour choisir un charme très naturel et direct, osant les éclats de rire joyeux, les réparties lestes.

J'étais bouleversé, mon passé me revenait par bouffées. Nivernais, Guerchy, Beaumarchais, Vergy... un monde que j'avais aimé ou bravé et parfois ridiculisé ici même, à l'ambassade de France. Mais je sus me ressaisir. Le consul et sa femme ne m'avaient point invité pour me perdre dans les méandres de mes souvenirs, mais pour me montrer joyeux convive. Je sus briller, conter avec esprit certaines anecdotes de ma vie. On m'interrogea sur mes projets : les gens démunis de toute ressource pouvaient-ils en avoir ? La comtesse Otto de Mosloy fut stupéfaite de savoir dans le besoin celle qui avait été si célèbre en Europe. Elle me jura d'écrire elle-même à Talleyrand et avait bon espoir qu'il lui répondît. En outre, elle ferait rayer mon nom de la liste des émigrés, me permettant ainsi de revoir mon pays natal si je voulais y finir mes jours. Je me retins de lui baiser la main en la quittant. J'avais encore de vieux réflexes, comme de laisser le passage à une dame, lui offrir mon bras. Mais depuis que je me déplaçais avec la plus grande difficulté, je me souciais surtout de moi-même.

Ma vie tranquille reprit aux côtés de Mary, mais je recevais de temps à autre, grâce à la comtesse, d'intéressantes invitations où je m'efforçais de briller en dépit de moments de plus en plus nombreux de mélancolie.

Tout changeait en France. Les victoires du jeune Bonaparte en Italie me galvanisaient. J'imaginais les soldats français ivres de leurs incessants succès, le corps des dragons avec les shakos dorés cernés de peau de panthère, les plumets rouges, la queue en crin de cheval partant du haut du casque pour tomber au niveau des épaules, la jugulaire attachée par des macarons ciselés. J'avais conservé le mien rangé, ou plutôt caché avec mon uniforme et mon épée, dans un coffre remisé au grenier. Malgré la difficulté que représentait pour moi l'escalade des marches fort raides, j'y montais de temps à autre, ouvrais le coffre et me laissais envahir par la nostalgie et l'émotion. Puis je descendais reprendre ma place au salon, observer Mary coudre, broder, ou bien je rafistolais parfois moi-même une chemise ou des bas usés.

La comtesse de Mosloy m'assura que j'allais recevoir

prochainement une somme d'argent, certes pas à la hauteur de mes espérances, mais qui me tirerait provisoirement d'embarras. Elle m'annonça aussi à mon grand désespoir leur prochain retour en France. Son mari serait remplacé par monsieur Grégoire en attendant la nomination d'un ambassadeur. La comtesse était venue chez Mary et moi pour le thé. Mon amie avait confectionné d'excellents scones avec sa fameuse confiture de fraises. Je faillis lâcher ma tasse. Monsieur Grégoire ! N'avait-il pas traité durant la Révolution tous les monarques de criminels ! Cet abbé avait été le premier à réclamer le procès de Louis XVI. Bien que ma conscience fût révoltée par le personnage, mieux valait garder mes animosités pour moi.

– Je sais, je sais, déclara la comtesse qui devinait mon désarroi, mais monsieur Grégoire ne viendra qu'en tant que chargé d'affaires et sera vite remplacé.

En me quittant, elle glissa une bourse dans ma main. Elle contenait vingt mille livres. Je savais que cette somme ne venait pas de l'évêque d'Autun, mais de sa propre cassette.

– Mon beau-frère, monsieur Jackson, me dit-elle avant de monter dans sa voiture, est nommé ministre plénipotentiaire à Paris. Soyez sûr qu'il plaidera en votre faveur. Quant aux manuscrits de Vauban, ils intéressent mon mari. Il prendra bientôt contact avec vous.

– À Paris, la suppliai-je, faites savoir au Premier Consul toute l'admiration que je lui porte.

Hélas, la guerre reprit entre la France et l'Angleterre, ruinant toutes mes espérances. Mes économies fondaient, et Mary payait avec peine notre nourriture et surtout notre loyer. Elle n'avait pas de fortune et vivait elle-même d'une assez modeste pension. L'aide que mes amis me consentaient ne suffit plus quand il fallut colmater les fuites d'eau de notre toiture. Le propriétaire étant aux Amériques, nous n'avions aucun moyen de le faire payer.

Après que les Otto de Mosloy eurent regagné la France, les invitations se firent rares et mon état de santé m'obligeait parfois à les décliner. À ma faiblesse s'ajoutaient les frais de location d'une voiture, l'achat de quelques broutilles pour orner la robe parme prêtée par mon amie.

Bientôt, après de longues discussions, il nous parut à Mary et moi indispensable de déménager dans un logement au loyer plus modeste. Un salon et deux chambres nous suffisaient. Sur une carte de Londres, nous repérâmes un quartier point trop excentré où les loyers étaient encore abordables. Drury Lane, situé au nord-est de la ville, était une rue calme et entièrement résidentielle.

Avant de déménager, nous vendîmes quelques meubles, du linge, des ustensiles de cuisine dont nous n'aurions plus besoin. Je demandai en cachette aux déménageurs d'emporter le coffre du grenier pour le poser dans ce qui serait ma chambre. Je trouverais une solution pour le dissimuler, et par ailleurs Mary était une colocataire d'une extrême discrétion.

Je dus arrêter pour quelques semaines la rédaction de

mes mémoires qui me causait de grandes difficultés. Mary et moi choisîmes des rideaux, fîmes repeindre le salon et remplaçâmes le poêle à bois par un modèle à charbon, nos forces ne nous permettant plus de transporter des bûches. Une femme fut retenue pour recharger chaque semaine le coffre de boulets et faire un peu de ménage. Je célébrai avec Mary mes soixante-dix-sept ans. À cette occasion, la délicate reine Charlotte m'offrit la bonne nouvelle d'une petite pension de cinquante livres prise sur sa cassette personnelle. Vieillissant aux côtés d'un mari dément et d'un fils avec lequel elle ne s'entendait pas, elle sombrait dans la dévotion. Je lui écrivis pour la remercier, et elle me fit savoir que, même ne recevant plus au palais, elle ne m'oubliait pas et priait pour moi. Situé au rez-de-chaussée, car il n'était plus question pour moi de gravir le moindre étage, le logement était sombre. La rue était calme, mais dépourvue de verdure. Quand je lisais au coin de la fenêtre de ma chambre, je ne voyais que les murs de brique de la maison face à la nôtre. Qui irait me chercher dans ce coin perdu ? Qui viendrait me rendre visite ? Depuis longtemps, mon beau-frère avait regagné Paris et amassait une confortable fortune dans des transactions immobilières. Pour une bouchée de pain, il rachetait des maisons ou des immeubles vandalisés par les révolutionnaires, les faisait réparer et les revendait au décuple du prix d'achat. Il m'écrivait rarement, clamant que l'établissement de ses fils lui coûtait cher et que, malgré sa bonne volonté, il ne pouvait m'aider.

Le petit Bonaparte s'était fait empereur des Français, mais son euphorie n'avait point émoussé sa haine contre l'Angleterre qui le lui rendait bien.

O'Gorman me conseillait de regagner la France, d'y acquérir une modeste maison entourée d'un jardin. Une femme viendrait entretenir un potager, un poulailler, un clapier. Ces perspectives bucoliques ne correspondaient en rien à ce que j'avais voulu faire de ma vie.

Alors que je m'habituais tant bien que mal à mon nouveau logis, un créancier dont j'avais oublié l'existence me tomba sur le dos. J'avais dix jours pour m'acquitter d'une dette vieille de huit ans. De son côté, Mary, n'ayant pu payer le médecin et le chirurgien après ma grave blessure et mon rapatriement à Londres suivi des soins d'une infirmière à domicile, avait signé une reconnaissance de dette auprès d'un soi-disant ami de feu l'amiral. Aujourd'hui, celui-ci tapait sur la table. Compte tenu des intérêts, la somme qu'il réclamait atteignait deux mille livres sterling. Ni Mary ni moi n'avions la moindre guinée à lui offrir.

En dépit du très mauvais état de mes jambes, je fus arrêté et incarcéré pour dettes. Je pensai alors à celui que j'appelais Carillon de Beaumarchais qui, lui aussi, avait croupi dans une geôle à Londres pour trafic d'armes. Je m'étais bien gardé alors de lui rendre visite.

Le bâtiment qui abritait les prisonniers pour dettes était assez humain. Réparties autour d'une cour centrale où étaient disposés des bancs, les chambres d'une taille convenable jouissaient d'un lit, d'une table, de deux chaises et d'une armoire en pin. On pouvait recevoir des visites, se promener dans la cour, pourvu qu'on ne tentât point de franchir la grille d'entrée. Mary venait me voir chaque jour avec une douceur, un scone, une brioche, une tranche de cake aux fruits confits. Il y avait parmi les prisonniers peu de femmes, et encore moins de douairières. Les seules qui partageaient mon infortune étaient des filles entretenues qui avaient jeté l'argent par les fenêtres avant de se retrouver abandonnées et ruinées. Une femme d'un certain âge me rappelait ma sœur car, mal mariée, elle s'était étourdie en dépenses.

J'avais le droit d'écrire et le fis sans relâche à toutes mes relations afin qu'elles me tirent de ce mauvais pas. Ce fut un prêtre français qui me rendit ma liberté en payant mille cinq cents livres dont mon débiteur se déclara satisfait. Fort considéré par la communauté française établie à Londres, il avait fait faire une quête à mon intention. Quelques rares Français se souvenaient encore de moi, mais la guillotine avait éliminé beaucoup de ceux qui m'avaient soutenu en France et bien des amis anglais n'étaient plus de ce monde.

Quand Mary vint me chercher, j'eus la surprise de voir la voiture se diriger vers le sud de Londres et passer la Tamise. Sans rien me dire, durant mon incarcération, elle avait déniché dans un quartier populaire un appartement au loyer dérisoire. La peinture des murs s'écaillait, les fenêtres se coinçaient, le plancher craquait, la cuisine n'était qu'un réduit graisseux, mais les chambres et ce que j'oserais à peine nommer un salon donnaient sur un petit jardin en friche où poussaient librement épervières et valérianes.

– Je vous installe à la campagne, mon amie, m'annonça Mary en ouvrant la portière.

Cette chère femme avait organisé le déménagement sans mot dire. Avait-elle ouvert le coffre ? Je ne le pensais pas. Le manque de discrétion, les commérages lui faisaient horreur.

Mary avait eu la délicatesse de préparer un petit souper de jambon, de fromage, de pain et avait même acheté à la taverne du coin de la rue (endroit que plus tard je découvris mal famé) une bouteille de clairet.

Le soir, je fis le tour de ce qui était désormais mon cadre de vie. Le lit, l'armoire avaient pu être transportés, mais mon bureau avait été remplacé par une table de pin flanquée d'une chaise paillée. En me déshabillant, je m'aperçus dans le miroir de l'armoire. Mon corps était sec, ridé, mes bras décharnés, mes jambes torses, mon sexe ratatiné. Où était le bel homme d'autrefois, le diplomate courtisé, le blond dragon qui savait faire danser son cheval ? Je n'étais plus ni homme ni femme, je n'étais rien. Peut-être avais-je pressenti depuis longtemps que ce à quoi hommes et femmes tenaient tant était une illusion, qu'un corps vieillissant n'avait pas plus de sexe qu'un enfant.

Certes, ma sexualité fut atrophiée, je parvenais parfois à bander, jamais à éjaculer. Pour ne rien donner ? Pour m'élever au-dessus des contingences de la chair ? Pour être le maître absolu de mon corps ? Afin de le consacrer à quoi ? À l'ambition, à l'action, aux luttes l'épée à la main, à dompter tant mes adversaires que mes chevaux ? Parce que j'avais craint et jugé mon père ?

Aujourd'hui, peu m'importait. Je n'avais plus à faire de choix. Seule l'amitié de Mary comptait et je ne tenais plus à la vie terrestre.

Mon amie allait faire les courses un panier à la main, comme une servante, comptant chaque penny. On la connaissait, certains murmuraient que son mari avait été quelqu'un d'important qui s'était ruiné et qu'elle prenait soin d'une invalide de son âge, une personne au profil d'aigle que l'on voyait parfois lisant au coin d'une des fenêtres derrière le jardinet revenu à l'état sauvage.

J'eus en 1809 une petite attaque qui paralysa mon bras gauche. Dieu merci, je pouvais continuer à écrire. Mais mes mémoires, je le comprenais maintenant, resteraient en moi, une succession de lumières et d'ombres qui avaient été ma vie.

Un matin d'hiver, je demandai à Mary de faire venir l'avocat qui s'était occupé de la succession de son mari.

– Mais pourquoi donc ? s'écria-t-elle. Ses honoraires vont nous ruiner.

– Pour lui dicter mon testament, répondis-je.

– Mais nous n'avons rien, hasarda Mary.

Elle s'inclina cependant et un après-midi, à l'heure du thé, je vis entrer dans le salon un vieil homme sec, vêtu de noir et portant une serviette de cuir. Nous gagnâmes ma chambre dont je fermai la porte.

Notre entretien ne dura qu'une dizaine de minutes. Il me salua et sortit avec le même air compassé pour aller prendre congé de Mary.

Pas une fois mon amie ne me posa de questions sur la teneur de ce testament.

– Votre empereur divorce, m'apprit-elle un soir, et va épouser une princesse Habsbourg nièce de Marie-Antoinette. Mais on le dit toujours amoureux de sa Créole, il va la voir fréquemment à Malmaison.

J'essayais d'imaginer ce petit général toujours victorieux, cet empereur pleurant sa femme, seul aux Tuileries. On disait qu'il allait lancer une grande offensive contre la Russie, marcher jusqu'à Moscou. Mais que connaissait-il des Russes ? De leur orgueil, de leur impétuosité, de leur patriotisme ? S'il imaginait la sainte Russie comme la Prusse ou l'Autriche, il allait déchanter. Qui survivait à Saint-Pétersbourg ? Pas un de mes amis probablement, mais les fils devaient ressembler à leurs pères. La Grande Catherine était morte, laissant le trône des tsars à son fils qui n'avait en tête que de détruire l'œuvre de sa mère. On l'avait assassiné. Cette violence ne faisait-elle pas réfléchir Bonaparte ? Le nouveau tsar Alexandre Pavlovitch se rallierait tôt ou tard aux Anglais et se tournerait contre la France.

En avril, une toux tenace me garda au lit plusieurs

semaines. Malgré mon interdiction, Mary fit venir un médecin. Le sérieux qu'il garda durant l'examen de mon cœur et de mes poumons me fit comprendre la gravité de mon état. Je n'avais plus longtemps à vivre.

*

En ce vingt et un mai, le temps était radieux, mais Mary Cole, la vue brouillée par les larmes, s'en rendait à peine compte. Elle avait trouvé sa vieille, sa chère amie Geneviève morte dans son lit, le visage paisible. Elle savait bien qu'elle devait agir, convoquer un médecin pour le constat de décès, une entreprise de pompes funèbres pour les obsèques, mais elle se sentait sans forces, prête à défaillir.

Se ressaisissant enfin, elle sortit, attrapa un galopin par la manche et lui donna une guinée pour qu'il aille chercher le docteur Copeland qui vivait non loin.

Il fallut que Mary patiente interminablement avant de voir surgir celui qui avait soigné l'attaque d'apoplexie de Geneviève la semaine précédente.

Il fit allumer un candélabre à trois bougies pour un meilleur éclairage, et avec délicatesse, il prit le pouls, releva les paupières que Mary avait closes, puis sans hésitation signa l'acte du décès. On pouvait maintenant procéder à la toilette mortuaire avant la veillée funèbre.

La flamme des bougies qui entouraient le lit était figée. Les quelques objets restaient dans la pénombre, simplement caressés par le souffle de cette lueur ténue qui donnait à la chambre l'aspect à la fois paisible et effrayant que procure l'arrivée de la nuit.

Dès qu'elle avait su sa chère amie au seuil de la mort, Mary avait paré son lit de ses plus beaux draps. Ceux de sa nuit de noces avec Archibald Cole, cinquante années plus tôt, des draps de fil brodés aux rabats ajourés.

Un bruit discret lui fit tourner la tête. La voisine, qui procédait aux toilettes des morts du quartier, venait de pénétrer dans la chambre. Une dame âgée si ratatinée qu'on doutait qu'elle puisse frictionner et retourner un corps. « Mais Geneviève est si légère », pensa Mary.

D'un geste précautionneux et résolu, la femme rabattit le tissu, découvrant la fragile silhouette de la morte dans sa longue chemise de nuit de coton qu'un simple lien fermait autour du cou. Depuis une semaine seulement, Geneviève avait pris le lit. Auparavant, elle vaquait encore un peu, affairée aux soins du ménage, reprisait ses bas, ou lisait au coin du feu.

La voix aigrelette de la vieille tira Mary de ses souvenirs.

– Apportez-moi une bassine d'eau, une éponge et de l'eau de lavande. Choisissez la robe dans laquelle vous désirez voir la chevalière inhumée.

Comme une somnambule, Mary traversa le couloir qui séparait sa chambre de celle de Geneviève. La cuvette, le broc de toilette étaient disposés sur une table cachée par un paravent où s'alignaient aussi quelques brosses, un peigne, un panier où l'on jetait les épingles à cheveux.

Le choix de Mary était déjà fait. Geneviève serait inhumée dans la robe parme qu'elle avait portée autrefois lorsqu'elle allait encore dîner en ville. Elle la coifferait et poserait sur sa tête la mantille dont elle ne se séparait jamais dans la journée, pas plus que de sa robe de coton, son mantelet exécuté au crochet, tous noirs. Jamais une touche de couleur, une petite broche, un colifichet. Rassemblant son courage, elle, si discrète, avait demandé à la chevalière de qui elle portait le deuil. Celle-ci avait longtemps posé sur elle un regard très doux avant de répondre : « Je porte le deuil de moi-même. »

Soigneusement, Mary posa la robe de satin moiré sur son propre lit, se baissa pour prendre les chaussures de gros-grain parme, ouvrit le tiroir de sa commode afin de choisir une paire de bas qui fût encore en bon état.

Du revers de la main, elle essuyait ses larmes. Comme le souvenir de Geneviève montant en voiture ainsi parée était vivant ! Elle revoyait son regard pétillant, le léger sourire toujours un peu moqueur qu'elle lui adressait avant de regagner sa chambre sans prononcer une parole. Mary savait que d'affreuses calomnies avaient circulé dans la société londonienne, que Geneviève était un homme travesti en femme, qu'il avait abusé jusqu'à l'impératrice de Russie. Mais elle n'avait jamais cru un mot de ces ragots. Ne connaissait-elle pas Geneviève mieux que personne ?

Dans la chambre mortuaire, elle posa délicatement les

effets au pied du lit, la cuvette et le broc d'eau, l'éponge sur la table de pin où son amie écrivait. On pouvait maintenant se consacrer à laver le corps de Geneviève, le frictionner à l'eau de lavande.

Le cri poussé par Mary alerta les passants. Quelqu'un se faisait-il assassiner dans le petit logement des dames Cole et d'Éon ? Égorgeait-on les deux vieilles amies ?

Stupéfaite, les mains sur le visage, Mary se mordait les lèvres au sang.

Sa chère chevalière, sa meilleure amie, celle avec laquelle elle avait passé tant d'années était un homme. Un chevalier très normalement constitué.

Enfin elle s'essuya les yeux, se moucha et balbutia :

– Pourquoi, mais pourquoi se voulait-elle femme ?

Le docteur était perplexe. Cette découverte était bien étrange en effet.

– Sans doute se sentait-il femme au plus profond de lui-même, finit-il par prononcer. Cela arrive parfois. On m'a même parlé d'hommes qui se faisaient couper le sexe par horreur d'être mâle. Veillez le chevalier cette nuit, je ferai venir deux témoins demain. Ils certifieront ce que nous venons de découvrir. Je dois détruire l'acte de décès que je viens de signer au nom de Geneviève d'Éon et en rédiger un autre.

Le matin suivant, après une nuit sans sommeil, Mary eut la surprise de voir s'annoncer l'homme de loi qui s'était entretenu quelques semaines plus tôt avec sa chère amie. La même serviette de cuir à la main, il demanda la permission de s'asseoir et ouvrit le porte-documents. Il en tira une feuille de papier pliée en quatre et cachetée.

– Madame, le docteur Copeland m'a fait prévenir du décès du chevalier d'Éon. Voici le testament que celui-ci m'avait dicté. J'avais la consigne de me présenter au domicile du chevalier dès sa mort constatée. Le docteur Copeland le savait, et m'a fait déposer un pli hier dans la soirée.

Épuisée et profondément perturbée, Mary se laissa tomber sur une chaise. L'avocat se racla la gorge avant de briser le cachet et de déplier la lettre. Il commença sa lecture.

« Moi, Charles, Geneviève, Louis, Auguste, André, Timothée d'Éon de Beaumont déclare avoir l'absolue volonté d'être inhumé dans mon uniforme de capitaine de dragons, le casque sur la tête, mon épée à mon côté et ma croix de Saint-Louis épinglée sur ma poitrine. Mary Cole trouvera cet uniforme dans le coffre qui me sert de siège. Je désire une messe de requiem, car je suis né et meurs catholique. Ma chère amie Mary pourra revendre à son profit les diamants qui ornaient ma croix. Seul le symbole de cette dernière a de l'importance pour moi. Je lui laisse aussi la tabatière en or offerte par Sa Majesté le roi Louis XV auquel je dois tout. »

DU MÊME AUTEUR

Aux Éditions Albin Michel

LES DAMES DE BRIÈRES (t. 1)

L'ÉTANG DU DIABLE (t. 2)

LA FILLE DU FEU (t. 3)

LA BOURBONNAISE

LE CRÉPUSCULE DES ROIS :

LA ROSE D'ANJOU (t. 1)

REINES DE CŒUR (t. 2)

LES LIONNES D'ANGLETERRE (t. 3)

LORD JAMES

LE GARDIEN DU PHARE

LE ROMAN D'ALIA

LES ANNÉES TRIANON

MERVEILLEUSES

LE SIÈCLE DE DIEU

LA BÊTE

D'OR ET DE SANG. LA MALÉDICTION DES VALOIS

Chez d'autres éditeurs

LE GRAND VIZIR DE LA NUIT, prix Femina 1981, Gallimard

L'ÉPIPHANIE DES DIEUX, prix Ulysse 1983, Gallimard

L'INFIDÈLE, prix RTL 1987, Gallimard

LE JARDIN DES HENDERSON, Gallimard

LA MARQUISE DES OMBRES, Olivier Orban

UN AMOUR FOU, prix des Maisons de la Presse 1991, Olivier Orban

ROMY, Olivier Orban

LA PISTE DES TURQUOISES, Flammarion

LA POINTE AUX TORTUES, Flammarion

LOLA, Plon

L'INITIÉ, Plon

L'ANGE NOIR, Plon

LE RIVAGE DES ADIEUX, Pygmalion

Composition : IGS-CP
Impression : CPI Bussière en avril 2018
Éditions Albin Michel
22, rue Huyghens, 75014 Paris
www.albin-michel.fr

ISBN : 978-2-226-40035-2
N° d'édition : 22831/01 – N° d'impression : 2034959
Dépôt légal : mai 2018
Imprimé en France